# INFLAÇÃO

# COMO DELITO

# RICARDO M. ROJAS

# INFLAÇÃO COMO DELITO

Tradução:
Patricia Albarez

São Paulo | 2023

Título original: *La inflación como delito*
Copyright© Ricardo M. Rojas
Copyright© da edição brasileira 2023 – LVM Editora

Os direitos desta edição pertencem à LVM Editora, sediada na
Rua Leopoldo Couto de Magalhães Júnior, 1098, Cj. 46 - Itaim Bibi
04.542-001 • São Paulo, SP, Brasil
Telefax: 55 (11) 3704-3782
contato@lvmeditora.com.br

**Gerente Editorial** | Chiara Ciodarot
**Editor-chefe** | Pedro Henrique Alves
**Editora assistente** | Georgia Kallenbach
**Tradução** | Patricia Albarez
**Revisão técnica** | André Burguer
**Revisão** | Marcio Scansani
**Preparação de texto** | Marcio Scansani e Pedro Henrique Alves
**Capa** | Mariangela Ghizellini
**Diagramação** | Décio Lopes

Impresso no Brasil, 2023

Dados Internacionais de Catalogação na Publicação (CIP)
Angélica Ilacqua CRB-8/7057

| | |
|---|---|
| R645i | Rojas, Ricardo Manuel |
| | A inflação como delito / Ricardo Manuel Rojas ; tradução de Patricia Albarez. - São Paulo : LVM Editora, 2023. |
| | 288 p. |
| | Bibliografia |
| | ISBN 978-65-5052-121-9 |
| | Título original: *La inflación como delito* |
| | 1. Economia 2. Relações econômicas internacionais 3. Inflação I. Título II. Albarez, Patricia |
| 23-5706 | CDD 330 |

Índices para catálogo sistemático:

1. Economia

Reservados todos os direitos desta obra.

Proibida a reprodução integral desta edição por qualquer meio ou forma, seja eletrônica ou mecânica, fotocópia, gravação ou qualquer outro meio sem a permissão expressa do editor. A reprodução parcial é permitida, desde que citada a fonte.

Esta editora se empenhou em contatar os responsáveis pelos direitos autorais de todas as imagens e de outros materiais utilizados neste livro. Se porventura for constatada a omissão involuntária na identificação de algum deles, dispomo-nos a efetuar, futuramente, as devidas correções.

"O dinheiro não é uma criação da lei. Não é um fenômeno de origem estatal, mas um fenômeno de origem social. O conceito geral de dinheiro é distante da sua sanção por parte da autoridade estatal"

**Carl Menger**
O dinheiro

"Enquanto o governo tiver o poder de fabricar moeda com simples tiras de papel que nada prometem, nem obrigam a qualquer reembolso, o poder absoluto viverá como um verme roedor no coração da própria constituição"

**Juan Bautista Alberdi**
Sistema econômico e rentístico da Confederação Argentina

"Ao estudar a história do dinheiro, não se pode deixar de perguntar por que as pessoas têm suportado um poder exclusivo exercido pelo Estado durante mais de 2.000 anos para explorar o povo e enganá-lo. Isso somente se pode explicar por quê o mito (a necessidade da prerrogativa estatal) se estabeleceu de forma tão firme que nem aos estudiosos profissionais deste tema lhes ocorreu colocar em dúvida (incluindo durante muito tempo o autor deste trabalho). Mas uma vez que se duvide da validade da doutrina estabelecida, se observa a seguir que sua base é frágil".

**Friedrich A. Hayek**
A desestatização do dinheiro

# Sumário

| | |
|---|---|
| Prefácio | 9 |
| Introdução | 11 |
| **Capítulo I**<br>O Dinheiro: Origem e Evolução | 23 |
| **Capítulo II**<br>Dinheiro e Preço | 55 |
| **Capítulo III**<br>A Inflação | 97 |
| **Capítulo IV**<br>A Inflação nos Diferentes Tipos de Moeda | 125 |
| **Capítulo V**<br>A Inflação e o Crédito | 141 |
| **Capítulo VI**<br>A Responsabilidade do Estado<br>pela Inflação e como Eliminá-La | 163 |
| **Capítulo VII**<br>A Responsabilidade dos Funcionários<br>do Governo pelos seus Atos | 201 |
| **Capítulo VIII**<br>A Inflação como Delito | 233 |
| **Capítulo IX**<br>Conclusão: Uma Proposta Concreta | 259 |
| Posfácio | 269 |
| Bibliografia | 277 |

# Prefácio

*André Burguer*

*"Diseases desperate grown,
by desperate appliance are relieved, or not at all".*

William Shakespeare *(Hamlet, act 4 scene 3)*

A inflação é um fenômeno que prejudica os indivíduos há muito tempo. De fato, ocorre desde que o governante assumiu a tarefa de produzir e gerir o dinheiro. Há histórico de inflação no império romano antes da era cristã, bem como na China na dinastia Song (960-1279 AD). Talvez a mais famosa inflação tenha sido a da República de Weimar, em 1923, com o marco alemão se desvalorizando em 1/1.000.000.000.000. Atualmente, a causa da inflação é bem conhecida pelos economistas que estudam seriamente o assunto. Decorre da emissão de moeda em quantidade superior àquela que o mercado necessita. Como disse Milton Friedman: "A inflação é sempre e em toda parte um fenômeno monetário"[1].

Apesar da inflação ocorrer no mundo todo, ela é persistente na América Latina cujas sociedades, com instituições menos sólidas, dependem de governos responsáveis com seus gastos para que a moeda não se desvalorize. Como a causa da inflação é conhecida - emissão de moeda além das necessidades de mercado - e apenas o governo tem esse poder, o Professor Ricardo Rojas propõe que

---

1. FRIEDMAN, Milton e SCHWARTZ, Anna. *A Monetary History of The United States: 1867 – 1960*. Princeton University Press: Nova Jérsei, 1963.

os responsáveis pela produção extra de moeda sejam penalizados, tal como os falsificadores de dinheiro o são, afinal trata-se igualmente de dinheiro falso, que apenas foi produzido nas gráficas do governo. Naturalmente que o dano da inflação é mais sentido nos países onde os governos esbanjam mais e, para tanto, criam dinheiro sem valor. Não surpreende que Rojas seja argentino, mas poderia ser brasileiro ou de qualquer país latino-americano, pois em todo o continente os governos abusaram do poder de emitir papeis que obrigam a usar como moeda.

Este livro, *A Inflação como Delito*, propõe a criminalização da emissão de dinheiro, além do demandado pelas atividades econômicas, e a responsabilização de todos que participam da árvore decisória dessa ordem de produção, pois o dinheiro não surge espontaneamente, mas sob as ordens de indivíduos que deliberadamente aumentam a quantidade de moeda em circulação e, assim, produzem inflação. Para isso não basta que o banco central seja independente, mas que seus administradores sejam imputados pelos seus atos, que prejudicam cada pessoa que é obrigada a utilizar a moeda estatal.

Dificilmente o que Rojas propõe neste livro, a criminalização da inflação, se vislumbre acontecer. Contudo, ainda que pareça estapafúrdia a alguns, seu *insight* merece minuciosa consideração pelo tanto que os governos, ao longo dos tempos, destruíram o patrimônio dos indivíduos ao desvalorizar o dinheiro que detinham como resultado da emissão de mais dinheiro e, por decorrência, da criação de inflação. Como dito pelo rei em Hamlet, citado acima: *"os males desesperados se tratam com remédios desesperados, ou não se trata"*.

Que este livro seja mais um argumento para reduzir o poder do estado na criação e gestão monetária.

Outubro de 2023.

# Introdução

No último século, a inflação tem sido tema de intensa discussão em vários países do mundo. Políticos, analistas e jornalistas falam de inflação veementemente, porém sempre referindo-se a alguma taxa média de aumento de determinados preços.

Essa forma de inflação é equivocada por vários motivos:

1. Porque, tecnicamente, a inflação não é o aumento dos preços. O aumento dos preços é uma consequência direta da inflação. Inclusive, tecnicamente pode haver inflação até mesmo sem que os preços subam;

2. Porque os preços sobem e descem circunstancialmente por muitos motivos não relacionados à inflação. Em suma, todos os preços – incluindo o do dinheiro – estão em constante movimento de acordo com múltiplos fatores que influenciam a oferta e a demanda;

3. Porque a escolha de um punhado de produtos, por mais importantes e genéricos que sejam, normalmente é arbitrária e gera diferentes resultados dependendo dos produtos selecionados. Essa forma de "medir a inflação" não resulta da ignorância, mas geralmente é a maneira pela qual os governos tendem a distrair as pessoas com suas estatísticas e manipular os resultados.

Ainda assim, e apesar disso, em todo o mundo fala-se de inflação nesse sentido, e são feitos cálculos, projeções e previsões, sob o auspício dos políticos, que estão prontos para ajudar a espalhar a confusão a fim de afastarem-se da própria responsabilidade em um fato do qual eles são os únicos culpados.

A verdade é que a inflação é o aumento da quantidade de dinheiro – o que "infla" é o dinheiro, não os preços –, e o único que pode produzir esse efeito nos atuais regimes de moeda fiduciária, criado e imposto monopolisticamente pela legislação, é o próprio governo.

Em tempos de padrões monetários vinculados a determinados bens de uso comum, a quantidade de dinheiro era regulada por mecanismos de mercado sem interferência do Estado. A partir da escolha de certos metais preciosos, surgiu a oportunidade para intervenção estatal por meio da cunhagem de moedas, cujo monopólio os monarcas justificavam com a necessidade de garantir a quantidade e a qualidade do metal de cada unidade monetária. Mas, como veremos adiante, isso acabou sendo apenas uma desculpa para degradar a qualidade das moedas com o objetivo de aumentar sua quantidade e financiar suas próprias despesas. A inflação, como fenômeno político generalizado, tem sua origem nessas manobras dos governantes sobre as moedas que cunhavam.

Há mais de um século, em uma época em que o padrão-ouro cambaleava devido à intervenção de Estados que suspendiam a conversibilidade da moeda para usar o ouro nas despesas de guerra, Ludwig von Mises, alertou o seguinte:

> Em um sistema econômico baseado na propriedade privada dos meios de produção, nenhuma regulação governamental pode alterar os termos de troca, exceto se modificar os fatores que os determinam.
>
> Reis e repúblicas recusaram-se repetidamente a reconhecer esse fato. O edito do imperador romano Diocleciano *de pretiis*

*rerum venalium*[1], as regulações de preços na Idade Média e os preços máximos na Revolução Francesa são os exemplos mais conhecidos do fracasso da interferência autoritária no mercado... Em um Estado que deixa a produção e a distribuição para as empresas privadas, tais medidas não podem outra coisa a não ser falhar.

O conceito de moeda como uma criação do Direito e do Estado é claramente insustentável. Nenhum fenômeno do mercado o justifica. Atribuir ao Estado o poder de ditar as leis de intercâmbio é ignorar os princípios fundamentais das sociedades que utilizam dinheiro[2].

O abandono dos padrões monetários baseados em bens físicos – principalmente o padrão-ouro –, e sua substituição por cédulas impressas que o Estado emite de forma monopolista[3], obriga as pessoas a utilizá-las pelo curso legal e forçado, colocou o dinheiro em risco. A generalização de situações de alta inflação que se viu muitas vezes em boa parte do mundo no século XX e até agora, no século XXI, deve-se aos excessos causados por esse monopólio estatal de emissão desses papéis chamados "dinheiro" e a falta de controle efetivo sobre quem pode produzi-los.

Como apontou Friedrich Hayek, os governos nunca utilizaram seu poder para fornecer uma moeda aceitável e evitaram cometer grandes abusos apenas durante a manutenção do padrão-ouro[4].

---

1. No ano 301, o imperador romano Diocleciano publicou o seu *Edictum De Pretiis Rerum Venalium*, isto é, *Édito Sobre os Preços dos Alimentos*, o qual visava à reestruturação do sistema de cunhagem de moedas e determinava um congelamento de salários e preços de vários tipos de bens, especialmente alimentos. Fonte: Instituto Mises Brasil https://mises.org.br/article/772/doze-trapalhadas-economicas-historicas#:~:text=No%20ano%20301%2C%20o%20imperador,tipos%20de%20bens%2C%20especialmente%20alimentos. (N. T.)

2. MISES, Ludwig. *La teoría del dinero y del crédito*. Madrid: Unión Ed., 1997, p. 41-42.

3. Curso legal e forçado trata-se do uso regulamentado por lei e obrigatório, respectivamente, da moeda estabelecida por lei em determinado país. Consulte a explicação no capítulo 2, item 4. (N. T.)

4. HAYEK, Friedrich A. "La Desnacionalización del Dinero" [1978], em *Ensayos de Teoría Monetaria II (Obras Completas, volumen VI)*. Madrid: Unión Ed., 2001, p. 206.

Uma vez libertos das restrições impostas pela quantidade restrita de metal, eles cometiam todo tipo de descalabro pelo manuseio discricionário do dinheiro de papel.

Por meio desse mecanismo, se produz uma agressão generalizada ao direito de propriedade. O Estado monopoliza a gestão monetária, emite moeda de curso forçado que as pessoas devem obrigatoriamente usar nas suas transações e, ao mesmo tempo, vai reduzindo seu valor ao aumentar sua quantidade. Na prática, esse processo equivale a roubar de cada pessoa uma quantia de dinheiro que ela carrega no bolso, sem que ela perceba.

O problema torna-se complexo porque a relação existente entre preço e moeda é tão próxima que, às vezes, é difícil diferenciá-los e a inflação tende a ser interpretada como o aumento dos preços, e não como o aumento da quantidade de dinheiro. No entanto, apontar claramente essa diferença é algo extremamente necessário para identificarmos quem é o verdadeiro culpado pela inflação; pois considerar o aumento de preços como inflação não é um erro inocente, mas um meio de desviar a atenção das pessoas, tirando o foco dos próprios governantes e depositando-o nos comerciantes, banqueiros e conspiradores.

> Não há queixa mais difundida do que a que tem por objeto o "alto custo de vida". Nenhuma geração deixou de expressar seu descontentamento com os "tempos caros" em que viveram. Mas o fato de que "tudo" se torna mais caro ao longo do tempo simplesmente corresponde à queda objetiva do valor de troca da moeda[5].

Essa conversa fiada que os políticos usam para esconder a causa da inflação teve bastante sucesso no mundo todo e se intensificou pela propensão das pessoas de colocar seus direitos nas mãos do governo e esperar que seja ele quem resolva todos os

---

5. MISES, Ludwig. *La teoría del dinero y del crédito, op. cit.*, p. 128.

problemas. Nesse aspecto dizia Hans Sennholtz (1922-2007), em 1978, sobre os efeitos da inflação nos Estados Unidos:

> Nossa era é de inflação. Durante nossa vida, todas as moedas sofreram depreciações importantes. Em termos do dólar do consumidor de 1933, hoje fazemos compras com dólares que valem apenas vinte centavos; em termos da construção civil, tão vital para os negócios, compramos materiais e mão de obra com dólares que valem apenas seis ou até cinco centavos. Embora, talvez, as autoridades não tenham tido a intenção explícita de inflar a moeda, seus sintomas e consequências são igualmente graves e reais. A inflação corrói a poupança das pessoas e sua confiança nos próprios recursos à medida que, gradualmente, corrói suas economias. Ao beneficiar os devedores às custas dos credores, cria um fluxo maciço de receitas e perdas injustas. Consome o capital produtivo e destrói a classe média que investe em instrumentos monetários. Produz os chamados ciclos econômicos, os movimentos comerciais de euforia e crise que prejudicam milhões de pessoas. Convida o governo a fazer uso do controle de preços e salários e outras políticas restritivas que impedem a liberdade e as atividades individuais. Em suma, a inflação produz catástrofes econômicas e desordens sociais e, em geral, corrói a fibra moral e social da sociedade livre.

Não há dúvida de que todo verdadeiro norte-americano deseja sinceramente deter a inflação e salvar o dólar. Mas a dificuldade provém da adesão do público àquelas políticas que são diretamente inflacionárias ou que exigem a emissão de moeda. A forma como as pessoas condenam publicamente as consequências dessas políticas é incongruente. É semelhante à confissão pública de pecados que se faz nas igrejas aos domingos de manhã. O padre recita a confissão, a congregação o acompanha em voz alta e depois seus membros retornam para suas casas para continuar pecando. O presidente denuncia a inflação na segunda-feira e, na terça-feira, aprova outra lei concedendo bilhões de dólares. Políticos que na quarta-feira fazem muito barulho na luta contra a inflação, na quinta-feira propõem mais leis dispendiosas para estímulos econômicos artificiais e redistribuição de riqueza. Na sexta-feira, os comentaristas de notícias também entram na guerra contra a inflação, mas, no sábado, com muita coragem, se manifestam a favor de outro programa perdulário de melhoria econômica artificial. E o ritual se repete na semana seguinte.

O governo que, repetidas vezes, declarou guerra à inflação é o mesmo que a iniciou, forma ativa, causou-a e continua levando-a adiante com cada vez mais força. Os mesmos políticos que às vezes discursam como se fossem militantes na luta contra a inflação brigam entre si para gastar cada dólar do déficit fiscal[6].

Por essa razão, as "soluções" estatais para a inflação frequentemente consistem em estabelecer controles de preços, cujos resultados sempre foram um fracasso. No final da Segunda Guerra Mundial, Ludwig von Mises (1881-1973) afirmou:

> O verdadeiro perigo não está no que já aconteceu, mas nas falsas doutrinas oriundas desses fatos. A superstição de que o governo pode prevenir as consequências inevitáveis da inflação por meio do controle dos preços é o principal perigo. Isso ocorre porque essa doutrina desvia a atenção do público do foco do problema. Enquanto as autoridades travam uma luta inútil contra o fenômeno que acompanha a inflação, poucos são os que atacam a origem do mal, ou seja, os métodos que o governo utiliza para solucionar o excesso de gastos. Enquanto a burocracia ocupa as primeiras páginas dos jornais com suas extensas atividades, as estatísticas referentes ao aumento da circulação monetária do país são relegadas a um espaço secundário nas páginas de economia dos jornais[7].

---

6. SENNHOLZ, Hans. *Tiempos de Inflación*. Buenos Aires: Unión Editorial, 2021, p. 18-19.

7. MISES, Ludwig. "La inflación y el control de precios", em *The Commercial and Financial Chronicle* de 20 de dezembro de 1945, publicado em: *Planificación para la Libertad y otros Ensayos*, Centro de Estudios sobre la Libertad, Buenos Aires, 1986, p. 112.

É o que pretendo mostrar na primeira parte deste trabalho. Para isso, abordarei questões como o que é o dinheiro, o que são os preços, o que é inflação, quais são suas causas e como poderia ser evitada. Isso nos permitirá concluir que, na verdade o governo é o único produtor de inflação e que, ao fazê-lo, gera um mecanismo de coerção que confisca os bens das pessoas, mina a confiança do público na moeda e incorpora um crescente abuso de poder.

Mais adiante examinarei esse processo de alteração monetária e expropriação de bens à luz do direito penal. Minha conclusão é que a ação intencional de aumentar a quantidade de dinheiro por parte de determinados funcionários públicos – geralmente com o objetivo de cobrir o déficit de seus orçamentos – viola alguns direitos legais protegidos pela legislação penal.

Disso decorre que tal ação dolosa deveria ser incluída como crime nos códigos penais. Mas, para garantir o princípio da legalidade que rege a matéria penal, a própria legislação deveria esclarecer quais são os limites objetivos e específicos para a emissão de moeda, cuja transgressão tornaria criminosa a conduta dos agentes que a ordenam.

Por fim, como corolário da minha explicação, proporei um tipo penal específico que deverá ser incluído no capítulo sobre falsificação e adulteração de moeda, onde julgo apropriado situar tal crime. Também apresentarei uma proposta de modificação da legislação orgânica do banco central ou da autoridade monetária de cada país, no que tange ao seu poder de ordenar a emissão de moeda e seus limites, e que deve ser complementada pela garantia da livre circulação das moedas, de forma que a concorrência atue como um controle efetivo para detectar a tempo qualquer alteração nas limitações na quantidade de dinheiro em circulação.

A fim de eliminar a principal causa da emissão monetária, que é cobrir os gastos excessivos do governo, também será proposto que, por meio de alteração legislativa, o banco central seja impedido de conceder financiamento ao governo ou adquirir títulos públicos, seja com suas reservas ou com dinheiro emitido para tal efeito.

Os sujeitos ativos desse tipo penal serão os funcionários dos bancos centrais e do poder executivo em questão, envolvidos na decisão de emitir e colocar dinheiro em circulação de forma espúria.

Deste modo, a intenção deste trabalho é alertar sobre a necessidade de impor maiores limites e responsabilidades ao poder estatal que se tornou praticamente incontrolável. Nunca como atualmente o Estado imiscuiu-se tão profundamente em uma questão que nunca deveria ter sido expropriada das pessoas. O dinheiro surgiu espontaneamente como um bem cuja aceitabilidade generalizada o tornou um meio de troca. Não foi uma criação de uma autoridade ou governo. No entanto, com o tempo, sua dependência da autoridade política não parou de crescer.

Sei que o ideal seria devolver esse poder aos indivíduos e permitir que o dinheiro surja espontaneamente no mercado, em tantas formas diferentes quanto a vontade das pessoas que fazem trocas se quiserem. Mas, enquanto permanecer como produto da atividade estatal, será necessário, ao menos, impor limites mais claros a esse poder.

É interessante notar que, embora a teoria econômica tenha se desenvolvido a partir de decisões individuais tomadas por pessoas com base em seus próprios valores e motivações, e sejam admitidas as vantagens do processo de mercado para definição de preços e crescimento geral da economia, também houve quase o mesmo consenso para eliminar o processo de mercado na definição de um preço fundamental, o preço do dinheiro, o preço daquilo que é utilizado para expressar os preços. A interferência estatal na moeda impediu o desenvolvimento teórico em torno de como funcionariam sistemas com liberdade monetária, com bancos atuando livremente, emitindo suas próprias cédulas e se responsabilizando por suas decisões frente ao impiedoso escrutínio dos consumidores de dinheiro.

O princípio de que a livre concorrência entre os diferentes produtores de bens e serviços serve aos interesses dos consumidores e que o monopólio se opõe a eles tem orientado a corrente dominante no pensamento econômico desde o tempo de Adam Smith. A maior parte das iniciativas empresariais realizadas foi influenciada por esse princípio, com a única exceção da cunhagem de moedas metálicas inicialmente e, depois, a emissão de bilhetes de bancos. Apenas uma minoria de teóricos opôs-se aos governos que permitiram a criação de bancos que detinham o monopólio ou quase monopólio da emissão de papel-moeda nos séculos XVII, XVIII e XIX. Um grupo menor ainda criticou os governos quando, mais tarde, eles idealizaram a criação de bancos centrais de emissão à frente dos sistemas bancários – uma ideia supostamente bem pensada para monopolizar a oferta de moeda e reservas bancárias –, uma solução que passou a ser considerada indispensável para uma política monetária nacional.

Como consequência, a teoria das implicações da oferta de moeda bancária interna (dinheiro em espécie e depósitos à vista em contas correntes) descentralizada por meio de múltiplos emissores concorrentes foi amplamente ignorada. De fato, a existência de um banco central que monopoliza a emissão de notas e reservas monetárias para os demais bancos comerciais de um país foi, durante muitos anos, considerada uma realidade tão evidente que não houve qualquer esforço para analisar sistemas alternativos, nem que fosse apenas para mostrar que, se implementados, fracassariam[8].

Acredito que essa solução de mercado deve ser explorada e implementada no futuro. O surgimento de criptomoedas privadas pode forçar a substituição do atual paradigma monetário e bancário. Mas, até lá, os poderes do Estado sobre a criação e uso

---

8. SELGIN, George A. *La libertad de emisión del dinero bancario. Crítica del monopolio del Banco Central*. Madrid: Ediciones Aosta / Unión Editorial, 2011, p. 3.

do dinheiro deverão ser submetidos ao maior número possível de controles e restrições.

Quem sabe a pressão da ameaça de penas de prisão sobre os políticos irresponsáveis que inflam a quantidade de dinheiro para custear seus excessos contribua para que decidam finalmente libertar um mercado que nunca deveria ter sido cativo.

Para encerrar esta introdução, talvez seja bom recordar a reflexão de Friedrich Hayek:

> Grande parte da política contemporânea baseia-se na presunção de que os governos têm o poder de criar e fazer com que as pessoas aceitem qualquer quantidade de dinheiro adicional. Por essa razão, os governantes defendem ferozmente seus direitos tradicionais, mas, justamente por isso, é importante privá-los disso[9].
>
> Ao estudar a história do dinheiro, não podemos deixar de nos perguntar por que as pessoas suportaram por mais de 2000 anos um poder monopolista exercido pelo Estado para explorar e enganar as pessoas. A única explicação é que o mito (a necessidade da prerrogativa do Estado) se enraizou tão firmemente que nem mesmo os estudiosos do tema pensaram em questioná-lo (incluindo, por muito tempo, o autor desta obra)[10]. Contudo, uma vez questionada a validade da doutrina estabelecida, rapidamente sua base frágil torna-se evidente[11].

Por isso, pelo menos enquanto o monopólio estatal sobre a criação de moeda não for abandonado, seus poderes devem ser limitados não só em termos de emissão – considerando o que exceder esses limites como um crime –, mas também assegurando um mercado tão aberto quanto possível para a moeda e para os

---

9. HAYEK, Friedrich A. "La Desnacionalización del Dinero", publicado em *Ensayos de Teoría Monetaria II* (Obras Completas, vol. VI). Madrid: Unión Ed., 2001, p. 202.
10. Referindo-se à obra *The Constitution of Liberty*, Chicago University Press, 1960, p. 324 e ss.
11. HAYEK, Friedrich A. "La Desnacionalización del Dinero", *op. cit,* p. 202-03.

bancos, bem como restrições que impeçam a autoridade monetária de financiar o governo sob qualquer forma.

Alguns dirão que já existem restrições e que funcionam razoavelmente bem em alguns países, ainda que exista um monopólio estatal na matéria. Contudo, a verdade é que essas limitações não têm sido eficazes nos países com fraca institucionalidade e legalidade. Daí a proposta de intensificá-las e reforçá-las por meio de legislação penal, uma vez que a ação criminosa de emitir moeda sem justificativa e de colocá-la em circulação com grave prejuízo para a sociedade não é diferente de outras ações criminosas que podem ser cometidas por funcionários públicos e que há séculos merecem punição no âmbito penal.

O pior de todos os mundos é o monopólio estatal de pedaços de papel impostos legalmente para uso próprio e pagamento de dívidas, emitidos e postos a circular pelo governo sem quaisquer controles ou limites efetivos. Entendo que, enquanto esses pedaços de papel chamados de "dinheiro" continuarem a existir, a legislação deve reforçar os limites do poder de emissão de moeda.

# CAPÍTULO I

# O Dinheiro: Origem e Evolução

Quando Adam Ferguson (1723-1816)[12] enunciou sua famosa frase no sentido de que as pessoas interagem com instituições que resultam da ação humana, mas não do desenho humano, ele incluiu como exemplos o mercado, o direito, a moral, a linguagem e a moeda.

De fato, essas instituições surgiram e se desenvolveram porque as pessoas agem. Se assim não fosse, a moeda não seria necessária e nem existiria. Mas nenhuma pessoa ou grupo de pessoas "inventou" a moeda. Ela é o produto espontâneo da interação humana que, através de práticas comerciais contínuas, descobriu essa forma de facilitar o intercâmbio e acumular riqueza.

Obviamente, quando Ferguson escreveu tais ideias, não havia Bancos Centrais "produzindo" dinheiro estatal, monopolista e de curso forçado, consistindo em pedaços de papel sem valor como mercadoria. Mas, a partir do século XX, as regras mudaram de forma definitiva e generalizada e, em grande medida, a frase de Ferguson perdeu efeito.

No entanto, é importante não esquecer qual é a origem do dinheiro e sua razão de ser, pois tais circunstâncias continuam válidas atualmente, apesar das imposições do Estado. Por conseguinte, qualquer estudo com o objetivo de compreender um fenômeno

---

12. FERGUSON, Adam. *An Essay on the History of Civil Society*. London: Cadell, Kincaid, Creech & Bell, 1767, p. 187-88.

econômico como a inflação deve necessariamente começar por explicar as circunstâncias em que o dinheiro se formou e como evoluiu ao longo do tempo.

# 1. A primitiva economia de escambo e o surgimento do dinheiro

Devemos entender o surgimento do dinheiro à luz da evolução do processo social: a sociedade primitiva, baseada em uma economia tribal e familiar sem trocas comerciais, deu lugar à divisão do trabalho e à propriedade privada, que fomentou o comércio fora do contexto familiar, originalmente na forma de escambo[13]. Como explica Hayek, o fato de que os processos sociais evoluíram desde o início com base nas ações dos indivíduos originadas na conveniência e necessidade, e não no poder de alguma autoridade, foi claramente compreendido nos estudos antropológicos desde os primeiros anos[14].

De fato, a divisão do trabalho e a propriedade privada permitiram o aumento da riqueza e o consequente surgimento de mercados onde realizar o intercâmbio comercial. Mas a economia anterior à aparição da moeda podia ser muito complicada e pouco eficiente. Muitas vezes, para obter o bem desejado ou vender o seu próprio bem, eram necessárias várias transações prévias que nada tinham a ver com o interesse dos comerciantes, mas que eram necessárias apenas para poder obter o bem desejado. Seja devido à disparidade de valor entre os bens disponíveis, ou

---

13. MENGER, Carl. *El dinero*. Madrid: Unión Editorial, 2013, p. 81 e ss. Sobre o surgimento do mercado e da prática do escambo, consultar: SPENCER, Herbert. *Principles of Sociology*, nos lugares citados por Menger, *op. cit.*, p. 98, nota 4.

14. HAYEK, Friedrich A. *Nuevos Estudios de Filosofía, Política Economía e Historia de las Ideas*. Madrid: Unión Editorial, 2007, p. 18. ROJAS, Ricardo Manuel. *Individuo y Sociedad. Seis ensayos desde el individualismo metodológico*. Madrid: Unión Editorial, 2021, p. 26-30.

devido ao desinteresse de uma das partes contratantes pelos bens que a outra parte oferecia em troca, as transações tornavam-se complexas e dispendiosas[15].

Entretanto, a necessidade de obter previamente o bem que a contraparte estava disposta a aceitar para fechar o negócio principal permitiu conceber a noção de dinheiro. Algumas pessoas compreenderam que certas mercadorias eram mais aceitáveis como pagamento do que outras, devido à sua utilidade e ao fato de poderem ser facilmente negociadas. Aos poucos, esses bens adquiriram a qualidade de dinheiro, à medida que sua função como intermediários comerciais se estabelecia.

Na perspectiva da individualidade do valor aos bens, seu maior ou menor grau de negociabilidade podia ser avaliado em função de sua aceitação generalizada. Como nem todas as pessoas desenvolvem essa perspicácia comercial de igual maneira, aqueles que perceberam essa qualidade em alguns bens a aproveitaram e fizeram negócios melhores e mais rapidamente. Essa percepção

---

15. Menger cita alguns exemplos a esse respeito (*op. cit.*, p. 83-84): "Uma ilustração clara dessa dificuldade é apresentada nos célebres relatos de viagem de V. I. Cameron e H. Barth: 'Minha primeira preocupação', escreve Cameron, 'foi arranjar barcos' (para atravessar o lago Tanganica). 'Como os donos dos dois barcos que me tinham sido prometidos estavam ausentes, tentei alugar um barco de Syde ibn Habib, indo ter com o seu agente, que queria ser pago em marfim, que eu não tinha. Mas descobri que Mohamed ben Salib o tinha, que, por sua vez, precisava de tecido de algodão. E como eu não o tinha, a informação não me serviu de muito, até que descobri que Muhammad ibn Gharib tinha o tecido, mas precisava de fio de algodão. Felizmente, eu o tinha e, por isso, dei a Mohammed ibn Gharib a quantidade de fio que ele precisava, após o que ele entregou o tecido a Mohammed ben Salib, que, por sua vez, deu ao agente de Syde o marfim que ele queria. Assim, finalmente, consegui o barco" (CAMERON, V. I., *Across Afrika*, 1877, I., p. 246 e ss.).

"Barth, por sua vez, conta: 'Um pequeno agricultor que leva o seu trigo para o mercado de segunda-feira em Kakaua (no Sudão) não aceita ser pago com conchas e raramente se contenta com a moeda em táleres. Portanto, quem quiser comprar seu trigo e só tiver táleres, será obrigado a, primeiramente, trocá-los por conchas, ou melhor, a comprar conchas para comprar uma camisa (*Kúlgu*) e, assim, após vários escambos, finalmente obter seu trigo. A dificuldade que têm de suportar os que vão ao mercado é tal que já vi muitas vezes os meus criados regressarem completamente exaustos" (Bart, Heinr, Reisen u. *Entdeckungen in Nord-und Zentralafrika* (1849-1855, II, 1857, p. 396).

do modo como certos indivíduos se adaptam melhor ao ambiente e otimizam seu comportamento e relação com os demais – o que, em última análise, beneficia o todo – foi profundamente estudada e compreendida pelos autores morais escoceses. Décadas mais tarde, Charles Darwin (1809-1882) utilizou esses estudos para elaborar sua teoria da evolução[16].

Nesse contexto, os frequentadores assíduos dos mercados que perceberam que avaliar a aceitabilidade dos diferentes objetos facilitava a aquisição dos bens desejados rapidamente se tornaram mais bem sucedidos do que seus concorrentes. Assim, produziram um salto na evolução institucional, reforçando a importância do comércio[17].

Por todos os lados haviam bens de maior negociabilidade, disponíveis em quantidade limitada e estável, mas universalmente necessários e desejados, o que gerou uma demanda constante,

---

16. Essa ideia provavelmente chegou a Darwin através do geólogo escocês James Hutton (1726-1797), por intermédio de outro geólogo inglês, Charles Lyell (1797-1875), cujo livro *Principles of Geology* [Princípios da Geologia] leu durante sua segunda viagem no *HMS Beagle* (ver ROJAS, Ricardo Manuel, *Fundamentos praxeológicos del derecho*, Madrid: Unión Editorial, 2018, p. 39-42).

17. Menger, herdeiro da Escola Escocesa e criador da Escola Austríaca, explicou esse fenômeno da descoberta da aceitabilidade dos bens da seguinte forma: "Essa ideia não foi concebida por todos os indivíduos de uma população simultaneamente. Como acontece com todos os avanços da civilização, apenas um certo número de agentes econômicos percebe a vantagem do procedimento descrito para sua própria atividade econômica, uma vantagem que, por si mesma, independe do fato de a comunidade ter aceito ou não determinada mercadoria como meio de troca oficial, porque sempre e em qualquer circunstância, essa troca aproxima consideravelmente o indivíduo do seu objetivo econômico final de adquirir os bens de que necessita e que aumenta seu suprimento; em outras palavras, é do seu interesse fazê-lo dessa forma. Visto que, como se sabe, não há melhor forma de explicar a alguém quais são seus interesses econômicos do que através da percepção das vicissitudes da atividade econômica por quem tem a perspicácia e a capacidade operacional para empregar os meios adequados para o fazer, também é evidente que nada poderia ter contribuído mais para difundir e generalizar essa intuição do que a aquisição sistemática – pelos agentes econômicos mais astutos e hábeis na busca de sua própria utilidade econômica – de mercadorias muito mais negociáveis em relação às demais. Tal progresso das bases econômicas, como resultado do progresso geral da civilização, manifestou-se por toda a parte onde as circunstâncias externas não o impediram" (MENGER, *op. cit.*, p. 86-87).

mas não suprida[18]. É por isso que, mesmo na época do escambo, os comerciantes mais astutos ou experientes levavam para os mercados objetos deste tipo, com o propósito de facilitar a troca dos produtos mais exclusivos ou valiosos. Da descoberta de que havia certas mercadorias com maior aceitação geral nos mercados até o surgimento do dinheiro, foi apenas uma questão de tempo e da prática habitual do comércio.

> O interesse dos diferentes agentes econômicos em se abaste-cerem de mercadorias levou-os, com a progressiva consciência desse interesse – sem acordos, sem qualquer coação legislativa, sem levar em conta o interesse geral, mas simplesmente perseguindo seus objetivos econômicos individuais – a em-preender cada vez com maior frequência uma série de atos de intercâmbio indiretos até considera-los uma forma normal de transação de bens[19].

Além disso, esses mesmos comerciantes mais perpicazes perceberam que o aumento do intercâmbio lhes permitia acumular mais riqueza. Se essa riqueza fosse acumulada em bens perecíveis, deteriorava-se em pouco tempo; se fossem outros tipos de bens, seria um volume difícil de administrar e manter. Concluíram que era preferível acumular objetos de grande valor em si mesmos e aceitos pelas pessoas como meio de troca, com quantidade limitada, não perecíveis e, se possível, fracionados e fungíveis. Os metais preenchiam esses requisitos.

---

18. Menger enumerou os tipos de bens que compunham essa lista de maior negociabilidade: 1) bens disponíveis apenas em quantidade limitada, de modo que aquele que possui alguma quantidade deles demonstra, por meio de sua posse, todo o seu prestígio e poder; 2) produtos locais destinados ao consumo doméstico; 3) produtos de ampla e constante necessidade e consumo que não são produzidos, ou não o são em quantidade suficiente, em um território; 4) bens nos quais, por razão do costume ou das relações de poder, existe a obrigação de oferecê-los periodicamente sob a forma de prestações unilaterais; 5) itens destinados à exportação (*El dinero, op. cit.,* p. 87-89).

19. MENGER, Carl, *op. cit.,* p. 87.

Assim, as virtudes para o exercício do comércio podiam ser melhor aproveitadas pela possibilidade de acumular a riqueza obtida para gastá-la mais tarde e não precisar consumi-la no mesmo momento. Isso criou incentivos para produzir e comercializar mais e, ao mesmo tempo, permitiu a poupança e o investimento, bases do desenvolvimento econômico que, mais tarde, produziu o capitalismo.

Ambos os caminhos conduziram ao mesmo resultado: a conveniência de utilizar certos bens como dinheiro. Consequentemente, como ressaltou Menger, o dinheiro, longe de ser inventado ou produto de um ato deliberado do legislador, surgiu como "o resultado espontâneo [...] de uma série de esforços pessoais concretos dos membros da sociedade"[20].

> O dinheiro não é uma criação da lei, não é um fenômeno de origem estatal, mas um fenômeno de origem social. O conceito geral de dinheiro é distante da sua sanção pelo Estado[21].

É importante compreender que o dinheiro não substituiu o escambo. O uso do dinheiro é uma forma mais complexa de escambo: é um sistema de escambo simultâneo que passa primeiro pela troca de um bem amplamente aceito, permitindo, assim, obter a mercadoria desejada.

Sem o aparecimento do dinheiro – que aumentou as vantagens de poder trocar excedentes, de cooperar em uma ação produtiva, de acumular riqueza –, manteríamos uma sobrevivência primitiva. A divisão do trabalho e a associação permitiram um aumento exponencial

---

20. MENGER, Carl, "On the Origins of Money", *Economic Journal 2* (1892), p. 250; citado por SELGIN, George A. *La libertad de emisión del dinero bancario, op. cit.*, p. 26. Essa visão evolutiva do dinheiro foi seguida por CARLISLE, William W. *The Evolution of Modern Money*, London: Macmillan, 1901, p. 5; no mesmo sentido, Ridgeway argumentou que "a ideia de uma convenção que origina o uso de uma mercadoria específica como meio de troca é tão falsa como a velha crença de que uma convenção é a origem da lei ou da língua" (RIDGEWAY, William. *The Origin of Metallic Currency and Weight Standards*, Cambridge University Press, 1892, p. 47).

21. MENGER, Carl. *El dinero, op. cit.*, p. 135.

da riqueza, mas para isso era necessário um meio de troca. Na teoria econômica, David Ricardo (1772-1823) foi o autor que possivelmente iniciou a busca científica para explicar a importância desse processo, ideia que se tornou um pilar do pensamento econômico[22].

Em outras palavras, o dinheiro surgiu para cumprir duas funções econômicas fundamentais descobertas pelos comerciantes:

> 1. É um meio de troca e de pagamento, facilitando o comércio e eliminando muitas desvantagens do escambo tradicional: como meio de troca, permite estabelecer relações de valor de todos os outros bens ao tornar-se um denominador comum de valor econômico, o que facilita o cálculo e as decisões;
>
> 2. Contribui para a acumulação de riqueza, na medida em que as pessoas podem manter, sob a forma de moeda, o valor de mercadorias perecíveis que, de outra forma, se perderiam, incentivando assim o aumento da produção, o comércio, a poupança e o investimento.

Ao cumprir essas funções, o dinheiro é uma instituição fundamental para o exercício dos direitos de propriedade, especialmente em trocas que envolvem pagamento posterior. Assim, sem importar ao que cada um se dedique, pode aproveitar sua propriedade mediante trocas úteis. Sem dinheiro, o comércio seria impossível, pelo menos no nível em que ocorre hoje.

# 2. A evolução do dinheiro

O valor atribuído como moeda, na época em que a autoridade política não estava envolvida, baseava-se no valor da mercadoria escolhida como bem, ao qual se acrescentava o valor adicional de sua possível utilização como meio de troca. Mas, para ter esse valor

---

22. RICARDO, David, *Principios de Economía Política y Tributaria*, México: Fondo de Cultura Económica, 1987. No século XX, o tema foi aprofundado por Ludwig von Mises, especialmente nas obras *Ação Humana: Um Tratado de Economia* e *Socialismo: Análise Econômica e Sociológica*.

futuro e ser aceito como dinheiro, era necessário ser previamente valorizado como bem de uso[23].

Isso significa que os bens por fim utilizados como dinheiro cumpriam uma série de requisitos para sua aceitação. Também indica que o que as pessoas aceitavam para intermediar suas transações não só evoluiu ao longo do tempo e variou entre as diferentes comunidades, como também variava no mesmo momento e local, de acordo com as preferências e valorações pessoais, permitindo que múltiplas formas de dinheiro coexistissem e competissem entre si. Desse modo, o dinheiro pode ser visto como uma construção, no sentido hayekiano – em constante evolução.

Tal evolução é vista ao longo da história, sendo o produto da valorização e preferências ligadas a circunstâncias tecnológicas, políticas e outras questões exógenas. Nos primórdios, diferentes bens comuns eram utilizados espontaneamente em diferentes regiões, como o sal, o couro, o gado, os pregos de ferro ou o tabaco, até evoluir para os metais; posteriormente, se impuseram os metais preciosos transformados em moedas, em seguida o papel-moeda e, mais recentemente, as criptomoedas. Mas tal evolução foi primeiro dificultada e depois interrompida pela interferência do Estado.

A cunhagem de moeda por parte do governo, os sistemas de conversibilidade regulamentada e, por fim, a substituição do padrão-ouro por moeda fiduciária produzida pelo Estado, mudaram completamente a natureza do dinheiro, concedendo aos governos faculdades que são muito perigosas para o livre exercício dos direitos de propriedade. O aparecimento de moedas virtuais que se desenvolvem com independência do controle e aceitação estatal, apesar de sua relativa ilegalidade em alguns países, reflete a desconfiança das pessoas na moeda estatal.

---

23. Os escolásticos medievais chamavam ao dinheiro uma *res fungibilis et primo uso consuptibilis*, ou seja, algo que é fungível e principalmente consumido já em sua primeira utilização; vide HÜLSMANN, Jörg Guido. *La ética de la producción del dinero*. Madrid: Unión Editorial, 2021, p. 37 e respectivas citações.

Como acontece com outros bens, a forma de saber qual é a melhor moeda é permitindo que o mercado funcione. A aceitação e o uso voluntário por parte dos indivíduos é um indicador muito mais eficaz do que o mais rigoroso dos controles estatais.

Em geral, o que transformou determinado bem em moeda foi o cumprimento de uma série de condições:

1. *Alto valor e aceitação como bem de uso.* O referido bem tem de ser valioso e aceito como tal antes de ser avaliado como meio de troca;

2. *Alto valor pelo seu peso e volume.* Será mais utilizado como dinheiro um bem que seja mais adequado pela relação de seu valor com o peso e volume, isto é, que seja prático de usar;

3. *Durabilidade.* Não deve deteriorar-se rapidamente, podendo circular e ser conservado e trocado durante um período de tempo considerável;

4. *Fracionalidade.* Se o bem não fosse fracionável, só poderia ser utilizado como meio de troca de bens de valor semelhante, o que reduziria significativamente a sua utilidade;

5. *Estabilidade da quantidade.* A moeda, como qualquer bem, está sujeita às mesmas regras de oferta e demanda que os outros bens. Assim, um aumento abrupto na quantidade diminuirá seu valor e vice-versa. Isso conduz à ideia de que a moeda deve ter uma quantidade estável. Porém, tal afirmação deve ser feita com cuidado, pois é difícil exigir estabilidade em um mundo onde nada é estável. Mas sim, é importante que não haja mudanças bruscas na quantidade de moeda e, na medida do possível, que o aumento dessa quantidade acompanhe o aumento da produção de outros bens[24].

---

24. É notório que, enquanto o padrão-ouro esteve em vigor, o ouro continuou a ser extraído das minas em todo mundo e, por isso, a quantidade de ouro disponível como moeda aumentava constantemente. No entanto, isso acontecia lentamente e acompanhava o aumento geral da riqueza para cuja intermediação utilizava-se o ouro, de modo a não perder sua estabilidade.

Após a utilização inicial de todos os tipos de bens de ampla aceitação, logo se percebeu que os metais preenchiam melhor os requisitos para serem uma moeda do que outros objetos. Com o tempo e o desenvolvimento do comércio, os metais preciosos – especialmente a prata, o ouro e o cobre – tornaram-se os preferidos e, por fim, substituíram quase todos os outros, pelo menos nas sociedades mais complexas[25].

> Em uma economia de mercado que tenha atravessado as primeiras fases de seu desenvolvimento, não existem outros bens em que haja uma coincidência tão ampla de condições pessoais, quantitativas, de local, temporais e negociáveis como no caso dos metais preciosos. Muito antes de assumirem a função de intermediários nas transações de troca em todos os povos economicamente avançados, os metais nobres já eram mercadorias com uma procura explícita e, portanto, normalmente efetiva, em quase todos os lugares, momentos e em qualquer quantidade digna de consideração em que chegassem ao mercado.

> Não foi o acaso, nem a consequência de uma coação estatal ou de um acordo voluntário, mas o conhecimento exato dos interesses das pessoas que, tão logo uma quantidade suficiente de metais nobres se acumulou e entrou em circulação, eles foram gradualmente excluindo os antigos meios de troca de uso geral entre os povos desenvolvidos. Por fim, a posterior transição dos metais mais baratos para os mais caros deveu-se também a causas análogas[26].

---

25. "O fato de terem sido precisamente os metais, especialmente os metais nobres, que prevaleceram como intermediários para as trocas, já na pré-história em alguns povos e nas épocas históricas em todos os povos civilizados economicamente avançados, é primeiramente e imediatamente explicado pela grande capacidade de serem vendidos no mercado, superior à de todos os outros bens, especialmente na economia das sociedades desenvolvidas" (MENGER, Carl. *El Dinero, op. cit.*, p. 115).
26. MENGER, Carl. *El dinero, op. cit.*, p. 117.

A necessidade de verificar tanto o volume como a pureza do metal precioso contido nas moedas levou ao aparecimento do cunho ou cunhagem, primeiro pelos bancos e depois pelos governos. A cunhagem conferiu às moedas um valor adicional, a confiança, que dependia do prestígio que podia ter quem cumpria essa tarefado cunhador. As primeiras moedas eram pequenas peças de metal com uma marca visível. Foram utilizadas pelos lídios da Ásia Menor a partir de 650 a. C. e, pouco depois, pelos gregos. Os romanos ampliaram sua utilização e, em especial, desenvolveram mecanismos de cunhagem mais sofisticados.

> Inicialmente, se utilizava como moeda, pedaços de metal, sem formato ou marca específica, os quais eram chamados de moedas rústicas, *monetae rudes*, e que eram negociadas por peso; daí a origem das balanças e da pesagem nos contratos romanos. Mais tarde, símbolos começaram a ser estampados nas peças, surgindo assim as moedas com marcações, *monetae signatae*. Posteriormente, para dar a esses símbolos e marcações maior durabilidade e aparência, começaram a ser impressos em peças de metal reduzidas a uma determinada forma, por meio da percussão de marcas ou cunho sobre elas, feitos com golpes de martelo; essa foi a origem das moedas batidas, *monetae percussae*; assim a expressão "cunhar" ou "bater moeda" permaneceu na língua para indicar moeda fabricada por meio de cunhagem. Finalmente, com o avanço das artes, aplicou-se a esse ofício o poder do torno compressor, dando origem às chamadas *doctos officinae torculariae*, oficinas de cunhagem, e *monetae torculariae*, moedas cunhadas com um cunho ou molde[27].

No início, a verificação da qualidade do metal em lingotes e moedas era realizada pelos próprios comerciantes e, mais tarde, por peritos que se deslocavam até os diferentes mercados para

---

27. CARRARA, Francesco. *Programa de Derecho Criminal. Parte Especial.* Bogotá: Ed. Temis, 1977, Volumen VII, p. 154.

prestar esse serviço. Mas tais procedimentos eram inicialmente pouco confiáveis e muito dispendiosos.

O aparecimento das balanças resolveu parte do problema da quantidade de metal, mas não o de sua pureza, que só podia ser analisada por peritos. Tanto a verificação como o fracionamento para utilização eram difíceis e de alto custo. No entanto, a moeda metálica substituiu rapidamente os demais bens como meio de troca.

> A demonstração mais evidente da grande importância que tem para o comércio a cunhagem dos metais destinados a ser dinheiro é seguramente o fato de que em quase todos os lugares se adota o dinheiro cunhado, o qual gradualmente desloca da função de meio de troca o metal não em forma de moeda, que deve ser pesado. A moeda cunhada se torna o meio exclusivo de troca de uso geral, enquanto o metal monetário não amoedado se torna apenas mais um objeto negociável[28].

Esse fato gerou dois efeitos: 1) as moedas passaram a ter denominações ligadas ao peso; 2) as moedas cuja cunhagem eram mais confiáveis passaram a ter um valor ainda mais elevado do que o do metal nelas contido. Por exemplo, uma moeda de ouro de uma onça, cujo cunho garantisse tanto a pureza como o peso do metal utilizado, poderia valer mais do que uma onça de ouro não cunhado[29]. O advento da cunhagem permitiu também o desenvolvimento de sistemas contábeis, ao possibilitar o uso de determinados critérios para a verificação de contas.

Por outro lado, com o florescimento do comércio entre as cidades europeias após a Idade Média e a consequente insegurança, surgiram espontaneamente mecanismos jurídicos e econômicos para poder comercializar sem a necessidade de transportar fisicamente grandes quantidades de dinheiro metálico. Foi o caso dos títulos ao portador (letras de câmbio, notas promissórias etc.)

---

28. MENGER, Carl. *El dinero, op. cit.*, p. 126.
29. HÜLSMANN, Jörg Guido. *La ética de la producción del dinero, op. cit.*, p. 47.

e de outras formas de documentos contratuais que representavam a quantia financeira depositada nos bancos e que, gradualmente, também começaram a circular e a funcionar como moeda.

É importante notar que, no início, a utilização de tais formas documentais como moeda era limitada por duas razões principais:

1. Em rigor, representavam a mesma quantia de riqueza depositada no banco, e não podiam aumentá-la. Uma nota promissória que declarasse a entrega de 10 moedas de ouro a quem fosse portador do documento a partir de determinada data e em determinado local permitia a circulação do documento como se fossem as próprias moedas de ouro, com a comodidade e a segurança de que o dinheiro físico permanecia guardado. Mas, em última análise, sua existência se justificava desde que essas dez moedas de ouro de fato existissem e estivessem no local indicado. Não havia documentos se o ouro não existisse de fato, a não ser que fosse cometida uma fraude;

2. O receio de fraude fez com que a circulação desses documentos se limitasse àqueles emitidos por banqueiros com boa reputação e credibilidade.

Esses documentos abriram caminho a notas conversíveis, emitidas por bancos que mantinham ouro em seus cofres. Dessa forma, os detentores de certificados, títulos ou notas podiam negociar com mais conforto e segurança, sabendo que, a qualquer momento, podiam apresentar o documento ao banco e retirar a quantia de ouro correspondente.

Como já mencionei, a base para a aceitabilidade dessas notas e títulos era a confiança de que o banqueiro não emitiria mais notas do que o ouro acumulado. No entanto, era grande a tentação de emitir notas sem lastro ou de reutilizá-las depois de terem sido canceladas e mantê-las em circulação na expectativa de que apenas uma pequena percentagem de pessoas as apresentasse para trocá-las. Assim, um banqueiro sem escrúpulos poderia inflar artificialmente a quantidade de notas. Porém, ao fazê-lo, colocava seu banco em sério risco, pois se as pessoas desconfiassem e decidissem retirar o ouro depositado, poderia desencadear uma "corrida ao banco", que o deixaria em situação de situação de insolvência e provocaria sua quebra.

Por essa razão, manobra desse tipo não eram frequentes em bancos solventes e respeitáveis, pois não estavam dispostos a pôr seus negócios em perigo por realizar essas operações marginais. Em suma, enquanto essas notas fossem emitidas por bancos privados concorrentes no mercado, os próprios cidadãos optariam por utilizar as notas em que mais confiassem, de acordo com a reputação das instituições bancárias, gerando assim um controle de qualidade adicional. A má conduta de um banqueiro poderia ser denunciada, em primeiro lugar, pelos próprios concorrentes ou por seus clientes.

Contudo, esse sistema de notas conversíveis foi aproveitado pelos governos para promover a estatização da moeda. Recorriam, primeiramente, à suspensão da conversibilidade por lei e à retenção pelo Estado do ouro mantido nos cofres dos bancos, como forma de manter uma reserva econômica para enfrentamento de crises oriundas de guerras ou má gestão. O governo suspendia a conversibilidade, prometia que o ouro continuaria ali – embora soubesse que seria usado para cobrir seus gastos –, e as pessoas continuariam a utilizar as notas, na esperança de que a conversibilidade fosse restabelecida uma vez superada a emergência[30].

Assim, no início do século XX, foi aberto o caminho para a completa eliminação da moeda do mercado lastreada em ouro e sua substituição por moeda fiduciária em papel, emitida e posta

---

30. Nesse sentido, é muito interessante o trabalho de Juan Carlos Cachanosky ("La crisis del 30", em *Libertas* n° 10, maio de 1989), no qual explica que a gênese da crise que começou em 1929 e produziu um colapso nos Estados Unidos e em grande parte do mundo, pode ser encontrada dez anos antes, em um abuso na gestão da moeda após a suspensão da conversibilidade monetária pelos estados, basicamente para cobrir os custos da guerra.

em circulação pelo Estado através de legislação que estabelecia seu curso forçado.

Embora a conversibilidade e o padrão-ouro tenham sido oficialmente abolidos no início da década de 1970, já há muito tempo circulava com exclusividade no mundo o papel-moeda imposto pelos governos. No início, como resquício da cultura da conversibilidade, afirmava-se que as notas emitidas pelo governo estavam ligadas à quantidade de ouro disponível nas reservas dos bancos centrais, mas essa relação desapareceu muito rapidamente e a quantidade de moeda passou a depender da discricionariedade da autoridade monetária estatal[31].

Ao contrário do que acontecia com o dinheiro até então, o papel-moeda estatal não tem valor como mercadoria[32], pelo que o seu valor reside em dois elementos:

1. O valor que o estado lhe atribui arbitrariamente.

2. O valor que as pessoas reconhecem em suas transações com base em seu poder de compra real.

---

31. Em agosto de 1971, quando alguns bancos centrais europeus ameaçaram converter seus dólares resgatando o ouro de Fort Knox (como a França já tinha feito no final da década de 1960), o presidente Nixon decidiu abandonar completamente a relação do ouro com o dólar e estabeleceu aquilo a que chamou "o acordo mais importante da história", que consistia em estabelecer taxas de câmbio fixas. Esses acordos foram realizados no Instituto Smithsonian, em Washington, e a parte do acordo considerada a mais transcendental da história monetária culminou no pânico de março de 1973, quando se estabeleceu a chamada flutuação suja, fazendo com que as moedas flutuassem dentro de uma faixa estabelecida pelos respectivos bancos centrais (BENEGAS LYNCH (h), Alberto. *Fundamentos de Análisis Económico*. Buenos Aires: Grupo Unión, 2011, p. 249).

32. Em geral, as notas só adquirem valor como mercadoria depois de deixarem de circular legalmente, tornando-se objetos de interesse para colecionadores e curiosos. Mas, às vezes, há exceções que conduzem à valorização também das notas em circulação. No momento em que escrevo estas palavras, vejo nas notícias que uma loja de Barcelona está vendendo, a título de curiosidade e para colecionadores, notas de peso argentino atualmente em circulação. Sua desvalorização e sua reputação como exemplo atual de alta inflação são tais que as pessoas estão dispostas a pagar um pouco mais do que aquilo que supostamente vale no mercado de câmbio (que tem tantos obstáculos e proibições que, na prática, tornam impossível sua compra), pelo seu valor um pouco mais elevado como peça de coleção ou curiosidade.

Tal como acontece com outras formas de intervenção estatal no processo econômico, independentemente do que o governo ofereça e das sanções prometidas àqueles que não as obedecerem, as pessoas tomarão suas próprias decisões com base em suas valorações e expectativas, dentre as quais está o risco de sanção estatal pela desobediência. Isso significa que o papel-moeda, ao não ter valor de uso, é suscetível de desaparecer se as pessoas perderem a confiança nele[33].

Obviamente, o direito de propriedade será prejudicado ou alterado quando a moeda imposta por curso forçado decretado pelo Estado deixa de cumprir corretamente suas funções.

# 3. Intervenção estatal sobre o dinheiro

A intervenção do governo na produção ou circulação da moeda limitou-se, durante muito tempo, ao exercício do monopólio da cunhagem de moedas de ouro, prata e cobre. Como aponta Hayek, tal poder remonta aos tempos em que as barras de metal eram apenas marcadas com uma espécie de estilete para certificar sua legitimidade. Embora existam exemplos muito antigos, como a cunhagem de moedas pelo rei Creso da Lídia no século VI a. C., a prerrogativa de cunhagem pelo soberano foi estabelecida firmemente com os imperadores romanos[34].

---

33. Sobre isso, explica o economista Jörg Guido Hülsmann (1966-): "Se os preços pagos pelo papel-moeda caírem para zero, então tal moeda nunca poderá ser remonetizada, pois, fora de um sistema de preços já existente, os participantes no mercado não seriam capazes de avaliar a unidade monetária. Portanto, a utilização do papel-moeda acarreta o risco de aniquilação total ou permanente de seu valor. Esse risco não existe no caso da moeda-mercadoria, que tem sempre um preço positivo e pode, portanto, ser sempre remonetizada" (HÜLSMANN, Jörg Guido. *La ética de la producción del dinero*, *op. cit.*, p. 44).
34. ENDEMANN, Wilhelm. *Studien in der Romanisch-kanomistischen Wirthschafts – und Rechtslehre*. Berlin, 1874-1883, vol. 2, p. 171; citado por HAYEK, Friedrich A., "La Desnacionalización del Dinero", em *Ensayos de Teoría Monetaria II* (Obras Completas, Vol. VI), Madrid: Unión Editorial, 2001, p. 198.

Quando os metais preciosos foram impostos como moeda, o peso e a pureza tornaram-se importantes para o cálculo do seu valor de troca. Foi então que o processo de cunhagem oficial executado por ordem dos governantes mudou a percepção que as pessoas tinham sobre a moeda: esta passou a ser valorizada independentemente do metal de que era feita e seu valor começou a se basear na autoridade que a cunhou.

> Quase todo mundo pensa na moeda como unidades abstratas de alguma coisa, cada qual correspondendo a um país. Mesmo no tempo em que as nações utilizavam o "padrão-ouro", as pessoas pensavam de forma semelhante: a moeda americana era o "dólar", a moeda francesa era o "franco", a moeda alemã era o "marco", e assim por diante. Reconhecia-se que todas estavam ligadas ao ouro, mas todas eram consideradas soberanas e independentes e, consequentemente, era fácil para as nações "saírem do padrão-ouro". No entanto, todas essas expressões eram simplesmente nomes atribuídos a unidades de peso de ouro e prata[35].

Desde a monetização do dinheiro, a intervenção do Estado tem aumentado de diferentes maneiras:

**a. O monopólio da cunhagem.** Na Idade Média, já estava bem disseminado em todo o mundo que a prerrogativa de fabricar moeda era do governante. Os ensinamentos de Bodin constituíram um forte impulso nesse sentido, uma vez que ele considerava a cunhagem como símbolo e expressão da soberania territorial e, por conseguinte, devia estar sujeita ao controle do Estado.

> As "*regalias*"[36], nome latino para essas prerrogativas, das quais as mais importantes eram a cunhagem de moedas e os direitos

---

35. ROTHBARD, Murray N. ¿Qué le hizo el gobierno a nuestro dinero? *Ensayos sobre el origen y función de la moneda.* Madrid: Unión Editorial, 2019, p. 44.

36. O termo se refere à palavra de origem inglesa "*royalties*" que significa "aquilo que pertence ao rei". (N. T.)

aduaneiros, constituíram durante a Idade Média a principal fonte de receitas dos príncipes, sendo essa sua única utilidade original. É evidente que, com o aumento da cunhagem, os governos perceberam que esse direito exclusivo era não só um importante instrumento de poder, mas também uma tentadora fonte de receita. Desde o início, o poder não foi concedido ou reivindicado com base no "bem comum", mas como um elemento fundamental do poder governamental.

A moeda servia como símbolo de poder, tal como a bandeira, por meio da qual o soberano afirmava a sua soberania e mostrava ao seu povo que o governante era aquele cuja imagem as moedas levavam até aos lugares mais remotos[37].

Consequentemente, no início, os governantes não tinham o poder de emitir moeda, mas apenas de certificar o peso e a qualidade dos materiais utilizados na fabricação. As moedas só eram consideradas autênticas se tivessem o selo da autoridade. Com o tempo, foram ampliando esse poder até o monopólio da cunhagem e, por fim, a moeda de curso forçado.

Tal poder foi reconhecido na medida em que resolvia vários problemas: 1) o custo da cunhagem e da verificação, que então foi transferido para o governo, embora ele estabelecesse alguns impostos para compensar essas despesas e até obter algum ganho; 2) a generalidade e homogeneidade desse controle, que era certificado no momento da colocação do carimbo oficial na moeda; 3) maior confiança que, no início, aparentava a intervenção de uma autoridade "neutra" – o governante – nos negócios para prestar um serviço tão delicado.

Com isso, se disseminou a ideia errônea de que o que dava valor às moedas era a chancela do governo e não o metal com que eram fabricadas; assim, com o tempo, governantes com menos escrúpulos passaram a cunhar moedas de menor peso, fingindo

---

37. HAYEK, Friedrich A. "La Desnacionalización del Dinero", *ibid.*

que tinham o mesmo valor que as de maior quantidade de metal, só por terem o mesmo carimbo oficial. A ideia de que o valor da moeda era determinado pela cunhagem fez com que as novas moedas com menos metal, desde que tivessem as marcações oficiais, circulassem livremente e fossem aceitas pelo valor nominal, pelo menos nos primórdios.

A partir daí, a intervenção do Estado acompanhou a evolução do conceito de dinheiro e, face a cada novo sistema monetário, essa intervenção não se fazia esperar. Como Hayek salientou:

> [...] desde os romanos até ao século XVII, quando o papel-moeda começa a ganhar importância, a história da moeda se compõe ininterruptamente de contínuas adulterações ou reduções do teor de metal das moedas e do aumento do preço das mercadorias[38].

**b. O dinheiro de papel.** O dinheiro de papel, ou papel-moeda, abriu as portas para a intervenção direta do Estado na gestão monetária. Isso ocorreu através da impressão de notas não conversíveis entregues as pessoas em troca de seu ouro, como forma de poupança forçada.

Praticamente desde o aparecimento do papel-moeda em qualquer uma de suas formas, o governo interveio diretamente em sua criação e circulação, e puniu severamente aqueles que não o aceitavam. Hayek recorda alguns exemplos:

> Sabemos por Marco Polo que, no século XIII, a lei chinesa tornava a recusa do papel-moeda imperial punível com sentença de morte, e a recusa de aceitar *assignats* franceses, moeda no tempo da Revolução Francesa, podia ser punida com vinte anos de prisão e até morte em alguns casos. No antigo direito inglês, a recusa era punida como um crime de lesa-majestade. Durante a Revolução Americana, a não aceitação das notas continentais

---

38. *Op. cit.*, p. 203.

era considerada um ato hostil e, por vezes, implicava no cancelamento da dívida em questão[39].

Diz-se que os chineses, atormentados por sua experiência negativa com o papel-moeda, tentaram proibi-lo completamente (sem sucesso, claro) antes de os europeus o inventarem[40]. Evidentemente, os Estados europeus, uma vez conscientes dessa possibilidade, começaram a explorá-la despudoradamente, não para produzir um dinheiro melhor, mas para extrair dele maiores receitas[41].

Enquanto a emissão de notas tivesse vínculo com a representação dos metais preciosos, a intervenção estatal se mantinha, de certo modo, limitada, uma vez que as pessoas só confiavam em notas de papel se estas estivessem respaldadas ou pudessem ser trocadas por metal. No entanto, desde o início, os governos perceberam o formidável poder que a dissociação entre as notas e o metal lhes poderia conferir. A emissão de notas era mais simples e barata do que a cunhagem de moedas. Tudo o que tinham de fazer era levar as pessoas a aceitar – por bem ou por mal – tais papéis como dinheiro.

Os bancos privados também enxergaram o novo campo que se abria com a possibilidade de emissão de notas. Mas suas tentativas de entrar nesse negócio foram inicialmente restringidas e, por fim, abortadas pelo poder estatal.

Alguns dos primeiros bancos fundados em Amsterdam e em outros locais resultaram das tentativas dos comerciantes de criar uma moeda estável, mas o crescente absolutismo rapidamente impediu os esforços para criar uma moeda não

---

39. NUSSBAUM, A. *Money in the Law, National and International.* Foundation Press, Brooklyn, 1950, p. 53, cit. por HAYEK, Friedrich A., "La Desnacionalización del Dinero", *op. cit.*, p. 204.
40. Sobre os acontecimentos na China, consultar: VISSERING, W. *On Chinese Currency, Coin and Paper Money,* Brill, 1877; TULLOCK, Gordon "Paper Money – A cycle in Cathay", *Economic History Review*, 1957, p. 393-407; citados por HAYEK, *op. cit.*, p. 205.
41. HAYEK, Friedrich A., *op. cit.*, p. 205.

estatal. Em vez disso, protegeu o crescimento dos bancos que emitiam notas denominadas na unidade de conta oficial...

Desde que a coroa britânica, em 1694, outorgou ao Banco da Inglaterra o monopólio limitado de emissão de notas, a principal preocupação dos governos tem sido impedir que tal poder sobre a moeda, baseado na prerrogativa da cunhagem, seja transferido para bancos verdadeiramente independentes... Logo que se generalizou a ideia de que a conversibilidade em ouro era apenas um método para controlar a quantidade de moeda, fator real de determinação de seu valor, os governantes quiseram escapar rapidamente dessa disciplina e a moeda tornou-se mais do que nunca um brinquedo da política governamental. Apenas algumas das grandes potências mantiveram, durante algum tempo, uma estabilidade monetária tolerável, estendendo-a também às suas colônias. No entanto, nem o Leste Europeu nem a América do Sul tiveram alguma vez um longo período de estabilidade monetária[42].

Aos poucos, as notas de papel, que inicialmente eram meras representantes dos metais preciosos, passaram a ser produzidas sem qualquer respaldo pelos governos que necessitavam de financiamento. As pessoas se habituaram a usar papel-moeda e, lentamente, se resignaram ao fato de já não poderem recuperar seu ouro.

**c. A moeda fiduciária.** O abandono do padrão-ouro sujeitou a produção de moeda ao monopólio estatal, o que transformou o Estado no virtual "criador" de dinheiro e, por sua vez, na autoridade que determina seu uso obrigatório em pagamentos e quitação de dívidas.

A intervenção estatal levou à gestão monopolista dos bancos centrais, que, gradualmente, se tornaram os instrumentos para a gestão estatal da moeda, excluindo qualquer forma de intervenção

---

42. HAYEK, Friedrich A., "La Desnacionalización del Dinero", *op. cit.*, p. 205.

privada em sua produção e comércio. Concluiu Vera Smith, sobre os bancos centrais em sua obra sobre esse assunto publicada em 1936:

> Se examinarmos as circunstâncias que rodearam a criação da maioria deles, descobriremos que os primeiros monopólios foram fundados por razões políticas estritamente ligadas às necessidades financeiras do Estado e não por razões econômicas que incentivassem ou desencorajassem o livre acesso à atividade de emissão de notas na época. No entanto, uma vez estabelecido, o monopólio manteve-se antes e até mesmo depois de a sua justificativa econômica começar a ser questionada.
>
> Inicialmente, as discussões eram em torno do problema da escolha entre um sistema monopolista de emissão de moeda e um sistema de livre concorrência entre diferentes emissores, porém mais tarde, uma vez consolidado o monopólio, a superioridade do banco central em relação a outra alternativa tornou-se um dogma de fé que nunca mais foi discutido e se aceitou sem se perguntar quais eram seus fundamentos[43].

O século passado mostrou todo o tipo de abusos cometidos em várias regiões do mundo pelo uso indiscriminado do poder do Estado de emitir moeda com o objetivo de pagar suas despesas ou de acumular poder político. Por essa razão, há um século, houve uma hiperinflação na Alemanha e, desde então, com diferentes graus de intensidade, temos visto os danos que essa manipulação imprudente e arbitrária da moeda provoca no mundo, infelizmente com o beneplácito de alguns intelectuais e economistas que têm fornecido argumentos pseudocientíficos a políticos inescrupulosos e criminosos.

---

43. SMITH, Vera C., *Fundamentos de la banca central y de la libertad bancaria*. Madrid: Unión Editorial, 1993, p. 185. Curiosamente, quase na mesma época das conclusões de Smith – a primeira edição de seu livro foi publicada em 1936 –, foi criado o Banco Central da República Argentina, que substituiu o anterior Conselho Monetário que existia desde o final do século XIX, e, embora inicialmente com menos funções e um regime misto, foi o ponto de partida para futuras modificações que acabaram por transformá-lo no órgão que exerce o monopólio estatal da moeda na Argentina.

# 4. O ponto de vista jurídico: a moeda como meio legal de pagamento

É importante ter em conta que, enquanto o economista vê o dinheiro como um meio de troca e uma reserva de valor, o jurista – e, mais grave ainda, a legislação – vê o dinheiro como um meio legal de pagamento de obrigações. O ponto de vista jurídico do dinheiro como meio legal de quitação de obrigações mediante pagamento levou a justificar o monopólio estatal da gestão monetária e, como consequência direta, seu curso forçado e legal.

Não se pode ignorar que, enquanto a economia surgiu e em grande medida se desenvolveu a partir de um individualismo metodológico baseado na valoração – e consequente ação individual –, o direito tem sido, nos últimos séculos, concebido como o produto da ação do Estado para sancionar regras e impô-las às pessoas. Nesse contexto, é inevitável que seus objetivos e conclusões sejam notoriamente diferentes[44]. Tal como em outros campos, a regulamentação jurídica distorceu os efeitos econômicos e daí resultaram os terríveis danos causados ao estudo do dinheiro por essa visão baseada essencialmente em suas consequências jurídicas impostas pela legislação.

> A teoria econômica da moeda é geralmente expressa com uma terminologia não econômica, mas jurídica. Essa terminologia foi elaborada por escritores, políticos, comerciantes, juízes e outros que estavam principalmente interessados nas características legais dos diferentes tipos de dinheiro e seus substitutos. É útil quando se trata dos aspectos do sistema monetário que são importantes do ponto de vista jurídico, mas, para efeitos de investigação econômica, é praticamente inútil. Não se tem prestado a devida atenção a essa lacuna, embora

---

44. ROJAS, Ricardo Manuel. *Fundamentos praxeológicos del derecho*. Madrid: Unión Editorial, 2018, p. 89 e ss.

em nenhum outro lugar a confusão entre os respectivos territórios das ciências jurídicas e da economia tenha sido tão frequente e tão carregada de más consequências como no campo da teoria monetária[45].

Na evolução da moeda, a intervenção estatal conduziu necessariamente a intervenção jurídica e à atribuição de uma nova dimensão e função ao dinheiro. Ao mesmo tempo, deturpou as regras econômicas que permitem sua existência.

> O conceito de moeda como uma criação do direito e do Estado é claramente insustentável. Não se justifica por nenhum fenômeno do mercado. Atribuir ao Estado o poder de ditar as leis de troca é ignorar os princípios fundamentais das sociedades que utilizam dinheiro[46].

Nas ações judiciais decorrentes de uma inadimplência contratual ou dano causado, o que as partes discutirão e o juiz decidirá, em última instância, é que tipo de moeda e qual montante será necessário para que a parte responsável liquide suas obrigações legais para com a outra parte e dê por encerrada a disputa.

> O fato de a lei considerar o dinheiro apenas como um meio de pagamento de obrigações pendentes tem consequências importantes para sua definição legal. O que a lei entende por dinheiro não é o meio de troca comum, mas o meio legal de pagamento. Não é propósito do legislador ou do jurista definir o conceito econômico de dinheiro [...]
>
> [...] Porém, o Estado pode atribuir o poder de liquidar dívidas também a outros objetos. A lei pode declarar qualquer coisa como meio de pagamento, e tal norma vinculará todos os tribunais e todos os que participam na execução das decisões judiciais. Mas conferir a um objeto a característica de moeda de

---

45. MISES, Ludwig, *La Teoría del Dinero y del Crédito*, *op. cit.*, p. 32-33.
46. *Op. cit.*, p. 42.

curso legal não é suficiente para o tornar dinheiro no sentido econômico. Somente através da prática daqueles que intervém nas transações comerciais é que os bens podem se tornar um instrumento comum de troca, e apenas a valoração por parte desses sujeitos determina as relações de troca do mercado. É bem possível que o comércio utilize esses objetos aos quais o Estado atribui o poder de pagamento, mas não tem de ser assim. Inclusive, se quiser pode rejeitá-los[47].

Essa observação foi feita por Mises em uma época em que os governos estavam suspendendo a conversibilidade e imprimiam pedaços de papel, que obrigavam a utilizar como dinheiro e para quitar legalmente obrigações. No entanto, o retorno à conversibilidade das notas por ouro ainda era latente. Hoje, por outro lado, o problema parece naturalizado pela prática, já antiga, do monopólio legal da produção de papel-moeda, cada vez mais difícil de rejeitar e substituir voluntariamente para aqueles que não confiam em tal instrumento, ao qual é atribuído o poder exclusivo de pagamento de dívidas.

Pode acontecer que esse objeto proclamado pelo governo como meio de pagamento obrigatório tenha para os contratantes um valor inferior ao que concordaram. Como o curso legal e forçado permite quitar as dívidas com dinheiro estatal, dessa forma, as obrigações não são cumpridas, mas as dívidas são total ou parcialmente canceladas, com prejuízos significativos aos direitos adquiridos e a segurança jurídica,

> Quando se atribui valor de moeda de curso legal a umas notas que comercialmente são valoradas pela metade de seu valor nominal, isso significa basicamente conceder aos devedores o perdão legal de metade das suas obrigações[48].

---

47. MISES, Ludwig von. *La teoría del dinero y del crédito*, *op. cit.*, p. 42-43.
48. *Op. cit.*, p. 44.

Tal como em tantas outras áreas do processo de mercado, a legislação pode interferir de forma prejudicial no dinheiro. Isso se estende às consequências de seu poder de estabelecer paridades cambiais com moedas estrangeiras, pois, nesse caso, as obrigações decorrentes de contratos que preveem o pagamento nessas moedas podem finalmente ser pagas na moeda "nacional" de curso forçado, à taxa de câmbio arbitrária fixada pelo governo[49].

Há mais de um século, quando Mises escreveu o livro que tenho citado, ele já era capaz de concluir o seguinte:

> Nos últimos duzentos anos, aproximadamente, a influência do Estado no sistema monetário cresceu progressivamente. No entanto, uma coisa deve ficar clara: nem mesmo hoje o Estado tem o poder de converter diretamente algo em dinheiro, ou seja, em um meio comum de troca. Ainda hoje, somente a prática dos indivíduos que participam da atividade mercantil pode converter uma mercadoria em um meio de troca comum[50].

Porém, contemporaneamente, a Primeira Guerra Mundial trouxe novas suspensões da conversibilidade monetária, a imposição do uso de notas não lastreadas em ouro e, depois, o descalabro da emissão de papel-moeda sem lastro algum que levou à hiperinflação na Alemanha diante da incapacidade de saldar suas dívidas. Embora muitos esperassem o restabelecimento do padrão-ouro conversível, na verdade se assistiu aos últimos tempos que ainda se podia sustentar que o poder estatal não era

---

49. Um exemplo claro dessa situação ocorreu após a crise de 2001-2002 na Argentina. Uma vez revogada a conversibilidade monetária, o Estado "pesificou" as dívidas com os bancos e, ao mesmo tempo, regulou a forma de aumento oficial do preço do dólar, dando origem a um mercado paralelo. Dessa forma, as pessoas quitavam dívidas por meio de créditos em dólares, pagando em pesos apenas um terço do total da dívida. Ao atribuir à moeda um preço arbitrário e ao reconhecer o seu poder de pagamento de dívidas, a legislação simplesmente anulou dois terços das dívidas privadas em dólares.

50. *Op. cit.*, p. 45.

suficiente para mudar a decisão das pessoas no mercado, sobre que bens se aceitariam como dinheiro.

A partir de então, seguiu-se a brutal interferência estatal que culminou com a eliminação definitiva de todo padrão monetário baseado em alguns bens e a sua substituição por papel-moeda impresso pelo Estado. A imposição do curso legal e forçado da moeda foi determinante para que as pessoas não pudessem exercer sua vontade no processo de troca e tivessem de se contentar com a moeda estatal.

Assim, o sistema jurídico acompanhou o processo de estatização da moeda e, em vez de zelar para que as dívidas fossem pagas da forma acordada pelas partes, usou como desculpa a necessidade de estabelecer um mecanismo geral e objetivo para pagamento de dívidas – invocando, curiosamente, a necessidade de dar segurança jurídica – e impôs soluções descabidas baseadas na autoridade do próprio governo.

> A ficção jurídica introduzida para facilitar o trabalho do advogado ou do juiz, segundo a qual existe apenas uma coisa claramente definida chamada "dinheiro", rigorosamente distinguível das outras, nunca foi verdadeira no que diz respeito aos efeitos característicos do dinheiro. No entanto, foi muito prejudicial, pois levou a que, em alguns casos, só se possa utilizar "dinheiro" emitido pelo governo, ou que seja necessário sempre haver algo que possa se chamar designar-se de "dinheiro" do país[51].

Nesse sentido, o conceito jurídico de "curso legal" da moeda tem levado confusão às pessoas, uma vez que é frequentemente associado ao poder estatal de impor determinada moeda por ele emitida. De fato, o dinheiro criado pelo Estado é legalmente

---

51. HAYEK, Friedrich A. "La Desnacionalización del Dinero", *op. cit.*, p. 227-28.

indicado para quitar dívidas e obrigações de todo tipo. Isso não significa que outras moedas não possam circular, mas, em última instância, na ausência de cumprimento voluntário dos acordos, as dívidas só poderiam ser cobradas na moeda de curso legal. A identificação do curso legal com a moeda emitida pelo Estado reforçou a ideia da necessidade do monopólio monetário estatal. No entanto, o poder estatal de impor sua moeda resultou no aparecimento de um conceito ainda mais drástico, o de "curso forçado", que se refere à imposição de um monopólio estatal da moeda. O conceito de "curso forçado" surgiu com as leis que suspendiam a conversibilidade durante o padrão-ouro, de modo que as pessoas eram forçadas a usar as cédulas do governo por imposição legal. Com a abolição do padrão-ouro, o conceito de "curso forçado" dilui-se com o de "curso legal", e juntos sustentam o monopólio estatal da moeda, com poder exclusivo de pagamento que predomina sobre qualquer outra forma escolhida pelas partes em qualquer negócio.

O termo "curso legal" ficou cercado no imaginário popular por uma nuvem de ideias vagas sobre a necessidade do Estado fornecer dinheiro. É a sobrevivência da ideia medieval de que o Estado, de alguma forma, confere ao dinheiro um valor que de outro modo não teria. Essa ideia, por sua vez, é verdadeira apenas na medida em que o governo pode nos obrigar a aceitar qualquer coisa que ele determine em vez daquela estabelecida em contrato. Somente nesse sentido, o governo pode atribuir ao bem substituto o mesmo valor para o devedor que o objeto original do contrato. Mas a superstição de que o governo (normalmente chamado "Estado" para soar melhor) tem de definir o que é o dinheiro, como se o tivesse criado e este não pudesse existir à parte do poder público, teve origem na crença ingênua de que o dinheiro foi "inventado" por alguém e que este inventor originário o ofertou para nós. Essa crença foi completamente substituída pelo conhecimento do surgimento involuntário de instituições semelhantes que por meio de um processo de evolução social do qual o dinheiro é o principal paradigma (outros exemplos importantes são o direito, a linguagem e a moral)[52].

Em um mercado livre baseado nos direitos de propriedade, os contratos poderiam ser celebrados na moeda escolhida pelas partes e, em caso de litígio ou reclamação, caberia aos juízes, examinando cada contrato e as razões da inadimplência, decidir a moeda e a quantia para que a dívida seja liquidada, de acordo com as taxas de câmbio do mercado.

Como em muitas outras esferas, a pretensão de segurança jurídica que se pretende com a determinação *ex ante*, por meio de lei escrita e geral, da moeda ou moedas que serão aceitas para pagar dívidas, confronta com a realidade de que, longe de gerar certeza, tal imposição produz maior incerteza ao impedir que sejam as pessoas a decidir esses aspectos em seus contratos e, se necessário, os possam discutir.

Nesse sentido, vale recordar a máxima romana desenvolvida desde o início pelos pretores, segundo a qual o contrato é lei para as partes[53]. Em todo caso, o "curso legal" está estabelecido pelas partes quando contratam livremente. A "lei" é a "lei das partes", o contrato. Se não se possa ou não se queira cancelar a dívida na moeda contratada, provavelmente, o próprio contrato preveja

---

52. HAYEK, Friedrich A. "La Desnacionalización del Dinero", *op. cit.*, p. 207.

53. O direito contratual garante o cumprimento das normas criadas pelos próprios indivíduos, que são vinculativas por vontade própria. Esse fato foi consagrado pelo princípio romano *"pacta sunt servanda"*, que está no cerne do direito contratual. Em concordância com estas ideias, o artigo 1134 do Código Napoleônico previa que: "as convenções legalmente constituídas servem como lei para as partes". Daí originou-se o artigo 1197 do Código Civil argentino de 1870, que dispõe: "As convenções estabelecidas nos contratos formam para as partes uma regra a que devem submeter-se como à própria lei" (ROJAS, Ricardo Manuel. *La propiedad. Una visión interdisciplinaria e integradora*. Madrid: Unión Editorial, 2021, p. 152).

alternativas ou procedimentos para solucionar o problema. Caso contrário, um juiz ou árbitro o fará[54].

Ao legislar sobre o pagamento de dívidas, se referida lei indicasse que o pagamento deve ser feito na moeda pactuada pelas partes, seria desnecessária. Se indicasse que deveria ser paga de outra forma, seria ilegítima.

Nesse caso, intensifica-se a incerteza dos negócios "ao substituir a ação livre de um contrato voluntário e de uma lei que apenas exige o cumprimento de tais contratos, por uma interpretação artificial que as partes nunca teriam pensado se não fosse a imposição por uma lei arbitrária"[55].

A interferência do Estado na atividade dos bancos, também com o alegado objetivo de evitar abusos, merece um comentário à parte.

Tal como os imperadores romanos e demais governantes justificaram o monopólio estatal da cunhagem de moedas com o argumento de garantir a exatidão da qualidade e quantidade do metal precioso contido nelas – embora o objetivo oculto fosse

---

54. Contrariamente, juízes e legisladores inventaram teorias jurídicas para tentar resolver com mais intervenção estatal um problema que o próprio Estado gerou. Assim surgiu, primeiro como doutrina jurídica, e depois incorporada na legislação, a "teoria da imprevisão", que autoriza os juízes a alterar as condições dos contratos quando estes são afetados por um evento "imprevisível", como a inflação. Assim, em 1968, a lei 17.711 introduziu no Código Civil argentino uma série de modificações que permitem a intervenção dos juízes para alterar contratos. Uma alteração no artigo 1198 estabeleceu: "Nos contratos bilaterais comutativos e nos contratos unilaterais onerosos e comutativos de execução diferida ou continuada, se a prestação de uma das partes se tornar excessivamente onerosa devido a eventos extraordinários ou imprevisíveis, a parte lesada pode exigir a resolução do contrato. O mesmo princípio aplica-se aos contratos aleatórios quando a onerosidade excessiva for devida a causas estranhas ao risco inerente ao contrato".

Tal evento extraordinário ou imprevisível, que justificava a reforma, foi a inflação crescente que distorcia os contratos. A única coisa "imprevisível" é o momento em que o governo vai aumentar drasticamente a quantidade de dinheiro e, assim, diminuir seu poder de compra. Isso não se resolve alterando os contratos, mas eliminando esse poder do governo, que, como veremos nos próximos capítulos, é uma atividade criminosa.

55. FARRER, Thomas Henry, *Lord* Farrer. *Studies in Currency, or Inquiries into certain monetary problems connected with the standard of value and the media of Exchan*ge, London: Macmillan, 1898, citado por HAYEK, Friedrich A. "La Desnacionalización del Dinero", *op. cit.*, p. 210.

reduzi-lo para aumentar o dinheiro em circulação e beneficiar-se com a diferença –, o monopólio da emissão de papel-moeda e o rígido controle dos bancos por uma autoridade central se iniciou com o suposto objetivo de evitar abusos e fraudes por parte dos banqueiros, convertendo o Estado em um gigantesco e abusivo fraudador. O controle da atividade bancária pelos bancos centrais fechou o círculo do controle estatal do dinheiro:

> Um sistema bancário descentralizado é algo que não existiu em nenhum lugar do mundo desde 1845, quando o sistema bancário escocês, o exemplo histórico que mais se aproxima desse modelo, deixou de existir como resultado da promulgação da Lei de Peel, que proibia a livre emissão de cédulas pelos bancos e consagrava o monopólio de emissão de papel-moeda do Banco de Inglaterra. Na Suécia, na China e no Canadá, os exemplos históricos mais próximos do sistema escocês de pluralidade de emissores privados de papel-moeda sobreviveram até ao século XX, mas foram rapidamente substituídos por sistemas muito mais restritivos e monopolistas, todos baseados na ideia de um banco que centraliza a emissão da moeda bancária básica. Qual é a importância disso? Qual é a gravidade do fato de os governos terem impedido a concorrência que forneça o tipo de dinheiro que o público demanda, ou seja, manter à sua disposição, para realizar suas atividades econômicas?
>
> As consequências dessa interferência governamental, desde o momento em que os banqueiros inventaram a cédula bancária para vencer as dificuldades da circulação da moeda metálica, têm sido muito graves por razões que hoje deveriam ser óbvias para todos, pois com a centralização da emissão de cédulas e das reservas bancárias, a oferta de moeda bancária deixou de responder automaticamente às variações de sua demanda e se converteu numa variável sujeita a planejamento que, normalmente, leva a criação excessiva de moeda bancária, à inflação dos preços e à formação de uma

poupança forçada que, quando indesejada, coloca o sistema em crises que terminam com centenas de empresas cujo desaparecimento, precipita as economias numa depressão, estagnação e desemprego em massa[56].

Assim, para estudar como funcionaria um sistema bancário livre, com os bancos emitindo suas próprias cédulas, em concorrência, sem interferência do Estado, seria quase impossível recorrer a exemplos históricos, uma vez que a interferência do soberano na produção de dinheiro é muito antiga e, constantemente, tem impedido esta atividade privada. Assim, George Selgin (com a colaboração de Lawrence White) teve de recorrer ao exemplo de um país imaginário – a Ruritânia – e ao desenvolvimento espontâneo das suas instituições, para explicar, através de um relato lógico e hipotético, como funcionaria a moeda e um sistema bancário livres, e como seria o seu desenvolvimento[57].

---

56. SELGIN, George A. *La libertad de emisión del dinero bancario*, *op. cit.*, p. 271-72.
57. SELGIN, George A. *op. cit.*, p. 25-56.

# CAPÍTULO II
# Dinheiro e Preço

Existe uma forte ligação entre os conceitos de dinheiro e preço. As pessoas expressam suas valorações quando realizam trocas, que se manifestam na ação de conduzir uma transação fixando um preço, o que geralmente se faz utilizando um denominador comum, que é o dinheiro.

Contudo, essa explicação típica não é isenta de levar a confusão em determinadas circunstâncias. Parece sugerir que o dinheiro é um elemento externo, utilizado por ambas as partes para ajudá-las a chegar a um acordo na transação. Mas, na verdade, o dinheiro é parte indispensável da transação. Como veremos, uma venda é o escambo de um bem por dinheiro. O dinheiro é um dos elementos diretamente envolvidos na definição de cada preço, e seu valor é regido pelos mesmos princípios que os demais bens.

Quando alguém menciona um preço, geralmente utiliza um símbolo monetário. E para referir-se a outras consequências ou benefícios ligados à transação, o indivíduo esclarecerá que se tratam de "preços não monetários" – como o valor sentimental que o bem tem para ele, ou querer ajudar o vendedor comprando o produto que em outras circunstâncias não compraria. No entanto, é importante não esquecer que o preço é uma forma de expressar as relações entre diferentes bens, as quais não se podem formular apenas em dinheiro. Na época do escambo direto, os "preços" eram expressos de muitas formas diferentes. Um porco podia valer dois sacos de trigo ou dez sacos de batatas. Já vimos os problemas que isso gerava no funcionamento do mercado e como o surgimento do dinheiro como denominador comum para a valoração dos bens contribuiu consideravelmente para o crescimento econômico.

Porém, sua função básica como meio de troca não deve nos fazer esquecer que o dinheiro é também um bem com seu próprio valor no mercado, expresso na sua relação com outros bens. Quando alguém compra um produto e paga com dinheiro, está, na verdade, trocando o dinheiro pelo bem. Graças à função de denominador comum, essa troca, ao contrário de outras, permite estabelecer um preço unitário e comparativo com os demais bens.

Antes do surgimento do dinheiro, cada bem ou mercadoria tinha múltiplos "preços", estabelecidos por sua relação com cada um dos outros bens e serviços com os quais se trocava. Não existiam preços como nos referimos hoje, mas sim relações de troca tão numerosas quanto os produtos existentes no mercado[58].

Em suma, o preço é a taxa de câmbio entre duas mercadorias expressa em uma delas[59]. Normalmente, essa troca é feita entre um bem e o dinheiro, e o preço é expresso em dinheiro. Daí a estreita relação entre os dois conceitos e a necessidade de esclarecer o

---

58. Mises explica esse ponto em sua *Teoria da Moeda e do Crédito*. Como explica Murray Rothbard (1926-1995),: "Mises observou que a unidade monetária serve como unidade contábil e denominador comum de todos os outros preços, mas salientou que a mercadoria-moeda ainda está apta para troca com todos os demais bens e serviços. Assim, na fase de troca pré-monetária – antes da introdução da moeda – não existia um 'preço dos ovos' unitário; uma unidade de ovos (por exemplo, uma dúzia) tinha muitos 'preços' diferentes; o preço da 'manteiga' (por quilogramas de manteiga), o preço dos 'chapéus', o preço dos 'cavalos' etc. Cada bem e serviço tinha uma gama quase infinita de preços, variando em relação a cada um dos demais bens e serviços existentes. Quando uma mercadoria, por exemplo o ouro, é escolhida como o meio a utilizar em todas as trocas, cada um dos outros bens, exceto o ouro, passa a ter um preço unitário; assim, sabemos que o preço dos ovos será um dólar por dúzia; o preço de um chapéu será dez dólares, e assim por diante. Mas enquanto cada bem e serviço, com exceção do ouro, possui agora um preço único em termos monetários, o dinheiro em si continua a ter uma gama quase infinita de preços individuais, que varia em relação aos demais bens e serviços. Em outras palavras, o preço de qualquer bem ou mercadoria é equivalente ao seu poder de compra em relação a outros bens e serviços" (ROTHBARD, Murray N. "The Austrian Theory of Money", em Edwin Dolan (ed.), *The Foundations of Modern Austrian Economics*, Kansas: Sheed Andrews and McMeel, 1976, p. 160).
59. ROTHBARD, Murray N. *El hombre, la economía y el Estado. Tratado sobre principios de economía*. Madrid: Unión Editorial, 2011, vol. 1, p. 101.

significado de "preço", especialmente porque isso nos permitirá compreender melhor o dinheiro e porquê a inflação não pode ser definida simplesmente como um "aumento dos preços".

Como expressão de valorações, os preços podem mudar constantemente sempre que as valorações variem. Uma pessoa pode alterar sua ordem de preferência por mudanças nos seus gostos ou interesses, variações na disponibilidade de determinados bens que, por fim, alteram a oferta e a demanda, bem como por outros motivos que têm a ver com o próprio jogo das leis econômicas.

Mas também pode variar por questões ligadas à relação entre a quantidade de bens e a quantidade de dinheiro. Quando a quantidade de dinheiro aumenta, se produz uma distorção dos preços que está relacionada com a oferta e a demanda da moeda. De fato, é provável que a relação de valoração de todos os outros bens entre si permaneça praticamente a mesma. Apenas a relação de valor de todos os bens em relação ao dinheiro é alterada.

Em parte, esse fato explica a confusão entre o conceito de inflação e o de aumento de preços. Ao se inflar a quantidade de dinheiro, inevitavelmente ele perde valor aquisitivo em relação aos demais bens. Como o preço é a expressão da relação entre o dinheiro e os bens, o aumento da quantidade de dinheiro fará com que a sua utilidade marginal diminua e, consequentemente, será necessário desembolsar mais dinheiro para obter os mesmos bens. Esse fenômeno será imediatamente percebido como uma "subida" dos preços, embora na realidade se trate de uma redução do valor do dinheiro.

Daí a necessidade de nos determos um pouco sobre o conceito de preço e sua formação.

## 1. O que é preço?

O processo de troca em que consiste a sociedade se baseia em decisões individuais que se manifestam através da ação. Nesse sentido, pode-se dizer que a economia – ou melhor, a cataláxia

– tem como ponto de partida a praxeologia, que é a ciência da ação humana[60].

> O processo de mercado é um processo de ações e interações de indivíduos que buscam atingir objetivos pessoais que consideram valiosos, por meio do uso e da troca de bens escassos. Nesse processo, cada pessoa decide a sua ação depois de avaliar o que pretende alcançar e o que está disposta a dar em troca. Assim, o ponto de partida para o estudo do mercado é a análise de valor[61].

As pessoas pensam, avaliam e decidem individualmente, seguindo seu próprio processo de raciocínio para atingir os seus objetivos. Mas tudo isso é irrelevante se não se manifestar em ação, em termos de interação social[62]. Assim, nossas valorações das coisas não se expressam pelo que pensamos – que muitas vezes não é revelado ou conhecido pelos outros –, nem pelo que dizemos – pois as palavras são levadas pelo vento –, mas pelo que fazemos[63]. Esse processo de ação e interação entre as pessoas é o que consiste a sociedade e, em termos de trocas econômicas, é o processo de mercado.

> Não há nada de automático ou misterioso no funcionamento do mercado. As únicas forças que determinam o sempre flutuante mercado são os juízos de valor dos diferentes indivíduos e as ações resultantes desses juízos[64].

---

60. MISES, Ludwig. *La Acción Humana*, *op. cit.*, p. 37 e ss.
61. ROJAS, Ricardo Manuel. *La propiedad. Una visión multidisciplinaria e integradora*. Madrid: Unión Editorial, 2021, p. 168-69.
62. Como afirma Mises, ao agir, o homem escolhe, determina e busca alcançar um fim (*op. cit.*, p. 17).
63. Ver FRIEDMAN, David. *Teoría de los precios*. Madrid: Centro de Estudios Superiores Sociales y Jurídicos Ramón Carande, 1995, p. 24. No mundo anglófono, essa ideia é popularmente expressa pelo ditado: "*Put your money where your mouth is*".
Tradução literal em português: "coloque seu dinheiro onde está sua boca"; traz a ideia de que, se uma pessoa acredita em algo, deve demonstrá-lo através de suas atitudes, não de suas palavras; agir conforme o que se fala. (N. T.)
64. MISES, Ludwig. *Planificación para la libertad y otros ensayos*. Buenos Aires: Centro de Estudios sobre la Libertad, 1986, p. 102.

A ação é executada a partir de valorações prévias que seguem uma ordem de preferência, influenciadas por fatores específicos como a escassez do bem desejado, sua utilidade para a pessoa que o valora em determinado momento e lugar e os recursos disponíveis para realizar uma troca a fim de obter esse bem. Nesse contexto, que é complexo e individual para cada pessoa e em cada momento, manifestam-se as ações que constituem o processo social.

Em determinadas circunstâncias, um bem ou unidade de bem pode ter para quem o possui um valor maior de uso direto ou valor de troca, ou uma mistura de ambos. É o valor mais elevado que determinará sua ação[65].

Essas trocas são viabilizadas por meio da determinação dos preços, que podem ser entendidos como a expressão da justaposição das valorações de quem oferece e de quem procura[66]. Quando as valorações de cada bem por parte dos indivíduos envolvidos estiverem correlacionadas, como passo prévio à realização de uma troca, nascerá um preço. Cada pessoa valoriza as coisas de forma diferente e desenvolve sua própria ordem de preferência, e é isso que torna as trocas desejáveis, pois ambos consideram que ganharão algo com a ação. A troca é realizada porque cada indivíduo valoriza mais o bem que recebe do que o bem que entrega.

Assim, uma condição necessária para a troca é que os dois bens tenham uma ordem de valoração diferente nas escalas de valor de cada parte.

> As condições para realizar uma troca são: os bens envolvidos devem ser valorados na ordem inversa pelas duas partes e cada parte conheça a existência da outra parte e dos bens que ela possui. Sem o conhecimento dos bens da outra pessoa, não poderia ocorrer troca alguma.

---

65. ROTHBARD, Murray N. *El Hombre, la Economía y el Estado. Tratado sobre principios de Economía, op. cit.*, p. 87.

66. BENEGAS LYNCH (h), Alberto. *Fundamentos de Análisis Económico*. Buenos Aires: Grupo Unión, 2011, p. 99.

[...] Os bens objetos de troca devem ser meios escassos para satisfazer os desejos humanos, pois se fossem de abundância ilimitada seriam condições gerais do bem-estar humano e não objetos da ação humana. Se assim fosse, não haveria necessidade de dar algo em troca para os adquirir e não se tornariam objetos de troca[67].

Não existe uma correlação matemática entre o valor que cada pessoa atribui a um bem e o preço final. O valor atribuído pelo potencial comprador permite-nos saber o que está disposto a dar em troca do produto que deseja; mas é claro que tentará dar o mínimo possível e, se conseguir obtê-lo de graça, será o ideal para ele. Por outro lado, a valoração por parte do potencial vendedor indica-lhe qual o mínimo que ele estaria disposto a receber pelo produto que entrega; obviamente, ele gostaria de receber muito mais, tanto quanto possível, mas não o daria por menos do que o piso estabelecido em sua valoração pessoal.

A quantidade do bem que dispõem os negociantes é um fator extremamente importante do ponto de vista da valoração individual, da base de troca e do nível dos preços. Em última análise, o que cada indivíduo valora quando decide trocar não é o significado abstrato de um determinado bem, mas o valor que atribui à unidade desse bem em questão, no contexto de determinado tempo, espaço e quantidade. A utilidade que atribuímos ao bem que avaliamos para troca chamamos utilidade marginal, a base da determinação do preço.

Valoramos um bem em função dos diferentes usos que ele pode ter. Assim, consoante a quantidade desse bem de que dispomos, a utilidade marginal será a utilidade do uso menos valorado, ou seja, aquele de que abdicaríamos se trocássemos essa quantidade do bem em questão por outro. Em outras palavras, a utilidade de

---

67. ROTHBARD, Murray N. *El Hombre, la Economía y el Estado. Tratado sobre princípios de Economía*, op. cit., p. 83-84.

um bem é inversamente proporcional à quantidade disponível. Quanto maior quantidade temos desse bem, menos valiosa seria para nós uma nova unidade[68].

Assim, quando avaliamos uma troca, calculamos com base nesse menor valor que a unidade marginal tem para nós. Portanto, quando nos perguntamos que valor atribuímos a algo em termos econômicos, temos de compreender que esse valor será calculado no contexto das circunstâncias dadas, em que as quantidades disponíveis são um fator determinante.

Como vimos, a interação dessas valorações se exprime através da comparação entre os bens trocados. Em uma economia sem dinheiro, haverá tantos preços diferentes quanto os bens existentes no mercado. Em uma economia com dinheiro, as coisas se facilitam, pois ao se utilizar o dinheiro em todas as operações, os preços serão expressos finalmente nessa denominação, o que ajuda no cálculo de como utilizar os recursos escassos da forma mais eficiente para todas as opções disponíveis.

Com base nessas valorações, no caso de uma transação única entre um comprador e um vendedor, o preço final dependerá de vários fatores envolvidos na negociação entre eles, onde questões psicológicas, ansiedade, obsessão, maior ou menor aversão ao risco, ordem de preferência, a disponibilidade de recursos, a utilidade

---

68. Como torcedor do Boca Juniors, valorizo muito a chance de assistir a um de seus jogos de futebol. Se fosse uma final de campeonato em que o Boca poderia ser campeão, eu valorizaria essa chance ainda mais. Por isso, poderia estar disposto a pagar muito dinheiro para comprar um ingresso dessa partida, e talvez até um pouco menos por unidade para comprar dois ingressos e convidar minha namorada ou um amigo para ir comigo. Mas se eu tivesse dez ingressos e alguém me oferecesse um décimo-primeiro, esse ingresso adicional já não teria o mesmo valor, pois já tenho ingressos suficientes para suprir a principal necessidade e finalidade atribuída a eles. Eu continuaria valorizando o Boca Juniors da mesma forma, e também a chance de assistir ao jogo final, mas, depois de já ter pago os dez ingressos para convidar familiares e amigos, o décimo-primeiro ingresso não teria o mesmo valor para mim. Resumindo, em termos econômicos, o que se valoriza não é o bem em si, mas a utilidade da unidade envolvida na negociação, ou seja, para o vendedor, é a unidade que tem o menor valor para ele e, para o comprador, é a unidade que ele enxerga ter o maior valor.

marginal da unidade negociada para cada um, as habilidades de negociação etc., definirão o preço final.

Quando a operação envolve vários compradores e vendedores, as regras de oferta e demanda e as quantidades envolvidas farão com que os preços também sejam influenciados pelas decisões de outras pessoas e que a quantidade total de bens e dinheiro envolvidos nas operações se torne essencialmente importante. Nesse caso, como veremos, os preços tenderão a se unificar para cada bem, ponderando as valorações individuais das inúmeras partes ofertantes e demandantes.

O maravilhoso da ordem espontânea do mercado é que, em vez de uma autoridade tentar a impossível missão de calcular os preços adivinhando as diferentes avaliações por parte de milhões de pessoas, acontece algo muito mais simples: milhões de pessoas tomarão suas próprias decisões individuais à luz dos sinais indicados pelos preços. Curiosamente, as pessoas se convenceram, mediante uma narrativa constante, de que é mais fácil que um funcionário resolva por todos do que cada qual possa resolver por si. Essa ideia, base do autoritarismo paternalista, foi suficientemente desmentida pela teoria econômica e pelos fatos.

## 2. A vinculação de todos os preços. O fator de concorrência permanente

Bens, serviços e dinheiro competem entre si porque são escassos em relação aos diferentes usos que as pessoas os podem atribuir. A economia expressa a preferência das pessoas em relação a bens escassos. A base para tomar essas decisões é a relação de troca entre todos os bens com o que serve de denominador comum, o dinheiro, que também é escasso.

Se o dinheiro fosse infinito em quantidade e estivesse disponível a qualquer momento para todas as pessoas, não existiriam preços, pois quem quisesse adquirir um bem estaria disposto a oferecer algo infinito, assim como outros potenciais compradores, e o vendedor não estaria disposto a entregar seu bem escasso em troca de dinheiro que também seria infinito para ele. Os bens não competiriam entre si pelo dinheiro disponível, pois haveria dinheiro para comprar tudo a qualquer preço, o que significa enfim que o dinheiro já não existiria[69].

Analisar a teoria de preços nos ajuda a compreender como o mundo funciona. Conforme foi se tornando mais populoso, mais complexo, com mais possibilidades de interação e busca de bem-estar, tornou-se claro que estamos envolvidos em um processo de cooperação e associação que, muitas vezes, tem como produto final uma série de consequências para as quais nem sequer sabíamos que contribuímos. Por isso, se concluiu que – como disse Hayek – a complexidade do processo social é tal que não pode ser regulado ou planejado por nenhuma autoridade[70].

O suposto sucesso do planejamento se baseava em um fato claro, que Hayek explicou examinando os dois regimes totalitários

---

69. Essa constatação, que parece óbvia, foi, no entanto, ignorada pelas autoridades políticas da Argentina, onde a realidade é permanentemente alterada e ignorada, sem qualquer punição. Já se ouviu alguns políticos dizerem que, enquanto o Estado tiver o poder de emitir moeda, este não pode falir, porque sempre será capaz de pagar suas dívidas produzindo o dinheiro necessário. E dizem isso a plenos pulmões e sem um pingo de vergonha. No momento em que escrevo este texto, a Argentina está mergulhando em uma nova e profunda crise devido à má gestão monetária. O ministro da Economia demitiu-se e, em seu lugar, foi nomeada uma economista que já tinha ocupado outros cargos no governo, o que provocou imediatamente um grande número de pesquisas sobre ela nas redes sociais. Entre os resultados mais divulgados, aparece um *tweet* publicado por ela há algum tempo, com a seguinte afirmação: "Para solucionar parte dos problemas: imprimir alguns bilhões aliviaria um pouco a situação. Imprimir papel-moeda não gera inflação e é uma ferramenta básica do Estado". Seu argumento baseia-se no pressuposto de que os recursos do Estado são ilimitados enquanto este tiver o monopólio da emissão de papel-moeda. Ou seja, buscaram um incendiário para controlar o incêndio. Mas como na Argentina a política é mais rápida que o teclado, no momento em que continuo escrevendo, a tal ministra já saiu do governo e foi substituída por outro político que certamente nos surpreenderá com suas propostas econômicas.

70. HAYEK, Friedrich A. "La teoría de los fenómenos complejos", em *Estudios de Filosofía, Política y Economía*. Madrid: Unión Editorial, 2007, p. 59 e ss.

em conflito durante a Segunda Guerra Mundial: a Alemanha nazista e a Rússia soviética. Qualquer objetivo é alcançável se os recursos forem ilimitados. Posso ter uma Ferrari se eu vender minha casa, meu carro, investir todas as minhas poupanças e pedir um empréstimo. Mas o custo de oportunidade é tão elevado que nunca o faria no meu perfeito juízo. Não obstante, é possível pensar que o Estado é capaz de fazer coisas que os indivíduos não podem fazer, simplesmente porque tem acesso aos recursos necessários por meio do monopólio da força. É claro que, ao pensarmos nisso, omitimos o fato de que tais recursos serão retirados das pessoas a um custo elevado, na medida em que elas terão de renunciar aos seus próprios objetivos pessoais.

> Não há dúvida de que quase todos os ideais técnicos dos especialistas poderiam ser realizados em um prazo relativamente curto se pudéssemos fazer disso o único objetivo da humanidade[71].

Essa circunstância produz vários efeitos no raciocínio das pessoas:

> **a.** Tendem a pensar que as grandes obras só podem ser realizadas através de um planejamento centralizado;
>
> **b.** Enxergam as vantagens de que seja um "representante do povo" decidindo que coisas fazer, em vez do egoísmo individual das pessoas;
>
> **c.** Menosprezam e descartam as preferências dos proprietários dos recursos expropriados pelo Estado, que os teria utilizado para os seus próprios fins.

As pessoas têm valores diferentes, ordenados de acordo com suas preferências, e, se pudessem, utilizariam todos os recursos disponíveis na sociedade para seguir essa ordem do que consideram bom ou desejável. Passam rapidamente da ideia de que algo é bom

---

71. HAYEK, Friedrich A. *Camino de Servidumbre* (Obras Completas, Vol. II). Madrid: Unión Editorial, 2008, p. 142.

para a ideia de que deveria ser obrigatório. Em resumo, querem que haja um planejador, mas que planeje de acordo com suas próprias escalas de valores.

> A ilusão do especialista, de conseguir em uma sociedade planejada uma atenção maior para seus objetivos mais desejados, é um fenômeno mais generalizado do que a palavra especialista sugere a princípio. Em nossos interesses e preferências, todos somos, em certa medida, especialistas. E todos pensamos que nossa escala pessoal de valores não é apenas nossa, pois em uma discussão livre entre pessoas razoáveis convenceríamos os demais de que temos razão... E, por esse motivo, todos desejam o planejamento. Contudo, certamente, a adoção do planejamento social pelo qual clamam apenas revelaria o conflito latente entre os objetivos de cada um[72].

Essa situação não melhora com a introdução de elementos democráticos na tomada de decisões. No máximo, a democracia permitirá escolher a pessoa responsável pelo planejamento social – que a seguir tomará suas próprias decisões de acordo com seus próprios interesses e valores – ou escolher os fins – que não serão os objetivos de cada uma das pessoas que serão obrigadas a contribuir, mas os de uma parte delas que acabarão decidindo os objetivos de todos[73]. Nenhum planejador, por mais poderoso que seja, terá o conhecimento necessário sobre as preferências e decisões de cada indivíduo daquela população. Esta é a principal dificuldade da ideia de planejamento:

> Não é apenas a enorme quantidade de dados que excede a capacidade da mente humana. É possível que um computador com capacidade suficiente possa armazená-los. Mas o verdadeiro problema é que o conhecimento necessário consiste em pautas subjetivas, de objetivos e desejos que não estão articulados

---

72. *Op. cit.*, p. 143-44.
73. Sobre esse ponto, consulte: ROJAS Ricardo Manuel. *Individuo y Sociedad, op. cit.*, p. 253 e ss.

em nenhum lugar, nem mesmo dentro das próprias pessoas. Poderia pensar que, perante o risco de falência, eu venderia o meu carro antes do que os móveis da casa, ou sacrificaria a geladeira ao invés do fogão, mas isso é algo que só saberei quando chegar o momento. Se nunca saberei antecipadamente qual será minha decisão nesse tipo de situação, também nunca saberei qual será a decisão dos outros. Não há meio de introduzir esse tipo de informação em um computador quando ninguém a tem de antemão[74].

Em contrapartida, através do processo de mercado, não é a autoridade de um planejador que toma à força os recursos de todos e os emprega naquilo que, em última análise, indica sua própria ordem de valores, mas cada um persegue seus objetivos individuais e, ao fazê-lo, busca a cooperação dos outros, para a qual deve, por sua vez, também contribuir para satisfazer os objetivos dessas contrapartes. Dessa forma, as pessoas ordenam a utilização de seus recursos de forma eficiente, seguindo a indicação dos preços[75].

Os preços transmitem a experiência e as percepções subjetivas de uns como conhecimento efetivo para os demais. É um conhecimento implícito que assume a forma de um incentivo explícito. As flutuações dos preços transmitem o conhecimento dos mutantes conflitos entre opções que variam quando as pessoas ponderam custos e benefícios de maneira diferente ao longo do tempo, com variações nas preferências ou tecnologia. Todo o conhecimento transmitido pelos inúmeros preços e suas amplas flutuações excede em muito o que qualquer pessoa pode ou precisa saber para alcançar seus objetivos[76].

---

74. SOWELL, Thomas. *Knowledge and Decisions*. Nova York: Basic Books, 1980, p. 217-18.

75. A famosa história de Leonard Read sobre o lápis ilustra como poucos esse fenômeno, que só pode acontecer graças à existência dos preços. Sem preços – e, portanto, sem uma moeda amplamente aceita – ainda estaríamos vivendo em cabanas e sobrevivendo por meio da prática do escambo (READ, Leonard, *I, pencil*, The Freeman, F.E.E., New York, 1958).

76. SOWELL, Thomas, *Knowledge and Decisions*, *op. cit.*, p. 167.

O processo de mercado, baseado no exercício dos direitos de propriedade e na liberdade contratual, sem interferências e com livre acesso ao conhecimento, gera um processo de acomodação em que os bens escassos são aplicados primeiro para as finalidades mais eficientes ou valoradas, que é difícil de assimilar à primeira vista. Pensa-se intuitivamente que os processos complexos necessitam de planejadores; mas a realidade é que os processos sociais, parte dos fenômenos mais complexos, dependem de tantas decisões volúveis tomadas por tal quantidade de pessoas que nenhuma autoridade seria capaz de planejá-los. O sistema de preços faz esse trabalho com muito maior eficiência[77]. De fato, o processo de mercado é conceitualmente contrário ao planejamento, no sentido em que as pessoas que contribuem voluntariamente não sabem, nem se interessam com os fins ou resultados finais para os quais contribuem – que, durante sua colaboração, podem nem sequer existam –, mas sim se o acordo ou troca pontual em que estão envolvidas lhes é proveitosa para seus próprios interesses.

As pessoas têm recursos limitados, que devem ser distribuídos para adquirir o maior número possível de bens que desejam ter. Cada vez que gastam uma parte de seus recursos na compra de

---

77. No entanto, a ideia de que os preços são números fixados por autoridades especializadas, que sabem definir o preço "certo" para tudo, é muito difundida. Durante a Guerra Fria, sabe-se que agentes soviéticos chegavam aos Estados Unidos com a missão secreta de pesquisar os preços das mercadorias nos grandes armazéns para os reproduzir na Rússia, partindo do princípio de que, dado o sucesso do sistema econômico capitalista, esses eram os preços "corretos".

Na mesma linha, David Friedman conta uma história curiosa de um alto funcionário do Ministério do Abastecimento da China, que planejava uma visita aos Estados Unidos para encontrar-se com o representante do Ministério de Abastecimento do país americano, cuja função era assegurar a recepção correta das mercadorias nas fábricas americanas. Pretendia informar-se sobre os procedimentos seguidos nos Estados Unidos para garantir uma distribuição exata das entregas (FRIEDMAN, David, *Price Theory, op. cit.*, p. 27). Porém, era difícil explicar aos funcionários comunistas que, no país americano, os preços são fixados e as mercadorias distribuídas, não por uma autoridade iluminada, mas por algo muito mais eficiente, que é deixar a oferta e a demanda funcionarem livremente no processo de mercado.

um bem, não só pagam um custo ligado à diminuição dos seus recursos, como também pagam um "custo de oportunidade", que é dado pela perda do(s) benefício(s) de todos os outros bens por conta da escolha realizada.

Isso acontece principalmente por duas razões interrelacionadas:

**a.** Porque os recursos são escassos, em relação a todos os possíveis usos que possamos pensar;

**b.** Porque todos os bens competem entre si por esses recursos escassos, de modo que, se eu decidir comprar um bem, terei de abdicar de outro[78].

Quando se olha para o fenômeno da concorrência no mercado, normalmente se considera a concorrência entre diferentes fornecedores do mesmo produto, que competem pelo melhor preço e qualidade. Mas a verdade é que todos os produtos no mercado competem entre si. Se eu comprar sapatos, posso ficar sem dinheiro para comprar laranjas, pelo que laranjas e sapatos competem pelos meus recursos, mesmo que inicialmente pareçam não estar relacionados e que a atividade de um seja desconhecida e não interesse ao outro produtor.

Da definição de "bem" deduz-se que dois bens não podem ser "substitutos perfeitos" um do outro, uma vez que, se os consumidores os considerassem idênticos, seriam então, por definição, o mesmo bem. Contudo, todos os bens de consumo são substitutos parciais de um outro bem. Quando uma pessoa ordena, de acordo com sua escala de valores, a infinidade de bens disponíveis e avalia a utilidade decrescente de cada um deles, ela considera alguns como substitutos parciais de outros. Uma mudança de posição na escala de valor alterará necessariamente a posição de todos os outros bens, uma vez que todas as relações de valor são ordinais e relativas. Um aumento

---

78. BENEGAS LYNCH (h), Alberto. *Fundamentos de Análisis Económico*. Buenos Aires: Grupo Unión, 2011, p. 136.

do preço de um bem (devido, por exemplo, a uma diminuição da produção) tende a desviar a procura dos consumidores para outros bens de consumo, aumentando, assim, suas demandas.

Por outro lado, um aumento da oferta e a consequente diminuição do preço de um bem tende a desviar a procura dos consumidores de outros bens para esse bem, diminuindo assim a demanda dos outros bens (em alguns casos mais do que outros)[79].

Os preços permitem resumir as valorações individuais em um denominador comum, que é o dinheiro, que, por sua vez, desempenha várias funções:

**a.** Individualmente, permite orientar ou ordenar as preferências individuais na utilização dos recursos escassos;

**b.** Socialmente, permite "varrer" o mercado, ao encontrar um ponto (o "preço de mercado") onde a oferta e a demanda se nivelam. Acima desse preço, não haverá mais pessoas dispostas a comprar; abaixo desse preço, não haverá mais pessoas dispostas a vender. Mas, nesse ponto haverá tanto compradores quanto vendedores que chegarão a um acordo para comprar (e vender) as quantidades disponíveis dos vários bens existentes no mercado.

Isso não significa que não existam pessoas que queiram adquirir ou vender desfazer-se de tal bem. Mas já não estarão dispostas a fazê-lo ao preço de mercado. Nesse preço, não haverá excedente ou escassez artificial desse bem.

Isso explica as variações de preços quando a quantidade de um bem varia. Se a produção de laranjas aumentar, para vender todas, o preço terá de descer até ao nível dos potenciais compradores, aqueles que teriam ficado de fora no momento do preço mais elevado com a quantidade menor no mercado. Resumindo,

---

79. ROTHBARD, Murray N. *El Hombre, la Economía y el Estado*, *op. cit.*, p. 283-84.

o preço visa ser o ponto de equilíbrio para que todos os produtos disponíveis sejam comercializados e não haja uma oferta ou procura não satisfeita. Por esse motivo, preço e dinheiro são conceitos muito difíceis de separar.

O uso do dinheiro não exclui a ideia do escambo, apenas a facilita ao encontrar um bem que todos estão, em maior ou menor grau, dispostos a aceitar em troca dos seus próprios bens. Quando alguém compra um produto no supermercado, está, na verdade, fazendo um escambo entre o produto e o dinheiro que se paga por ele. Quando os preços sobem ou descem, normalmente analisamos esse evento em relação aos produtos relacionados ao dinheiro; porém, também se pode dizer que o preço do dinheiro sobe e desce em relação aos bens adquiridos.

Assim, o preço de um bem pode subir ou descer por dois motivos principais: ou porque esse bem se valorizou ou desvalorizou para quem realiza a troca, por diferentes razões atreladas a esse bem em particular; ou porque o dinheiro utilizado na transação se valorizou ou desvalorizou para essas pessoas, também por diferentes razões especificamente relacionadas ao dinheiro. Como em qualquer troca, o preço será o ponto de convergência das valorações de ambas as partes.

A quantidade disponível, tanto dos bens quanto do dinheiro, será uma das razões fundamentais pelas quais seu valor – e seu preço – tenderá a aumentar ou a diminuir. Com maior quantidade de dinheiro, algumas pessoas estarão dispostas a desembolsar mais pelo que desejam em troca. Na medida em que a utilidade marginal do dinheiro disponível diminui devido ao aumento da quantidade, os preços tenderão a aumentar.

Ou seja, o preço expressa não só o valor dos bens, mas também o valor do dinheiro utilizado para os adquirir. Em resumo, o "poder de compra" que o dinheiro possui em relação a cada um dos bens será determinado pela demanda de moeda (como fator de aumento do valor) e pela quantidade de moeda existente (como fator de diminuição do valor)[80].

Vimos que o intercâmbio e a cooperação social foram essenciais para o crescimento humano. A divisão do trabalho, os preços, os contratos, permitiram aos seres humanos saírem das cavernas para produzir e comercializar uma grande quantidade de bens que antes não existiam na economia familiar ou nos clãs.

A prática do intercâmbio e suas possibilidades permitem as pessoas produzirem para um "mercado" e não exclusivamente para si próprias. Em vez de tentarem maximizar seu próprio uso, cada pessoa pode agora produzir bens antecipando seu valor de troca e, por fim, trocá-los por bens que consideram mais valiosos para si mesmos. Empiricamente, sabemos que a economia do intercâmbio permitiu aumentar a produtividade e a satisfação de todos os que nela participam[81]. Quando essas trocas acontecem de forma livre, falamos de uma sociedade "contratual" baseada em acordos celebrados voluntariamente regidos pelo interesse próprio das partes envolvidas, segundo suas próprias valorações e preferências[82].

## 3. Porque os preços variam quando a quantidade de moeda permanece inalterada?

Consoante ao que tenho dito aqui, mesmo quando a quantidade de moeda continua inalterada, os preços dos bens podem mudar por razões endógenas ao mercado. Isso acontece quando:

> 1. As valorações das pessoas se modificam. Enquanto a quantidade de dinheiro permaneça a mesma, as pessoas têm de decidir no que estão dispostas a gastá-lo. Se, como resultado de modismos,

---

80. ROTHBARD, Murray N. *El Hombre, la Economía y el Estado. Tratado sobre principios de Economía.* Madrid: Unión Editorial, 2013, Vol. 2, p. 330.

81. ROTHBARD, Murray N. *El Hombre, la Economía y el Estado. Tratado sobre principios de Economía*, *op. cit.*, Vol. 1., p. 87.

82. *Op. cit.*, p. 88-89.

mudanças nas preferências pessoais, na tecnologia ou por outras razões, as valorações individuais mudam, isso, por sua vez, altera a oferta e a demanda de bens e impacta nos preços;

2. O preço de um produto final muda, o que influencia o preço daqueles bens necessários para fabricá-lo e dos bens alternativos ou substitutos. Todos os preços estão interligados e é fácil ver como a alteração de um preço afeta muitos outros;

3. A quantidade dos bens oferecidos no mercado muda, o que afetará a oferta e, consequentemente, o preço, como mencionado acima;

4. A tecnologia ou os processos de produção são modificados, afetando os custos de alguns bens e, consequentemente, gerando queda de preço na medida em que a oferta aumenta devido a uma forma de produção melhor e mais eficiente[83].

A confusão na relação entre preços e custos tem levado muitos políticos a afirmar que certas circunstâncias que levam a aumentos de custos se refletem necessariamente nos preços.

Um exemplo muito comum é o aumento do preço das divisas estrangeiras utilizadas para comprar insumos. Segundo o que os políticos costumam alegar para esconder outras explicações, esse aumento é a razão pela qual os preços das mercadorias sobem, e é uma desculpa clássica para justificar a inflação.

---

83. Nesse ponto, é importante esclarecer a relação entre custos e preços. Uma duradoura e errônea doutrina econômica defendeu durante muito tempo que os preços são, no fim, uma soma de custos. Esse erro acometeu, dentre outros, o próprio "pai da economia moderna", Adam Smith, em algumas de suas explicações do processo econômico. Mas a relação é inversa: os preços finais de determinados bens imputam uma valorização aos produtos necessários para sua produção, alterando, por sua vez, o preço desses bens (por exemplo, se o preço do pão aumentar, o preço do fermento tenderá a aumentar, pois os fabricantes de fermento tentarão obter um preço mais alto para seu produto e a fábrica de pão estará mais disposta a pagar esse preço devido a uma maior receita que obterá com o aumento do preço do pão. Mas se, por qualquer outro motivo, o preço do fermento aumentar, esse acréscimo não repercutirá automaticamente no preço do pão. Isso só acontecerá se as pessoas estiverem dispostas a pagar mais pelo pão).

No entanto, é importante não esquecer que os preços podem subir desde que haja dinheiro para os pagar e que as pessoas estejam dispostas a gastar mais. Se a quantidade de dinheiro continuar a mesma e as pessoas não estiverem dispostas a renunciar à compra de alguns bens para pagar mais caro por outros, estes últimos não serão adquiridos, independentemente de o seu custo de fabricação ter aumentado e de as pessoas os desejarem[84].

Também é importante levar em consideração as razões de mercado que explicam a variação dos preços de alguns produtos, porque demonstra a inconveniência de utilizar índices de variação de preços e adotá-los como "índices de inflação".

Se, por exemplo, uma guerra ou qualquer outra circunstância generalizada e grave se desencadear em um país que exporta grandes quantidades de petróleo, é provável que a oferta mundial de petróleo diminua consideravelmente e que o preço do petróleo aumente. Se o preço do petróleo subir, os preços dos combustíveis e de alguns outros produtos relacionados também tendem a aumentar. Isso afetará diferentes países de diversas formas devido a uma série de circunstâncias. Em muitos lugares, esse aumento circunstancial de alguns preços é chamado de ""inflação", o que é um erro.

Na verdade, para que o preço dos combustíveis aumente – se a quantidade de dinheiro se mantiver inalterada –, será necessário utilizar recursos que seriam utilizados para comprar outros produtos. Não é possível pagar maiores preços sem sacrificar outros

---

84. Costumo explicar esse ponto aos meus alunos com um exemplo simples: suponhamos que decido construir um carro. Compro as peças, os manuais, as ferramentas, gasto uma fortuna; acrescento a renda perdida durante os meses em que estarei trancado na oficina aprendendo a fazer algo que não sei fazer. No final de todo esse trabalho, o resultado será um carro medíocre, mal acabado e sem segurança. Posso somar as notas fiscais de todas as minhas despesas e colocá-lo à venda "a preço de custo", ou seja, sem qualquer lucro para mim. Dificilmente alguém o comprará pagando cinco vezes o preço de um bom carro que pode comprar em uma concessionária. Meus custos não determinam o preço final do produto, nem serão uma variável importante quando alguém avaliar se está ou não disposto a comprar meu carro.

consumos, a não ser que a quantidade de dinheiro disponível aumente. Assim, a redução circunstancial da oferta de petróleo poderia aumentar o preço dos combustíveis à custa da diminuição do preço de outros bens que as pessoas deixariam de comprar para pagar mais pelo combustível.

A forma como os preços se ajustam influenciará grandemente a elasticidade ou inelasticidade da demanda. A demanda é inelástica quando, mesmo que o preço aumente, a procura não diminui na mesma proporção. Isso ocorre com os bens que as pessoas mais valoram, como o combustível, o qual, apesar do aumento do preço, tentarão continuar comprando-o em detrimento de outros produtos menos valorados.

Mas a procura de bens não tão necessários ou valorados, como doces, alimentos exóticos ou enfeites, tende a ser elástica, ou seja, o aumento do preço fará com que a demanda diminua. As pessoas não estarão dispostas a comprar esse produto se o preço subir. A demanda de todos os bens, para cada pessoa e em cada circunstância, tem diferentes graus de "elasticidade". Por isso, a diminuição do volume de petróleo à venda e o aumento do seu preço é notícia central em todo o mundo, porque as pessoas em geral valoram o combustível e vão buscar formas de garantir sua aquisição. Por outro lado, a diminuição da oferta de leques espanhóis, por exemplo, e o aumento do seu preço não é relevante.

Outro fator que influencia nesses casos, como vimos, é a quantidade de itens substitutos disponíveis do bem em questão[85]. Em última análise, o mecanismo de preços de mercado acaba fazendo que os recursos se distribuam de acordo com as aquisições mais eficientes dadas pela valoração dos participantes e pela quantidade de bens disponíveis.

---

85. ROTHBARD, Murray N. *El Hombre, la Economía y el Estado, op. cit.*, p. 283.

A inflação é outra coisa: é a distorção dos preços relativos como consequência da defasagem entre a quantidade de moeda e a quantidade de bens que podem ser adquiridos com essa moeda.

Denominar um "índice de preços" como "índice de inflação" não é apenas um erro conceitual. Não é feito por ignorância nem com boas intenções: é a forma que os políticos encontraram para desviar sua responsabilidade de um problema que eles próprios criaram.

## 4. Preços e equilíbrio

Mediante o que foi dito, o sistema de preços pode ser visto como uma espécie de "painel de sinalização", que indica às pessoas o que devem, a princípio, abdicar de seu próprio patrimônio para obter cada um dos produtos disponíveis no mercado e, a partir daí, calcular como empregarão seus recursos. O dinheiro permite relacionar o valor de todos os bens com o valor de um e, assim, tomar decisões com mais eficiência.

Uma vez que os recursos são escassos, os preços ajudam a estabelecer uma ordem de preferências pessoais. É o que as pessoas geralmente fazem quando recebem o salário no final do mês. O indivíduo sabe quanto dinheiro vai receber e, graças ao sistema de preços, pode calcular como utilizará esses recursos escassos para satisfazer a maior quantidade possível de necessidades e gostos. Isso se baseia em uma simplificação a que me referi anteriormente, o pressuposto de que as preferências e, consequentemente, os preços, cm gcral pcrmanccerão inaltcrados em curto e médio prazo.

Mas essa simplificação esconde o fato de que a definição dos preços é um processo altamente complexo que depende de muitas variáveis; e que, mesmo que em uma sociedade de moeda estável tenhamos a sensação de que os preços permanecerão estáveis, há múltiplas razões para que os preços mudem com frequência.

A visão econômica neoclássica apresentou o mercado como um fenômeno em que, com base em preços estabelecidos através da oferta e demanda, os indivíduos podem maximizar as funções de utilidade, produção e consumo. Para que o modelo funcionasse, foi mantido um critério estático que incluía a estabilidade dos recursos, o conhecimento perfeito, a invariância das preferências e a possibilidade de exercer os direitos de propriedade sem qualquer impedimento; porém, os custos de transação foram amplamente ignorados.

Embora essas variáveis sejam facilmente perceptíveis, elas conspiram contra a possibilidade de pensar em termos de preços equilibrados e dificultam as hipóteses do cálculo econômico. Se tudo está em constante mudança, é impossível o cálculo futuro.

Sobre essa ideia, Ronald Coase, fez um forte alerta em um estudo publicado em 1960[86], explicando que, para que o processo de mercado funcione de maneira ideal, são necessárias duas condições: que os direitos de propriedade estejam bem definidos e possam ser exercidos e que os custos de transação sejam próximos a zero. Isso raramente acontece na realidade, de modo que há aqui duas variáveis que, no pensamento de Coase, poderiam ser resolvidas ou, pelo menos, minimizadas em suas consequências nocivas, apelando a bons critérios legais e jurídicos.

Isso colocou em discussão essa visão acética e estática do mercado, e incentivou o estudo de outros fatores que podem modificar tal equilíbrio. Essa variabilidade foi claramente explicada pelos autores da Escola Austríaca de Economia.

> Para a Escola Austríaca, a ordem social é um produto complexo de interações individuais, ocorridas a partir dos mais variados motivos particulares que produzem consequências não intencionais e formações espontâneas. A observação do resultado

---

86. COASE, Ronald. "The Problem of Social Cost". *Journal of Law and Economics* 3, 1960, p. 1-44.

final, ou da decisão individual manifesta, não permite conhecer em cada caso as intenções concretas ou fazer uma síntese da grande quantidade de decisões de todo tipo que contribuíram para esse resultado[87].

Por sua vez, quase nada é constante na dinâmica das relações humanas, razão pela qual a economia denomina os diferentes elementos dos fenômenos sociais precisamente como "variáveis" e, para fins puramente científicos, recorre à pretensão de que, se uma dessas variáveis for isolada, o resto permanecerá estável (expresso na expressão latina *ceteris paribus*). Mises explicou que essa suposição é uma ficção indispensável para o raciocínio e para a ciência. Na vida real tudo flui continuamente, mas, para o raciocínio, temos que construir um estado imaginário de quiescência[88].

Contudo, esse modelo estático oferecido pelos economistas neoclássicos perdurou ao longo do tempo com todos os seus vícios, tolerado apenas devido à pretensão de poder retirar dele algumas conclusões gerais para análise científica e, sobretudo, para fazer previsões e elaborar planos.

Seria possível conjeturar que neste ponto os políticos prevaleceram sobre os cientistas. A ciência econômica deveria ter-se concentrado no estudo dessas particularidades da interação humana – como fez a Escola Austríaca –, mas isso impediria a obtenção de resultados facilmente generalizáveis para uso político. Por essa razão, várias escolas econômicas abraçaram uma visão mais simples do fenômeno social.

Mises recorreu a uma série de construções imaginárias para aceitar esse tipo de análise. Uma delas é o que ele chamou de "economia uniformemente circular", que pressupõe uma situação

---

87. ROJAS, Ricardo Manuel. *Individuo y Sociedad. Seis ensayos desde el individualismo metodológico*, *op. cit.*, p. 44.
88. MISES, Ludwig, *Problemas epistemológicos de la Economía*. Madrid: Unión Editorial, 2013, p. 174; com citação de CLARK, J. B., *Essentials of Economic Theory*, Nova York, 1907, p. 130 e ss.

de preços que, uma vez determinados, não sofrem variações depois[89]. Mas o fato é que essas mudanças ocorrem, embora muitas vezes de forma tão lenta ou limitada, que ainda permitem realizar cálculos úteis.

Se deixarmos de lado, por um momento, as variações que podem ocorrer por motivos externos ao mercado – principalmente devido a intervenções estatais de todos os tipos –, fica claro que as valorações individuais sobre os produtos que compram ou vendem também estão sujeitas a flutuações. Entretanto, para o cálculo econômico, um dos pré-requisitos é considerar a estabilidade da escala de preferências.

A pessoa que consome leite regularmente compra uma determinada quantidade por semana, que, em geral, permanece inalterada enquanto ela mantiver seus hábitos. É claro que esses hábitos podem mudar: ela pode se tornar vegana ou, ao contrário, adotar uma dieta à base de laticínios. Mas, para fazer um cálculo econômico, é necessário presumir que as mudanças nas decisões de consumo serão feitas de forma lenta e gradual.

Além disso, o fato de uma pessoa se tornar vegana de um dia para o outro pode significar uma mudança drástica em sua demanda por produtos lácteos, mas, devido ao grande número de pessoas envolvidas no mercado de leite de um país, essa decisão individual é praticamente irrelevante em termos de preços e produção, e provavelmente será compensada por decisões de outras pessoas em sentido contrário.

Por outro lado, o produtor e vendedor de laticínios baseia sua produção e oferta no cálculo do que ele supõe que será a demanda por seus produtos a um determinado preço, com base nos números

---

89. MISES, Ludwig. *La Acción Humana, op. cit.*, p. 299-01. Mas Mises esclarece ainda mais: "O mercado está em constante agitação. O modelo de uma economia uniformemente circular nunca existe no mundo da realidade" (p. 397). Sobre a noção de equilíbrio de preços e as diferentes visões a esse respeito dentro da Escola Austríaca de Economia, ver: ROJAS, Ricardo Manuel. *La propiedad. Una visión multidisciplinaria e integradora, op. cit.*, p. 170-75.

dos anos anteriores. Ele não espera mudanças bruscas, embora possa examinar tendências individuais que, no futuro, possam justificar mudanças na produção.

Tanto os consumidores quanto os produtores, compradores e vendedores, precisam calcular suas ações com base em um sistema de preços equilibrado, baseado em grande parte no comportamento e nas preferências reveladas anteriores, mesmo sabendo que esse equilíbrio é, na melhor das hipóteses, provisório.

Enquanto as variações em questão sejam específicas do mercado, grandes alterações de preços ocorrem apenas eventualmente de forma abrupta e, em geral, devido a inovações tecnológicas ou descobertas que alteram costumes e preferências.

Mas quando as variações se baseiam em ações coercitivas do Estado, as mudanças radicais são muito mais frequentes. Isso ocorre porque a ação do Estado abrange a todos os indivíduos por meio de imposições coercitivas, enquanto as mudanças no mercado dependem de decisões individuais voluntárias e limitadas.

Entre essas variações, como veremos, uma das mais notórias com relação ao equilíbrio de preços é o aumento artificial da quantidade de dinheiro no mercado, produzido pelo Estado.

# 5. O preço do dinheiro

O dinheiro é um bem cujo valor é atribuído por cada pessoa, tal como ocorre com todos os outros bens, e que, portanto, tem um preço no mercado. Como vimos, o dinheiro começou sendo um ou vários bens de uso com aceitação generalizada, o que levou muitas vezes a aumentar o valor deste bem ao somar o valor de uso ao valor de troca.

Rothbard resumiu os usos do dinheiro da seguinte forma:

> **a)** o uso não monetário da moeda-mercadoria (como o uso do ouro para decoração); **b)** os gastos com diferentes bens de consumo; **c)** os investimento em diversas combinações

> alternativas de fatores de produção; e **d)** o aumento do saldo em caixa. Cada uma dessas categorias amplas de uso reúne um grande número de tipos e quantidades de bens, e cada opção em particular é ordenada de acordo com a escala de valores dos indivíduos. Podemos ver claramente quais serviços os bens de consumo oferecem: proporcionam satisfação imediata dos desejos individuais e, portanto, são bem avaliados de acordo com sua escala de valores. Também está claro que, quando o dinheiro é usado para fins não monetários, ele se torna um bem de consumo direto em vez de um meio de troca. O investimento [...] implica um aumento no nível de consumo futuro por meio do investimento presente em bens de capital[90].

Originalmente, seu valor como dinheiro se baseava em seu valor como bem, um piso que seria mantido mesmo se deixasse de servir como dinheiro.

Definir o preço do dinheiro se torna algo complexo pelo fato de que, normalmente, todos os preços são definidos por meio do dinheiro e, portanto, parece haver uma espécie de círculo vicioso no qual precisamos saber o valor do dinheiro para estabelecer a relação do dinheiro com outros bens.

> Para determinar o preço de um bem, analisamos a demanda do mercado para esse bem. Isso depende das demandas individuais, que, por sua vez, baseiam-se nas preferências individuais por unidades desse bem e pelas unidades monetárias, estas últimas definidas, por sua vez, pelas diferentes opções que o uso do dinheiro apresente. E mesmo essas últimas alternativas dependem, por sua vez, dos preços de outros bens. Uma demanda hipotética por ovos terá de considerar como "dado" algum preço monetário para a manteiga, as roupas etc.. Mas então, como as escalas de valores e utilidades podem ser usadas para explicar a formação de preços monetários quando as próprias escalas

---

90. ROTHBARD, Murray N. *El Hombre, la Economía y el Estado, op. cit.*, vol. 1, p. 265.

de valores e utilidades dependem, por sua vez, da existência de preços monetários?

É evidente que esse problema de circularidade é de vital importância (X depende de Y, enquanto Y depende de X) e existe não apenas em relação às decisões dos consumidores, mas também em relação a qualquer decisão de troca que ocorra em uma economia de mercado[91].

Mises explicou esse ponto em seu teorema da regressão monetária. A valoração que as pessoas fazem do dinheiro está condicionada pelo seu poder aquisitivo, que, por sua vez, está condicionado ao poder aquisitivo anterior, e assim por diante, até o "primeiro momento" em que o bem foi utilizado como dinheiro, no qual seu poder aquisitivo estava determinado pelo uso não monetário do bem.

As pessoas valoram o dinheiro, hoje, porque ele era valioso ontem e acreditam que continuará sendo valioso hoje. O consideravam valioso ontem porque era valioso antes de ontem. E é possível rastrear essa valoração até a época em que o dinheiro era valioso não como meio de troca, mas como mercadoria. Em resumo, a explicação de Mises baseia-se na suposição de que o dinheiro era inicialmente uma mercadoria que reunia determinadas características que o converteram em um meio de troca.

O problema surge quando analisamos o dinheiro de papel, criado pelo Estado e de uso forçado. Esse dinheiro não tem valor como bem de uso ou consumo e conserva seu valor somente enquanto as pessoas o valorarem por seu poder aquisitivo em si mesmo. Esse valor dependerá, em última instância, da utilidade marginal que oferece, o que, por sua vez, dependerá de sua quantidade no mercado e da confiança que as pessoas têm de que ele será aceito como meio de troca.

---

91. ROTHBARD, Murray N. *El Hombre, la Economía y el Estado*, *op. cit.*, vol. 1, p. 269.

Quando o mercado monetário é livre, as pessoas escolherão as moedas confiáveis e descartarão as pouco confiáveis. Se o uso de diferentes moedas está regulado por meio de preços ou taxas de câmbio definidas discricionariamente pelo governo, pela aplicação da chamada Lei de Gresham[92], as pessoas tenderão a usar as moedas artificialmente supervaloradas para se livrar delas e manterão consigo as que consideram mais valiosas.

Portanto, a situação em que existe uma moeda de papel, sem valor como mercadoria, imposta monopolisticamente pelo Estado, em um mercado onde a circulação de outras moedas é restrita ou regulada artificialmente, é o pior dos mundos. Em um sistema como esse, é muito difícil, não apenas saber o valor do dinheiro, mas também ser capaz de retificá-lo ou mesmo trocar de moeda quando ela perde seu poder aquisitivo.

Por outro lado, é necessário distinguir entre o valor específico que as pessoas atribuem ao dinheiro quando realizam transações, e o valor geral que o dinheiro tem para elas. Já vimos que sempre houve uma crença geral no valor do dinheiro em si mesmo, independentemente de sua quantidade e de outras circunstâncias.

Quando os governantes cunhavam moedas, as pessoas confiavam no valor das moedas como tal e, mesmo quando eram enganadas, quando as autoridades diminuíam a quantidade de metal precioso das moedas, as pessoas demoravam a perceber a perda do valor de compra da moeda. O mesmo acontece com as cédulas. A emissão excessiva não faz com que percam valor imediatamente e, como o governo é o primeiro a colocar novas

---

92. Thomas Gresham (1519-1579) foi um dos fundadores da Bolsa de Valores de Londres. A ele é atribuída a observação de que, quando há uma taxa de câmbio imposta artificialmente entre várias moedas, e as pessoas percebem que algumas estão subvalorizadas e outras supervalorizadas, elas circulam a moeda supervalorizada para se livrar dela, mantendo a subvalorizada em seu poder por considerá-la mais valiosa; em termos simples: "A moeda ruim tende a expulsar do mercado a moeda boa". Foi somente no século XIX que esse princípio começou a ser denominado como Lei de Gresham.

cédulas em circulação, pode tirar proveito de seu valor inicial e repassar as consequências de sua desvalorização para aqueles que as receberem posteriormente.

Apesar de tudo, as pessoas têm a sensação de que o dinheiro nunca perde seu valor. Nesse sentido, a demanda por dinheiro tende a ser ilimitada, pois o que pode ser comprado com esse dinheiro também é teoricamente ilimitado. Essa valoração *a priori* do dinheiro começa a diminuir na escala de preferências quando as pessoas finalmente percebem que o poder de compra do dinheiro diminui conforme a quantidade de dinheiro em circulação aumenta.

> A ideia popular de que a demanda por moeda é ilimitada é uma fonte de inúmeros erros. Todos podem usar mais dinheiro. Mas isso leva a confundir a demanda por riqueza, que pode ser ilimitada para a maioria dos indivíduos, com a demanda por moeda. As pessoas querem moeda por causa de seu poder aquisitivo de riqueza real e não demandam mais moeda pela própria moeda com um poder aquisitivo diluído. Quem deseja mais moeda que não proporcione mais riqueza real? No mercado, é a demanda efetiva o que afeta os preços e a produção. E essa demanda efetiva, que se reflete no desejo individual de abrir mão de outros bens e serviços, é sempre limitada. Ela é estritamente limitada tanto para bens econômicos quanto para moeda[93].

As pessoas então percebem que o preço do dinheiro é dado por seu poder aquisitivo. Este, por sua vez, depende de sua utilidade marginal, que está claramente relacionada à quantidade de dinheiro em comparação com os demais bens.

Em um sistema monetário livre, as pessoas decidirão, por meio do processo de mercado, quanto dinheiro será preciso para satisfazer as necessidades das trocas e farão permanentemente as correções necessárias. Porém, em um sistema monetário baseado

---

93. SENNHOLZ, Hans. *Tiempos de Inflación*, *op. cit.*, p. 36.

em papel-moeda emitido monopolisticamente pelo Estado, a quantidade de dinheiro terá de ser decidida por alguma autoridade. Isso traz sérios problemas que explicam por que a inflação é um fenômeno tão frequente no século passado. Voltarei mais tarde a essa questão de como definir a quantidade de dinheiro nos sistemas monetários atuais.

## 6. A interferência estatal nos preços

É frequente que os políticos tentem interferir nos preços para obter efeitos que consideram benéficos. Os economistas fazem sua parte dando fundamentos pseudocientíficos à tendência de encontrar "falhas" de mercado, onde os resultados não são os preferidos por eles. A partir disso, justificam sua intervenção por meio da legislação.

Em outro artigo, juntamente com Andrea Rondón, definimos "intervencionismo" como o modelo de governo baseado em uma infinidade de ações irregulares do Estado, decididas de forma discricionária, sem respeitar regras superiores gerais e abstratas, que supõem avançar sobre os direitos individuais na forma de mandatos ou proibições[94].

Em 1929, Mises argumentou com relação a esse conceito:

> O intervencionismo pretende manter a propriedade privada, mas ao mesmo tempo quer regular a atividade dos proprietários dos meios de produção por meio de normas impositivas e, sobretudo, por meio de proibições. Quando esse controle é levado ao ponto em que todas as decisões importantes dependem de diretrizes governamentais, quando não são mais motivadas pelo benefício dos proprietários dos meios de produção, dos capitalistas e dos empresários, mas é a razão de Estado o que

---

94. ROJAS, Ricardo Manuel; RONDÓN GARCÍA, Andrea. *La supresión de la propiedad como crimen de lesa humanidad. El caso Venezuela.* Madrid: Unión Editorial, 2019, p. 65.

decide o que deve ser produzido e como deve ser produzido, o que temos é uma ordem socialista, mesmo que mantenha o rótulo de propriedade privada[95].

A intervenção estatal no processo econômico pode ocorrer se exercendo várias faculdades para restringir o exercício dos direitos de propriedade, regulações ao intercâmbio econômico vinculadas com a produção ou comercialização de bens e serviços, que incluem a intervenção direta do Estado por meio das chamadas "empresas públicas" ou estabelecendo monopólios, a intervenção no comércio internacional por meio de barreiras tarifárias ou controles de câmbio, da administração monetária pela emissão e regulação bancária e financeira, do aumento de impostos e outros tipos de tributos para financiar o aparato burocrático etc.[96]

Entre essas medidas de intervenção estatal estão os controles de preços. Esses controles ou interferências não estão vinculados apenas aos preços das mercadorias, mas incluem todos os tipos de preços, seja da mão de obra, do dinheiro, de divisas ou produtos importados etc.

> O intervencionismo econômico, em resumo, significa que a autoridade pública, pelos meios à sua disposição, procura estabelecer preços para bens, serviços e taxas de juros diferentes daqueles que seriam fixados em um mercado livre. O governo impõe taxas máximas ou mínimas – ou concede poderes a determinadas organizações, implícita ou explicitamente, para que elas próprias as imponham – e adota as medidas para garantir que, por meio de força e coerção, tais mandatos sejam cumpridos.
>
> Ao tabelar preços, o governo objetiva ou defender os consumidores, no caso de preços máximos, ou os vendedores, no caso

---

95. MISES, Ludwig. *Crítica del intervencionismo (El mito de la tercera vía)*. Madrid: Unión Editorial, 2001, p. 38.

96. ROJAS, Ricardo Manuel; RONDÓN GARCÍA, Andrea. *La supresión de la propiedad como crimen de lesa humanidad. El caso Venezuela*, *op. cit.*, p. 70.

de preços mínimos. O primeiro visa permitir que o comprador compre o que precisa a um preço mais baixo do que o que seria determinado pelo mercado livre. O preço mínimo, por outro lado, permite que o vendedor venda seus produtos ou serviços a um preço mais alto do que seria em um mercado livre. Dependendo da constelação predominante de forças políticas, o poder público estabelece uma ou outra. Por isso, ao longo da história, foram decretados preços e salários mínimos e máximos. Somente os juros foram uma notória exceção: nunca lhes foram impostos qualquer mínimo, invariavelmente fixaram preços máximos. A poupança e o crédito sempre foram alvo de muita desconfiança[97].

Podemos mencionar brevemente algumas das formas de interferência e distorção legislativa dos preços:

## a. Interferência nos preços de bens e serviços

É uma das formas mais comuns de intervir nas transações comerciais em geral, seja fixando preços máximos ou mínimos, seja regulamentando a produção, a comercialização ou distribuição de bens com o objetivo de influir sobre os preços.

Como vimos, uma das funções dos preços é "limpar" o mercado[98], ou seja, encontrar um ponto em que todos os produtos ofertados encontrem seu comprador a um determinado preço, sem gerar falta ou sobra. Se sobram é porque o preço está muito alto; se faltam é porque está muito baixo. O ajuste no preço fará que finalmente toda a oferta encontre sua demanda.

Se esses preços forem alterados por decisões legislativas, seja impondo preços máximos (acima dos quais é proibido vender) ou preços mínimos (abaixo dos quais não é permitido comprar), a primeira consequência é que haverá ofertas ou demandas artificiais insatisfeitas de pessoas que desejam comprar ou vender os

---

97. MISES, Ludwig. *La Acción Humana*, *op. cit.*, p. 898.
98. BENEGAS LYNCH (h), Alberto. *Fundamentos de Análisis Económico*, *op. cit.*, p. 100-01.

produtos pelo preço estabelecido pela autoridade, mas que não os encontrarão por esse preço.

A isso se seguirá o desabastecimento, mercado negro, queda na produção, retração nas vendas etc. O controle de preços nunca serviu para outra coisa senão desviar a atenção das pessoas das reais causas dos problemas (os políticos) e, ao contrário, foram o instrumento para dar a esses mesmos políticos maior poder sobre as pessoas, que é o verdadeiro objetivo.

## b. Interferência no preço do dinheiro

Outro preço que costuma sofrer interferência é o do dinheiro, por meio da regulação do créditos, taxas de juros, depósitos compulsórios etc.

Em tempos de instabilidade econômica e jurídica, essa interferência estatal se intensifica e afeta as decisões sobre investimentos de longo prazo ao impor legalmente determinadas taxas de juros e gerar incertezas quanto aos depósitos bancários.

Por vezes, isso leva o próprio Estado a conceder linhas de crédito a taxas preferenciais, o que costuma ser um ambiente propício para conceder privilégios, pagar favores ou estabelecer alianças políticas. Além disso, muitas vezes esses créditos estatais tendem a ser o mecanismo pelo qual o Estado coloca em circulação o dinheiro emitido sem lastro, o que aumenta a inflação e os problemas subsequentes.

## c. Interferência no preço dos imóveis e aluguéis

O aumento dos preços dos imóveis e aluguéis, como os demais preços, ocorre quando a oferta se contrai. Se houver menos moradias à venda ou para alugar e a demanda permanecer, as leis econômicas explicadas acima mostram por que os preços vão subir.

Com frequência, quando os preços dos imóveis e dos aluguéis aumentam, o Estado intervém tentando proteger ou beneficiar quem os pretende comprar ou arrendar.

Tais soluções estão normalmente associadas ao lançamento de linhas de crédito especiais, financiadas pelo Estado, a juros baixos e prazos longos, para a compra de moradias. Mais fortes ainda em seus efeitos nocivos são as leis que regulam os aluguéis, seja no preço, na duração dos contratos ou na suspensão dos despejos.

Como vimos, a mágica em termos econômicos não existe e, embora num primeiro momento o aparecimento de empréstimos "suaves" para comprar uma casa possa ser considerado pelas pessoas como uma boa medida, seus resultados são muito prejudiciais em longo prazo.

De fato, o dinheiro que o Estado oferece com juros baixos e prazos longos para a compra de moradia pode vir de dois lados: ou vem da arrecadação de impostos, que é dinheiro que, em vez de ser investido na produção – inclusive na construção de moradias –, é entregue a baixo preço a quem procura uma casa, ou é dinheiro emitido sem lastro, gerando inflação.

A solução do problema, pelo contrário, passa pelo investimento na construção de novas moradias se o que se pretende é cobrir as necessidades do mercado aumentando a oferta e baixando o preço. Se o número de casas oferecidos não crescer, então o que essas linhas de crédito barato conseguem é financiar um punhado de compradores privilegiados que, por terem dinheiro barato, vão até contribuir para aumentar o preço das casas como resultado do aumento da procura. Quando esse dinheiro acabar, o problema de falta de moradias terá se intensificado. Além disso, é comum que esses créditos sejam distribuídos para quem demonstra lealdade política ao governo no poder, o que contribui para obscurecer a situação ainda mais.

A falta de capital para investir na construção, a insegurança jurídica causada pelas regulações estatais e interferências no mercado e nos direitos de propriedade, e a inflação gerada pela emissão de dinheiro para dar créditos "baratos", desestimulam a construção, e haverá menor a oferta de casas e, consequentemente, o problema vai se agravar.

Em relação à regulação dos aluguéis, é evidente que qualquer alteração à liberdade contratual desencoraja a oferta de moradias para locação. Todas as leis que regulam a locação de imóveis causaram, quase imediatamente, uma contração da oferta e um agravamento do problema. Todas falharam sem exceção, apesar de, de tempos em tempos, os políticos insistirem em sua implementação, aproveitando-se do fato de que o público se renova e os motivos dos fracassos anteriores tendem a ser esquecidos.

As pessoas preferem manter suas casas desocupadas a se submeterem a regulações que inclusive as impedem de despejar inquilinos inadimplentes, ou de atualizar os valores conforme subam os preços dos outros bens. A regulação estatal pode chegar ao extremo de dispor sanções para quem tem imóveis desocupados, seja com aumento de impostos, multas ou medidas mais radicais. Isso, por sua vez, desestimula não apenas a oferta para alugar, mas também a construção de novas moradias para locação.

## d. Interferência no preço do trabalho

O salário, como preço do trabalho, também tem sido objeto de diversas manipulações regulatórias, que, com o suposto objetivo de beneficiar aos trabalhadores, sempre os prejudicam.

Regular os salários tem as mesmas consequências que regular outros preços: se contrai a oferta de trabalho, o emprego diminui e o mercado negro aumenta – onde as contratações são feitas com o preço de mercado, mas sem nenhuma proteção aos contratos. No fim, apenas piora a situação inicial que se pretendia melhorar.

A única maneira genuína de aumentar o emprego e os salários é através do investimento de capital na atividade de produção, que por sua vez aumenta a demanda de trabalho e, portanto, o emprego e o nível dos salários[99]. Os salários, assim como a riqueza

---

99. MISES, Ludwig. "Salarios, desocupación e inflación", em *Planificación para la libertad y otros ensayos*. Buenos Aires: Centro de Estudios sobre la Libertad, 1986, p. 197 e ss.

e o dinheiro, são uma expressão da produção prévia. Não se pode distribuir ou aumentar o que não existe, e as miragens criadas com o intuito de simular essa produção inexistente sempre acabam mal.

Qualquer outra forma artificial de tentar tal aumento, além de fracassar, muito provavelmente produzirá prejuízos colaterais que agravam muito a situação. É o caso, por exemplo, do emprego público. Às vezes, os políticos recorrem ao aumento do emprego público como forma de aliviar o desemprego. Obviamente, esses salários são pagos com o dinheiro de impostos extraído de outros trabalhadores, de modo que o capital que não é investido na produção e que geraria emprego genuíno e rentável, é utilizado para pagar salários desnecessários e não rentáveis. Dessa forma, a produção diminui e, com ela, a receita de impostos e a possibilidade de continuar pagando os salários dos funcionários públicos. Ao mesmo tempo cai a produção, como também a demanda genuína por mão de obra.

A essa altura, em um país com políticos sem escrúpulos e defesas institucionais fracas, se recorrerá à emissão monetária para continuar pagando salários públicos desnecessários, com o único objetivo de manter essas pessoas na ilusão de que têm emprego e melhorar as estatísticas visando as próximas eleições.

Outro paliativo muito utilizado é a criação de seguro-desemprego pago pelo Estado. Não estou falando de seguros privados ou sindicais, – que são pagos pelos próprios trabalhadores ou livremente negociados em seus contratos com empregadores, e regidos pelas regras das seguradoras privadas –, mas da entrega de dinheiro público aos que perderam o emprego. Em última análise, isso tem as mesmas consequências que o funcionalismo público, ou seja, o dinheiro que deveria ser investido privadamente para aumentar a produção e, portanto, do emprego e dos salários, é desviado para pagar a pessoas que não têm emprego, e nem vão conseguir porque a retração da oferta como resultado da diminuição do investimento.

Isso sem prejuízo das manobras e golpes que ocorrem em muitos países em decorrência do pagamento do seguro-desemprego em casos de trabalho informal.

A possibilidade de influenciar positivamente o índice de emprego e salários por meio da emissão e circulação de dinheiro, popularizou-se no mundo a partir dos escritos de Keynes, que apesar de serem seriamente refutados por Hayek e outros economistas de prestígio, foram rapidamente tomados ao pé da letra por políticos aos quais essas ideias serviram com perfeição para justificar suas intervenções no processo social[100]. Anos depois, por ocasião do discurso de aceitação do Prêmio Nobel de Economia em 1974, Hayek afirmou:

> A verdade é que, por um equívoco teórico, fomos levados a uma situação precária em que não podemos evitar a reaparição de um significativo desemprego, não porque esse desemprego seja deliberadamente produzido como forma de combater a inflação, como muitas vezes distorcem minhas ideias, mas porque necessariamente tem que aparecer agora como uma consequência profundamente lamentável, mas inevitável, de políticas equivocadas do passado assim que a inflação parar de acelerar[101].

---

100. Mais tarde, Hayek se arrependeu de não ter continuado o debate com Keynes, mas explicou que a aceitação geral das teorias do pensador inglês era de tal intensidade – especialmente devido à conveniência de suas consequências para os políticos – que enfrentá-lo sozinho lhe tirava público para discutir outras questões que considerava mais prementes naquele momento. Além disso, ele lembrou que o próprio Keynes, após a segunda rodada de críticas que lhe fez, confessou ter mudado sua maneira de pensar em relação ao que afirmava em seu *Tratado sobre a Moeda* (Londres: Macmillan, 1930, 2 vol.). No entanto, essas ideias e as contidas em sua *Teoria Geral do Emprego, do Juro e da Moeda*, de 1936, continuaram exercendo forte influência até hoje, apesar de serem amplamente refutadas na teoria, devido à conveniência para os interesses de políticos, sindicalistas e outros interessados em dinheiro.

101. HAYEK, Friedrich A., discurso de aceitação do Prêmio Nobel de Economia em 1974, publicado como "La pretensión del conocimiento", em *Nuevos Estudios en Filosofía, Política, Economía e Historia de las Ideas*. Madrid: Unión Editorial, 2007, p. 41-54.

Os políticos se aproveitaram da crença intuitiva geral de que se o dinheiro for injetado no mercado, isso aumentará a procura por produtos, mais compras, contratação de mais trabalhadores e pagamento de melhores salários. Na realidade, explicada cruamente pela ciência econômica, mostra que esse efeito inicial, que parece mágico, leva, um tempo depois, inevitavelmente à inflação, à distorção dos preços relativos, à retração da produção, do comércio, do emprego etc. Soluções desse tipo geralmente têm sido vistas em situações de extrema crise econômica, promovidas por políticos que buscam desesperadamente uma saída, e sempre acabam mal:

> [...] o economista não deveria esconder que o objetivo do máximo emprego que pode ser alcançado no curto prazo, através da política monetária, é basicamente a política de um alguém desesperado que não tem nada a perder e tudo a ganhar com uma pausa para um breve respiro[102].

Assim, seja com restrições ou imposições, tais como a suspensão das demissões ou a fixação de salário mínimo, seja com ações diretas, como a injeção de dinheiro para gerar emprego ou a criação de vagas de emprego artificiais no setor público e planos estatais de desemprego, as consequências distorcivas, e no longo prazo prejudiciais, não só não servem para garantir o nível de emprego e salários, como produzem o efeito contrário.

Existem dois aspectos em que os salários e a inflação estão diretamente relacionados: 1) Um é o fato de que grande parte das discussões sobre o nível dos salários em termos gerais se baseia na necessidade de reajustá-los à depreciação do dinheiro com que são pagos. Sem a inflação, essas discussões não seriam necessárias; 2) Como consequência dos protestos sindicais baseados na perda do poder aquisitivo dos salários devido à inflação, os políticos aproveitam para culpar os sindicalistas pela inflação, argumentando

---

102. HAYEK, Friedrich A. *Profits, Interest and Investments*. London: Routledge, 1939, p. 63.

que o aumento dos salários aumenta o custo da mão de obra e, portanto, os preços.

## e. Interferência nos preços de bens importados e o comércio internacional.

Uma forma frequente de interferir nos preços é com relação às operações com produtos importados. Há muito tempo é comum a opinião de que só é possível manter uma moeda sadia por meio de uma "balança de pagamentos favorável", ou seja, quando se exporta mais do que se importa.

Essa ideia, nascida do chamado Dogma de Montaigne e popularizada na época em que os soberanos acumulavam ouro como uma manifestação de sua riqueza e poder, baseava-se em uma visão errônea do mercado como um processo estático no qual as ações não alteram as condições futuras. Em tempos mais recentes, Keynes deu forte apoio à ideia de que é conveniente ter uma balança comercial favorável na sua *Teoria Geral* de 1936, o que deu um novo vigor ao intervencionismo estatal nesta área.

> Keynes argumentou que o governo deveria regular e controlar as importações e exportações a fim de garantir o nível desejado de produção e emprego interno. "É essencial para a manutenção da prosperidade que as autoridades prestem muita atenção à balança comercial. Porque um saldo favorável, desde que não seja muito alto, é extremamente estimulante". Com relação aos efeitos disso no comércio internacional, Keynes apontou que "a escola clássica exagerou muito sobre as vantagens da divisão internacional do trabalho"[103].

O que os defensores do protecionismo econômico geralmente ignoram é que o volume do comércio exterior é uma via de mão

---

103. EBELING, Richard M. *Keynesian Economic Policy and its consequences*, 1998; citado por SOLA, Juan Vicente, "Las consecuencias institucionales del modelo keynesiano", na *Revista de Análisis Institucional* N° 1, Buenos Aires: Fundación Friedrich A. von Hayek, 2007, p. 108.

dupla que depende dos preços, e que esses – especialmente os preços das divisas utilizadas nas transações internacionais – dependem da oferta e da demanda. Pode-se importar desde que se tenha divisas e, à medida que as importações aumentam, se as exportações não aumentarem na mesma direção, as divisas se tornarão escassas e seu preço subirá, desestimulando as compras devido ao preço mais alto da divisa. Exatamente o oposto acontece se as exportações crescerem em detrimento das importações: o preço das divisas tenderia a cair, tornando menos atraente exportar produtos.

Assim como no comércio local, o preço "limpa" o mercado, nivelando as compras e as vendas, exatamente o mesmo acontece no comércio internacional, onde o preço das divisas acaba se estabelecendo em um nível que permite equilibrar as compras e as vendas da maneira mais eficiente possível[104].

Os fatores políticos adicionais que cercam o comércio internacional e os mitos ligados à proteção da indústria local, a mão de obra local e, por fim, a soberania nacional contra o avanço dos produtos estrangeiros reforçam as intervenções.

Barreiras tarifárias e proibições de entrada de mercadorias têm sido impostas desde a antiguidade como forma de exercício do poder político, com os mais variados argumentos: para proteger a incipiente indústria nacional, para proteger a moeda local – que

---

104. É bom lembrar, mesmo que não pareça necessário, que a compra e a venda necessitam uma da outra. Em geral, as pessoas não gostam de acumular dinheiro. Elas preferem pensar nos bens que poderiam comprar com esse dinheiro. Se houvesse uma situação em que pudéssemos comprar bens de forma permanente sem ter que dar nada em troca (seja o seu trabalho ou os frutos do seu trabalho), esse seria o mundo ideal. Mas isso é impossível porque ninguém nos dará coisas em troca de nada. Da mesma forma, vender mercadorias de forma permanente para ver o dinheiro se acumular em uma mesa enquanto você passa fome e frio também não é a situação mais agradável. As pessoas vendem para comprar e compram para vender.

A ideia mercantilista de acumular riqueza só foi atraente como doutrina política para respaldar as ações de monarcas que, na verdade, pretendiam se apoderar da riqueza de seus súditos e depois gastá-la para seus próprios fins.

também é uma expressão de soberania –, como retribuição à imposição de tarifas dos demais países, como forma de arrecadação de impostos etc.

> O protecionismo econômico nascido com o mercantilismo justificou várias formas de intervenção no comércio por meio de leis que estabelecem controles de câmbio, tarifas, quotas de importação e exportação, tratados preferenciais, compras e vendas diretas, subsídios, programas de doações nacionais e internacionais etc[105].

Curtiss ressalta que, curiosamente, embora os economistas discordem em muitas questões, eles concordam com a inadequação das tarifas sobre o comércio exterior há quase dois séculos. A explicação pode ser encontrada na citação a seguir:

> Apesar de um século e meio de denúncias feitas por economistas, as tarifas alfandegárias continuam a subir. Tendo em vista o fato de que é sabidamente universal que políticos e empresários rejeitem seus conselhos, talvez seja dever dos economistas explicarem não apenas por que as medidas que eles defendem são corretas, mas também por que são impopulares. O primeiro motivo é político e não econômico. Os governos, mesmo os democráticos, tendem a deixar-se influenciar pelas minorias barulhentas em vez das maiorias silenciosas. Qualquer tarifa alfandegária, no curto prazo – que é tudo o que importa para as pessoas com senso prático – beneficiará uma indústria em particular. Essa indústria é relativamente pequena, geralmente bem organizada, consciente de seus possíveis lucros e muito "expressiva". A tarifa prejudicará todos os demais. Mas, no fim, todos são ninguém. Todos os demais são dispersos, desorganizados, inconscientes de seus interesses comuns

---

105. ROJAS, Ricardo Manuel. *Análisis económico e institucional del orden jurídico*. Buenos Aires: Abaco, 2004, p. 180.

e silenciosas. Não é de se admirar que tenhamos tão pouca consideração[106].

Em outras palavras, como todas as outras intervenções estatais no processo econômico e, principalmente, nos preços, os motivos são políticos, e não econômicos, e se baseiam em alguma forma de ação de grupos de pressão que buscam privilégios ou ajudas do Estado às custas da maior parte dos cidadãos, que não têm poder de barganha suficiente para evitar pagar pelas consequências[107].

Quando todas essas interferências no sistema de preços são somadas e ocorrem em todas as áreas da atividade humana, pode-se concluir que os governos frequentemente se comportam como criminosos, de forma tão generalizada e com consequências tão graves para os direitos das pessoas, que essas interferências podem ser consideradas crimes contra a humanidade[108].

Do ponto de vista monetário, uma vez que os preços são, precisamente, uma relação de escambo entre um bem e o dinheiro, a distorção estatal dos preços de todo o tipo é consequência de uma distorção prévia do dinheiro.

---

106. BOULDING, Kenneth E. *Economic Analysis*, Nova York: Harper & Brothers, 1941, p. 347. Citado por CURTISS, W. N. *La protección arancelaria*. Buenos Aires: Fundación Bolsa de Comercio, 1979, p. 48.

107. Vale a pena relembrar, neste ponto, a distinção metodológica feita pelo sociólogo e economista Franz Oppenheimer (1864-1943), no início do século XX, entre meios econômicos (baseados em acordos voluntários) e meios políticos (baseados no uso da força). O Estado é a organização dos meios políticos, e nenhum Estado pode se tornar um Estado até que os meios econômicos tenham desenvolvido um número suficiente de recursos para satisfazer suas necessidades (OPPENHEIMER, Franz. *El Estado. Su historia y evolución desde un punto de vista sociológico*. Madrid: Unión Editorial, 2014, p. 42). O Estado, por definição, não é um produtor, é um predador; só pode prosperar se houver condições suficientes de predação (ROJAS, Ricardo Manuel. *Individuo y Sociedad, op. cit.*, p. 234-35).

108. ROJAS, Ricardo Manuel; RONDÓN GARCÍA, Andrea. *La supresión de la propiedad como crimen de lesa humanidad. El caso Venezuela*. Madrid: Unión Editorial, 2019, p. 142 e ss.

# CAPÍTULO III

# A Inflação

Conforme explicado anteriormente, visto que o dinheiro é apenas mais um bem no mercado, ele tem um valor dado pelas pessoas nas transações de troca com relação aos demais bens e serviços[109].

De acordo com a lei da utilidade marginal decrescente, o valor do dinheiro – como o de qualquer outro bem – diminui à medida que sua quantidade aumenta, e vice-versa. Como os recursos são escassos, as pessoas buscam primeiro satisfazer suas necessidades ou aspirações mais valoradas. À medida que unidades extras desses recursos são adicionadas, as necessidades ou aspirações de menor valor são então atendidas. Em outras palavras, à medida que tenho maior quantidade de um bem e posso satisfazer minhas necessidades mais valiosas que este bem me proporciona, seu valor diminui para mim.

Como vimos no capítulo anterior, isso explica o processo de oferta e demanda como mecanismo de determinação de preços e por que o preço diminui quando a oferta aumenta e vice-versa.

---

[109]. "Uma explicação integrada ou cataláctica do valor da moeda começa com as avaliações e atos subjetivos dos indivíduos. Jamais perde de vista o fato de que uma teoria completa sobre a moeda deve se apoiar na teoria subjetiva do valor. A fim de explicar os determinantes do valor aquisitivo da moeda e não apenas as causas de suas mudanças, procura analisar o significado subjetivo ou a utilidade que a moeda tem para os indivíduos. Pois, assim como o preço de um bem econômico é determinado, em última instância, pela avaliação subjetiva dele por parte de compradores e vendedores, o valor aquisitivo da moeda é determinado da mesma forma" (SENNHOLZ, Hans. *Tiempos de Inflación*, *op. cit.*, p. 33-34).

> Cada unidade sucessiva que o consumidor atribui a diferentes tipos de despesa será posicionada de acordo com a maior utilidade para ele. O benefício psíquico é sua unidade marginal, ou seja, o valor de uso mais importante que ele pode atribuir-lhe. Seu custo psíquico é o uso seguinte em importância. A mais alta unidade a qual o consumidor renuncia é, portanto, definida como o custo de qualquer ação de troca. A utilidade que uma pessoa obtém ou espera obter de uma troca é a unidade marginal de agregar o bem adquirido, ou seja, o uso mais importante que se pode dar às unidades adquiridas. A utilidade da qual ele se priva é a maior das utilidades que ele poderia ter obtido das unidades do bem que ele renuncia na troca. Quando se trata de um consumidor que adquire um bem, sua utilidade marginal ao adicioná-lo é o uso mais valorado que ele pode dar às unidades desse bem. É o benefício psíquico que ele espera obter com a troca. Por outro lado, o que ele renuncia é o uso das unidades de dinheiro que ele "vende" ou dispensa. Seu custo é, portanto, o valor do uso mais importante que ele poderia dar ao dinheiro[110].

Se uma pessoa dispor de água em quantidade suficiente apenas para beber, quem quiser sua água terá que lhe oferecer algo muito valioso em troca. Se a quantidade de água aumenta, seu valor de uso diminui, de modo que estará disposta a aceitar algo menos valioso em troca de uma porção de sua água depois de saciar sua sede. A utilidade de cada unidade adicional de água em sua posse diminui para à medida que a quantidade disponível aumenta e, portanto, o valor da unidade marginal que ele está disposto a negociar tende a ser menor.

Se substituímos a água por dinheiro, teremos entendido o que é inflação. No caso do escambo, a posição relativa das utilidades marginais é determinada pelas valorações das pessoas segundo a importância atribuída ao uso de diferentes bens. Em uma economia

---

110. ROTHBARD, *op. cit.*, p. 263-264.

monetária, por outro lado, o valor de troca da mercadoria-moeda é mais importante do que seu valor de uso direto[111].

A inflação é, portanto, o aumento na quantidade de dinheiro, em relação aos bens e serviços para cuja troca ela contribui. Se a quantidade de dinheiro aumenta, então as pessoas que antes não tinham acesso a ele podem agora comprar bens. Outras pessoas que veem sua renda aumentar podem ter acesso a bens que antes não podiam ou decidiam não comprar, ou estarão dispostas a pagar um preço mais alto.

Um vendedor de geladeiras que não teve vendas deve baixar seus preços. Porém, à medida que a quantidade de dinheiro aumenta, surgem repentinamente novos compradores que antes não queriam ou não podiam comprar. O aumento nas vendas o leva a aumentar os preços, porque então as geladeiras se tornam bens relativamente escassos e valiosos em relação ao dinheiro.

Como o aumento desses preços é uma consequência do aumento da quantidade de dinheiro disponível, os preços sobem de forma distorcida, de acordo com as valorações dos detentores do novo dinheiro, cada um deles agindo de acordo com sua própria escala de valores, esperando obter uma vantagem com cada decisão. Porém, no contexto de tal distorção, muitos preços aumentam e a valoração geral do dinheiro diminui.

Numa percepção geral, as pessoas veem a inflação como um aumento nos preços, quando, na realidade, o que aconteceu foi um aumento na quantidade de dinheiro que diminuiu seu valor em relação aos demais bens e serviços. De fato, lembrando que o preço é uma relação entre dois bens, pode-se concluir que as relações entre todos os outros bens e serviços não serão alteradas (o preço de um porco em laranjas não terá variação), e o que mudará será o preço de todos os bens em relação ao dinheiro.

---

111. ROTHBARD, Murray N. *El Hombre, la Economía y el Estado*, *op. cit.*, p. 262.

Esse processo inflacionário é observado em toda a história da humanidade, especialmente quando os governos se envolvem na criação ou regulação do dinheiro.

# 1. A distorção deliberada do conceito de inflação

O conceito de inflação sofreu uma mutação em diferentes idiomas, como o inglês, que não possui uma autoridade linguística oficial, e o espanhol, para o qual a Real Academia Espanhola produz um dicionário que é considerado uma referência linguística.

Essa mutação não foi acidental nem inocente. Os dicionários em geral refletem como as pessoas usam as palavras e o significado que atribuem a elas, e na evolução do uso das palavras, especialmente nos tempos modernos, não faltam grupos com interesses específicos em distorcer o significado das palavras[112]. A palavra "inflação", foi submetida a uma intensa e persistente pressão – principalmente por razões ideológicas e políticas – para distorcer seu significado original e técnico.

Algo que contribuiu para isso foi o fato de que, para as pessoas comuns, o que é significativo na inflação é sua consequência direta, ou seja, o aumento dos preços. O observador comum não percebe que o dinheiro em seu bolso perde gradualmente seu valor devido ao aumento de sua quantidade causado pelo governo, e apenas vai ao mercado, precisa desembolsar mais dinheiro para comprar os mesmos produtos. Associa isso a um aumento nos preços e imediatamente aponta o comerciante como o principal culpado, porque é isso o que dizem continuamente os políticos e os "especialistas" contratados para esse fim.

---

112. ROJAS, Ricardo Manuel. *Individuo y Sociedad, op. cit.*, p. 116 e ss.

Já em 1960, Henry Hazlitt chamou a atenção para a ambiguidade conceitual da inflação nos dicionários da língua inglesa:

> A inflação é sempre e em toda parte produzida pelo aumento do dinheiro em circulação e do crédito. Na realidade, a inflação é o aumento do dinheiro em circulação e do crédito. Se consultarmos o *American College Dictionary*, por exemplo, encontraremos a primeira definição de inflação da seguinte forma: "Expansão ou aumento desmedido do meio circulante de um país, principalmente pela emissão de papel-moeda não conversível em metal".
>
> Nos últimos anos, no entanto, o termo passou a ser usado em um sentido radicalmente diferente. Isso ocorre na segunda definição dada pelo *American College Dictionary:* "Um aumento considerável nos preços produzido por uma expansão excessiva de papel-moeda ou crédito bancário". Ora, uma alta nos preços causada por um aumento da circulação monetária obviamente não é o mesmo que o aumento da circulação monetária em si. Uma causa ou condição obviamente não pode ser identificada como uma de suas consequências. O uso da palavra "inflação" com esses dois significados completamente diferentes gera uma confusão sem fim.
>
> A palavra "inflação" foi originalmente aplicada apenas à quantidade de dinheiro. Queria dizer que o volume de dinheiro estava inflado, inchado, extremamente dilatado. Não é questão de simples pedantismo insistir que a palavra seja usada em seu significado original. Usá-la para significar um "aumento nos preços" é desviar a atenção da verdadeira causa da inflação e da verdadeira maneira de remediá-la[113].

Algo semelhante aconteceu no idioma espanhol. Nas sucessivas edições do *Dicionário da Real Academia Espanhola* nas últimas décadas, encontrei estas definições de "inflação":

---

113. HAZLITT, Henry. *Lo que debemos saber sobre la inflación*, Buenos Aires: Unión Editorial, 2021, p. 7-8.

A edição de 1970: *"Emissão excessiva de cédulas para substituir a moeda";*

A edição de 1984: *"Econ. Excesso de moeda circulante em relação à sua cobertura, desencadeando um aumento geral de preços";*

Na edição *on-line*, versão 2018: *"Econ. Aumento do nível geral de preços".*

A primeira das definições acima, que data de uma época em que, pelo menos formalmente, o padrão-ouro ainda estava em vigor no mundo, refere-se ao fato de que a inflação é, na verdade, a quantidade excessiva de cédulas em relação à moeda. Ela se refere às cédulas emitidas pelos bancos – privados e públicos –, que representavam o ouro que existia como lastro em seus cofres.

Nesse esquema, a inflação ocorre porque os bancos emitem mais cédulas do que o ouro guardado ou, também, em circunstâncias excepcionais, como guerras, porque os governos suspendem a conversibilidade das cédulas em ouro e assumem o controle, emitindo mais cédulas para cobrir seus gastos. Isso leva a uma depreciação do valor das cédulas.

A segunda definição, depois que o padrão-ouro e a conversibilidade foram oficialmente abandonados, se enquadra em um sistema em que o próprio Estado, como autoridade monetária, emite dinheiro na quantidade que ele mesmo determina e obriga as pessoas a usá-lo (moeda fiduciária). Nesse contexto, a inflação ocorre quando as cédulas são emitidas em excesso em relação aos bens e serviços para os quais são a contrapartida. Se houver mais cédulas do que mercadorias, é claro que, por uma questão de oferta e demanda, o valor das cédulas cairá.

Nessa segunda definição, já há um acréscimo que gera confusão, dizendo que ela "desencadeia um aumento geral nos preços". Digo que isso é confuso por três motivos: 1) apresenta o aumento de preços como parte integrante do conceito de inflação, o que não é correto; 2) não há aumento "geral" de preços (se houvesse, seria apenas uma questão de lançamento contábil, já que todos os preços, inclusive os salários, aumentariam na mesma proporção); 3) também não é correto dizer que os preços sobem, o que acontece é que a unidade utilizada para simbolizar esses preços perdeu valor.

O que a inflação produz é uma distorção dos preços relativos, ou seja, a relação entre o valor dos bens e o valor da moeda em que os preços são expressos. Nem todos os preços se alteram ao mesmo tempo ou na mesma proporção, pois não são os preços que "inflam", mas sim a quantidade de moeda, e seu uso depende do que cada detentor de dinheiro decide fazer com ele.

A distorção no conceito de inflação levou a Real Academia, em seu significado atual, a finalmente ceder à pressão política para denominar a inflação como aumento de preços, evitando assim a responsabilidade dos políticos e colocando-a sobre os ombros dos comerciantes[114].

Já há muito tempo, Ludwig von Mises alertava:

> Para evitar ser acusado pelas terríveis consequências da inflação, o governo e seus membros recorrem a um truque semântico. Tratam de mudar o significado dos termos. Chamam de "inflação" a consequência inevitável da inflação, ou seja, o aumento dos preços. Querem relegar ao esquecimento o fato de que esse aumento é causado pelo incremento da quantidade de dinheiro e seus substitutos. Nunca mencionam esse Incremento. Atribuem a responsabilidade do aumento do custo de vida às empresas. É um caso clássico do ladrão gritando "pega ladrão!". O governo, que produziu a inflação ao multiplicar a oferta de dinheiro, incrimina os fabricantes e comerciantes e se beneficia do papel de defensor dos preços baixos[115].

---

114. ROJAS, Ricardo Manuel. *Individuo y Sociedad, op cit.*, p. 132-34.
115. MISES, Ludwig. *Economic Freedom and Interventionism. An Anthology of Articles and Essays.* Nova York: Liberty Fund, 1990, p. 109-10.

Dessa forma, a narrativa política, tingida de ciência econômica, conseguiu distorcer o significado original da palavra inflação, produzindo esse efeito tão bem descrito por Mises[116]. É muito sugestivo ver como o próprio Mises, um século atrás, já descartava totalmente o argumento que atribuía a culpa da inflação aos comerciantes e especuladores:

> Não é fácil saber se ainda existe alguém que admita de boa fé a doutrina que atribui a desvalorização do dinheiro à atividade dos especuladores. Trata-se de uma doutrina que é um instrumento indispensável da mais baixa espécie de demagogia: é o recurso dos governos para procurar um bode expiatório. Atualmente, quase há apenas escritores independentes que a defendam: os que defendem essa doutrina são pagos para isso[117].

É importante observar que, em geral, por uma questão de utilidade e praticidade, os preços são expressos no tipo de moeda em que as trocas são feitas. Mas nada impede que o cálculo seja expresso inversão contrário. Digamos dizer que um quilo de maçãs vale cem pesos[118]. Mas também poderíamos dizer que cem pesos valem um quilo de maçãs. Geralmente, expressamos em pesos

---

116. Mais recentemente, o argumento de que a culpa é dos comerciantes vem perdendo força, especialmente ao ver que os comerciantes perdem muito dinheiro e seus negócios quebram como resultado da inflação. Mas então aparecem outros culpados. Enquanto escrevo este livro, o presidente argentino Alberto Fernández atribui a culpa pela inflação à invasão russa na Ucrânia e diz que não consegue pensar em outra maneira de combater a inflação a não ser aumentar o imposto de exportação de grãos. Enquanto isso, a vice-presidente Cristina Fernández de Kerchner, afirma no *Twitter* que os sonegadores de impostos são os culpados pela inflação.

A afirmação do presidente é bastante curiosa, se observarmos que a invasão da Ucrânia, segundo ele, produz inflação na Argentina, mas não na Ucrânia. O fato de ele admitir que não consegue pensar em outra maneira de reduzir a inflação a não ser aumentando os impostos sobre a exportação é uma confissão de sua própria incompetência e mostra que ele e sua vice-presidente estão perfeitamente alinhados nessa questão, já que para nenhum deles a redução dos gastos públicos parece ser uma opção, e eles só consideram parar de emitir papel-moeda se conseguirem aumentar a receita tributária para cobrir o déficit.

117. MISES, Ludwig. *La Teoría del Dinero y del Crédito*, *op. cit.*, p. 227.

118. Lembrando a todos que o autor é argentino. (N. E.)

porque isso nos permite comparar os preços de muitos bens com um denominador comum. Mas, na verdade, o que o vendedor de frutas faz em seu negócio é comprar pesos pagando com maçãs.

Se a operação fosse expressa invertendo os fatores, seria muito mais fácil explicar a inflação dizendo que foi o dinheiro que perdeu valor e não que a quantidade de maçãs aumentou, e que o preço do dinheiro diminuiu em termos de maçãs, ou, em outras palavras, que o preço de cem pesos agora vale apenas 800 gramas de maçãs.

A comparação fica clara quando se observa que o valor das maçãs permanece mais ou menos estável em relação a todos os outros bens, enquanto o do dinheiro é distorcido para mais ou para menos em relação a todos os outros bens.

## 2. A inflação como "escassez de mercadorias" e os controles de preços

Uma das desculpas apresentadas para explicar a inflação sustenta que seu fundamento é a escassez de mercadorias. Quando os bens se tornam escassos, dizem, a consequência lógica é que os preços aumentem[119]. Essa afirmação não é apenas falaciosa, mas geralmente é acompanhada por teorias econômicas que tentam justificar a emissão monetária como uma forma de reativar a economia para aumentar a produção e, assim, reduzir a inflação. Em outras palavras, se produz verdadeira inflação com a pretensa intenção de eliminar a inflação fictícia.

---

119. HAZLITT, Henry. *Lo que debemos saber sobre la inflación, op. cit.*, p. 15. Hazlitt recorda que: "No entanto, é tão persistente o erro de que a inflação é produzida por uma 'escassez de mercadorias' que, mesmo na Alemanha de 1923, depois que os preços subiram centenas de bilhões de vezes, altos funcionários e milhões de alemães atribuíram a culpa de tudo aquilo a uma 'escassez geral de mercadorias', quando, naquele exato momento, os estrangeiros estavam comprando mercadorias alemãs com ouro e com suas próprias moedas a preços mais baixos do que as mesmas mercadorias custavam em seus próprios países".

A quantidade de bens pode diminuir por diferentes motivos: políticas econômicas ruins – como controle de preços ou aumento de impostos –, desastres naturais, guerras etc. Se determinados bens se tornarem escassos, seu preço tenderá a aumentar. Mas isso não é inflação.

Suponha que vivemos em uma cidade medieval sitiada por um exército inimigo que impede a chegada de suprimentos. O povo está passando fome e necessidades. Embora a quantidade de moeda não mude, já que o ouro e a prata não saíram da cidade cercada, seu poder aquisitivo diminuirá. As pessoas famintas darão mais valor a comida do que ao próprio dinheiro e tentarão reduzir a quantidade de dinheiro que possuem trocando-o pelos alimentos escassos cuja importância cresce rapidamente.

A situação é semelhante em todos os casos em que a oferta de bens decresce enquanto as pessoas seguem tendo a mesma quantidade de moeda disponível. Em uma guerra, quando o inimigo impede o acesso aos suprimentos ou a produção diminui por falta de mão de obra, o valor da moeda tende a cair e os preços dos bens sobem, embora a quantidade de moeda permaneça inalterada. Em uma economia agrícola, uma safra ruim pode visivelmente enfraquecer a moeda. Da mesma forma, uma greve que paralisa a economia e reduz a oferta de bens e serviços eleva os preços dos artigos e simultaneamente reduz o poder aquisitivo da moeda. A imposição de controles de preços e salários que distorcem os ajustes normais do mercado tem efeitos semelhantes. Em outras palavras, qualquer intervenção coercitiva na produção econômica tende a afetar os preços e o valor da moeda, mesmo quando isso não é visível para muitos observadores.

O nível de impostos também é um fator importante na determinação do valor de troca da moeda. Quando os impostos demandam de trinta a cinquenta por cento da renda individual – o que ocorre hoje na maior parte do mundo – pessoas é possível que se consuma o capital e impeça a produção de uma quantidade incalculável de bens, fazendo com que os preços desses bens aumentem e o poder aquisitivo da moeda diminua[120].

Ao considerar a inflação como aumento dos preços, surge imediatamente o controle de preços como uma solução política. Simples assim: se os preços aumentam devido à insensibilidade dos comerciantes que se aproveitam da "escassez" de produtos, então o Estado deve usar o monopólio da força e da legalidade para impedir tais aumentos.

> O instrumento mais antigo e popular da política monetária estatal é a fixação oficial de preços máximos. O agente estatal acredita que os preços altos não são consequência de um aumento na quantidade de dinheiro, mas da atividade condenável dos "exploradores" e "gananciosos", que querem aumentar os preços para obter vantagens. Bastaria suprimir suas maquinações para que os preços parem de subir. Assim, torna-se crime exigir, e até mesmo pagar, preços "excessivos"[121].

Dessa forma, não só não se resolve o problema do aumento de preços, como também se distorce o funcionamento normal das transações comerciais. Se os controles forem inicialmente respeitados, a escassez de produtos aumentará, o que geralmente justificará novos controles, agravando ainda mais o problema. Mises explicou o seguinte:

> Quando foi deflagrada a Primeira Guerra Mundial, o Reich alemão adotou imediatamente uma política inflacionária. Para prevenir o resultado inevitável da inflação e do aumento geral dos preços, recorreu simultaneamente ao controle dos preços. A muito elogiada eficiência da polícia alemã teve bastante êxito no controle realizado, para que esses preços máximos fossem respeitados. Não houve mercados negros, mas a oferta dos bens submetidos ao controle de preços diminuiu rapidamente. Os preços não subiram, mas as pessoas não estavam em condições

---

120. SENNHOLZ, Hans. *Tiempos de Inflación*, *op. cit.*, p. 37-38.
121. MISES, Ludwig. *La Teoría del Dinero y del Crédito*, *op. cit.*, p. 220-21.

de comprar alimentos, roupas ou calçados. O racionamento foi um fracasso. Embora o governo tenha reduzido cada vez mais as rações designadas para cada indivíduo, apenas alguns tiveram a sorte de receber a ração que lhes era destinada. Em seus esforços para fazer o sistema de controle de preços funcionar, as autoridades expandiram, passo a passo, o leque de bens sujeitos a controle. As atividades foram centralizadas, uma após a outra, e passaram a ser dirigidas por um órgão do governo. O governo tinha controle absoluto sobre todas as atividades vitais de produção. Mas nem mesmo isso era suficiente se outros setores da indústria continuassem livres, então o governo decidiu ir além. Assim surgiu o Plano Hindenburg, que visava o planejamento e controle total da produção. A ideia era confiar a direção de todas as atividades econômicas às autoridades. Se o Plano Hindenburg tivesse sido executado, ele teria transformado a Alemanha em uma nação completamente totalitária [...]. No entanto, o Plano nem chegou a ser totalmente executado quando o Reich entrou em colapso. A desintegração da burocracia imperial varreu todo o aparato de controle de preços e do socialismo de guerra[122].

Inúmeras vezes, desde Diocleciano até hoje, em todas as partes do mundo e em todas as épocas, tentaram deter a inflação por meio do controle de preços, e sempre falharam. Até mesmo a tecnologia colocada a serviço da repressão permite que um exército de pessoas seja enviado com seus telefones para invadir empreendimento a fim de verificar se respeitavam os preços fixados pelo governo, que inclusive incentiva e premia a delação por parte dos consumidores, como uma renovada e eficiente Gestapo econômica. Isso só serve para confirmar que todas as proibições, controles e ameaças de prisão não são capazes de impedir que o dinheiro desvalorizando enquanto as verdadeiras causas da inflação não forem tratadas.

---

122. MISES, Ludwig. *Planificación para la Libertad y otros ensayos, op. cit.*, p. 106-07.

As tentativas feitas com a ajuda da polícia e da lei penal para impedir a alta dos preços não fracassaram porque os funcionários não eram severos o suficiente ou porque as pessoas encontraram maneiras de burlar as normas. Não fracassaram porque os empresários não tiveram o espírito público atribuído ao socialismo estatista. Estavam fadadas ao fracasso porque a organização econômica baseada na divisão do trabalho e na propriedade privada dos meios de produção só pode funcionar enquanto a determinação de preços no mercado for livre. Se a regulação de preços tivesse sido realizada com sucesso, teria paralisado todo o conjunto do organismo econômico. A única coisa que permitiu que o aparato social de produção continuasse funcionando foi a deficiente aplicação das regulações devido à ineficácia dos esforços daqueles que tinham de aplicá-la.

Por milhares de anos, em todas as partes habitadas do mundo, inúmeros sacrifícios foram feitos em nome da quimera do preço razoável e justo.

Se castigou duramente aos infratores das leis reguladoras de preços: suas propriedades foram confiscadas, foram presos, torturados, e condenados à morte. Os agentes do estatismo certamente não pecaram por falta de zelo e energia. Mas os assuntos econômicos não podem ser conduzidos por magistrados e policiais[123].

Apesar de sua inutilidade em evitar a inflação, os políticos logo descobrem nessa atividade um benefício adicional, já que os controles de preços e salários se tornam uma formidável arma de pressão sobre as pessoas, seja para angariar apoio político ou para punir a oposição[124].

Como o aumento dos preços não se deve a nada que possa ser atribuído aos comerciantes, os controles levarão a duas consequências secundárias:

---

123. MISES, Ludwig. *La Teoría del Dinero y del Crédito*, *op. cit.*, p. 223.
124. HAZLITT, Henry, *op. cit.*, p. 20.

**a.** Se os controles e restrições não forem muito rígidos ou eficientes, as pessoas procurarão maneiras de burlá-los, o que gerará um esforço adicional e até mesmo um aumento de preços devido à incerteza e ao risco de violação da lei. A partir daí, o mercado negro e o suborno dos fiscais serão algumas das principais ações que permitem que os produtos continuem sendo comercializados a preço de mercado;

**b.** Se os controles e as sanções são efetivos, o comércio será interrompido por falta de um preço de mercado, o que significa desabastecimento e redução da produção, com todas as consequências negativas para os empresários, produtores, trabalhadores, comerciantes e consumidores em geral[125]. O efeito imediato será o desabastecimento, que não está diretamente relacionado à inflação, mas com o controle de preços.

Normalmente, esses controles geram todas essas consequências ao mesmo tempo, o que leva a redobrar a aposta estabelecendo novos controles sobre a produção de bens e até mesmo a intervenção direta na operação de determinadas empresas. Para não admitir que são culpados pela inflação, os governos causam muitos outros danos às pessoas, violando seus direitos de forma generalizada e criminosa.

Os controles de preços normalmente começam sendo impostos a um conjunto de produtos considerados "de primeira necessidade". No entanto, os novos "preços" imputarão valorações aos insumos necessários para produzi-los, influirão sobre os bens substitutos e complementares e, em seguida, terão relação direta com os preços dos demais produtos em virtude do fator de concorrência permanente que existe entre todos os bens[126].

---

125. "Com custos mais altos, os produtores deixarão esse mercado e usarão seus meios de produção para fabricar outros bens não afetados pelo teto de preços. A interferência do governo no preço de um bem restringe a oferta disponível para consumo. Esse resultado é contrário às intenções por trás do teto de preços. O governo queria que as pessoas tivessem acesso mais fácil aos produtos controlados, mas sua intervenção levou a uma diminuição na produção e na oferta de produtos" (MISES, Ludwig. *Planificación para la Libertad y otros ensayos, op. cit.,* p. 103).

126. BENEGAS LYNCH (h), Alberto. *Fundamentos de Análisis Económico, op. cit.,* p. 136.

Como os preços são relações entre dois produtos, e o dinheiro utilizado como denominador comum define o preço de todas as coisas em relação a ele, a verdadeira concorrência permanente é dos produtos em relação ao dinheiro, o que, no caso da inflação, resultará em uma distorção da relação com o único bem que cresceu artificialmente e que também é usada para expressar valor em todas as transações.

Com uma quantidade limitada de dinheiro, os preços dos demais produtos em relação a ele acabarão se compensando mutuamente. O aumento de alguns produtos provoca a diminuição de outros, até que o dinheiro acabe sendo distribuído nos seus usos mais eficientes. Os preços só podem ser distorcidos em termos de dinheiro quando é a própria quantidade de dinheiro o que se modifica artificialmente.

## 3. Por que a inflação é ruim?

Aqueles que têm uma renda limitada e regular para comprar apenas o necessário para sobreviver, sofrem com a inflação como um terrível mal. De fato, essas pessoas veem o aumento dos preços como um mal e a isso chamam de inflação.

Contudo, o lado ruim da inflação não é simplesmente o aumento de alguns preços, com um prejuízo óbvio para os que possuem dinheiro. A inflação tem consequências provavelmente mais prejudiciais em termos gerais, embora menos visíveis.

A criação de bens se baseia essencialmente no investimento da riqueza anteriormente produzida e poupada, na forma de capital. O processo de acumulação e investimento de capital na produção exige uma série de acordos baseados no exercício de direitos de propriedade, o que, por sua vez, pressupõe estabilidade e segurança, não apenas para o exercício desses direitos – incluindo o cumprimento dos contratos –, mas também a estabilidade da moeda utilizada em tais operações.

Um contrato que estabelece um pagamento posterior em dinheiro deixa de ser estável quando o dinheiro a ser entregue no futuro perde seu valor ou, pelo menos, quando não se sabe exatamente qual será esse valor no momento do pagamento. Da mesma forma, a poupança é desestimulada quando a respectiva moeda perde valor de forma permanente. As pessoas, então, tendem a se desfazer do dinheiro consumindo-o, comprando bens que mantêm o valor; o que significa não poupar e, consequentemente, não investir em produção.

O século XX foi marcado por proposições pseudocientíficas que tentaram justificar que a emissão monetária e sua circulação poderiam ser boas para ativar a economia. A ilusão de que é possível criar "riqueza" emitindo papel ao que se pretende equipar à riqueza e, assim, incentivar o consumo, a demanda de mão de obra e, por fim, a produção, gerou consequências econômicas desastrosas no último século.

A teimosia sistemática daqueles que insistentemente tentam implantar políticas baseadas nessas ideias, pode ser atribuída basicamente à ignorância e, principalmente, à má fé dos políticos, para quem são muito úteis por vários motivos. As sérias advertências, como as de Hayek em suas discussões com Keynes, deram lugar à conveniência política e à hábil propaganda que, inclusive, chegou até a ameaças e extorsão contra aqueles que ousaram questionar o dogma intervencionista[127].

---

127. Com relação às discussões com Keynes, Hayek observou em 1975: "Muitas vezes me censurei por não ter continuado combatendo essa doutrina depois de ter gasto muito tempo e energia criticando a primeira versão do aparato teórico de Keynes... Quando ficou claro que a nova versão de suas ideias – a Teoria Geral de 1936 – estava conquistando a maioria dos profissionais, e quando vi que alguns de seus colegas, que eu mais respeitava, apoiavam o acordo totalmente keynesiano de Bretton Woods, abandonei o debate, porque proclamar minha discordância com o que havia se tornado uma falange ortodoxa e quase unânime teria me privado de ouvir outros assuntos que, naquele momento, eram de maior interesse para mim" (Hayek, Friedrich A., *Ensayos de Teoría Monetaria II -Obras Completas, Vol. VI-, op. cit.*, pp. 172-173).

Os políticos são frequentemente seduzidos por ações que têm efeitos positivos importantes no curto prazo, mas que empurram as consequências negativas para o futuro. No longo prazo, para os políticos, outra pessoa estará governando, e para os inventores dessas soluções mágicas, todos estaremos mortos.

Mas, no curto prazo, injetar dinheiro pode gerar uma sensação de bem-estar ou progresso. Hayek explicou isso em sua crítica a Keynes: A sensação de bem-estar de alguém que antes não podia comprar uma geladeira e agora, de repente, tem dinheiro suficiente, ou a empresa que recebe um subsídio ou um empréstimo barato que lhe permite contratar funcionários e pagar salários, culminará em uma grande crise e recessão quando se deixar de injetar dinheiro[128].

É por isso que a inflação é uma armadilha da qual é difícil escapar, e geralmente termina em crises muito profundas. Porque, assim como as drogas, o estado inicial de prazer leva à necessidade de mais drogas para manter o efeito e, em determinado momento, somente o uso de drogas pode manter o organismo funcionando, e o próximo passo é a morte.

Essa é a situação em que os países geralmente se encontram quando começam a injetar dinheiro para criar consequências atraentes e um dia descobrem que não podem deixar de fazê-lo se não quiserem pagar o preço da recessão, desemprego e desabastecimento. E assim, mantêm a injeção de dinheiro até que a hiperinflação os faz explodir.

A esperança desses políticos é que a explosão ocorra no próximo governo. Os incentivos para continuar emitindo moeda não ocorrem pela expectativa de que esse dinheiro falso

---

128. Para uma exposição das críticas de Hayek aos argumentos de Keynes justificando a emissão monetária como um meio de gerar pleno emprego e bem-estar econômico, consulte: HAYEK, Friedrich A. "La campaña contra la inflación Keynesiana", em *Nuevos Estudios en Filosofía, Política, Economía, e Historia de las Ideas*, *op. cit.*, p. 241-86.

contribua para melhorar o processo econômico, mas para adiar a inevitável catástrofe o máximo possível, mesmo sabendo que a cada dia o problema aumenta e as consequências finais serão ainda mais graves.

# 4. O dano que a inflação causa à sociedade. Um exemplo histórico de inflação utilizada como arma de guerra

A inflação é uma forma de tomar o dinheiro das pessoas, que os governos geralmente utilizam quando não estão mais em condições de cobrar mais impostos (por isso costuma-se dizer que a inflação é um imposto disfarçado).

Mas, além do dano ao direito de propriedade de cada pessoa, a inflação produz uma distorção que gera um dano adicional profundo à sociedade em geral, porque, como eu disse, ela ataca diretamente o processo produtivo e comercial.

Tanto é assim que podemos nos lembrar do exemplo de como a falsificação de moeda para fins de fazê-la circular foi usada como arma em épocas de guerra. Um exemplo claro disso foi realizado pelo regime nazista contra a Grã-Bretanha durante a Segunda Guerra Mundial, denominado "Operação Bernhard". Essa operação teve duas fases, uma no início de 1940, sob a direção de Alfred Helmut Naujocks, e uma segunda em 1942, liderada por Reinhard Heydrich[129].

Por meio dessa operação, o regime nazista pretendia colapsar a economia britânica introduzindo milhões de libras esterlinas falsas no mercado. Dessa forma, eles pretendiam fomentar a inflação e causar desconfiança internacional no valor da moeda britânica.

---

129. Ver https://www.lanacion.com.ar/lifestyle/la-descomunal-falsificacion-libras-nazis--buscaron-quebrar-nid2514896/

Para isso, eles enviaram 144 prisioneiros judeus para o campo de concentração de Sachsenhausen, perto de Berlim, onde foram montadas as fábricas de impressão de cédulas. Essas fábricas foram instaladas nos barracões 18 e 19, onde, nos anos seguintes, falsificaram notas de 5, 10, 20 e 50 libras esterlinas, totalizando 134 milhões de libras. Os prisioneiros tinham experiência em falsificação de cédulas, desenho, gravura, projeto, impressão e operações bancárias. Alguns haviam se envolvido na falsificação de certidões de batismo católico ou de passaportes para salvar judeus da perseguição. As máquinas eram instaladas nos barracões e não podiam ser retiradas de lá. Em troca de um trabalho satisfatório, eles salvavam suas vidas e viviam em condições não tão rigorosas quanto as do restante dos prisioneiros, embora soubessem que poderiam ser executados a qualquer momento, e provavelmente o seriam ao final de toda aquela operação.

A ideia teria surgido como resposta a uma manobra anterior do governo britânico, que despejou vales-combustível falsificados na Alemanha, cuja tentativa de troca gerou vários problemas. Obviamente, as consequências da inflação estavam muito frescas na mente dos alemães, que, algumas décadas antes, tinham vivido os bastidores de uma das maiores hiperinflações já registradas.

O principal objetivo da operação era introduzir dinheiro falso no mercado internacional de divisas, a fim de ter um efeito mais rápido e forte na economia britânica, que exigia uma qualidade superlativa de cédulas para que fossem aceitas por banqueiros e financistas internacionais.

Foram necessários dois anos para que eles conseguissem obter a textura e a espessura perfeitas do papel-moeda que eram feitas as libras verdadeiras. Finalmente, um agente alemão pegou um maço de notas falsas e o depositou em um banco suíço. Apesar das suspeitas que sugeriam que um cidadão alemão queria depositar libras esterlinas na Suíça – o que levou a uma inspeção minuciosa das cédulas pela equipe do banco –, foi considerado que as cédulas tinham a qualidade exigida e o depósito foi autorizado.

Dependendo da qualidade final alcançada, as cédulas foram classificadas em diferentes categorias. As melhores foram depositadas em bancos europeus de países neutros, como a Suíça ou Liechtenstein, e enviadas em malas diplomáticas para países ocupados na Europa, bem como para a Ásia, África e América do Sul. Eles confiavam que, por meio do sistema financeiro internacional, o dinheiro chegasse à Grã-Bretanha. As notas de segunda categoria foram utilizadas por espiões alemães em todo o mundo para pagar por suas operações. As de terceira qualidade foram usadas para custear as missões na África, as de quarta qualidade foram introduzidas e distribuídas diretamente entre a população britânica e as demais foram destruídas.

A partir de 1942, devido a uma mudança na direção da operação – ordenada diretamente por Himmler, –, se intensificou o uso de dinheiro falso para financiar as operações alemãs na Europa se intensificou.

Em 1943, eram emitidas um milhão de cédulas por mês, mas o Banco da Inglaterra já havia descoberto as manobras, após a descoberta de uma cédula falsa com o número de uma cédula genuína que havia sido retirada de circulação. Isso levou a uma investigação que fez com que as autoridades bancárias britânicas descobrissem a magnitude do esquema e não puderam fazer outra coisa a não ser reconhecer o bom trabalho de falsificação. O primeiro-ministro Winston Churchill teve que decidir se divulgaria a manobra alemã, proibiria a circulação dessas cédulas e ordenado sua destruição, o que geraria desconfiança não apenas entre o povo britânico, mas principalmente entre os investidores, em um período de guerra em que a Grã-Bretanha tinha de lidar com enormes dívidas. Em vista disso, decidiu, uma vez interrompida a introdução das cédulas no país, permitir a circulação de cédulas falsas, pois, segundo ele, teria consequências menos graves do que uma corrida aos bancos causada por um alerta de falsificação em massa.

A falsificação de libras esterlinas se estendeu até 1945, ano em que o exército alemão foi derrotado. Estima-se que a quantidade de dinheiro falso que circulou na Grã-Bretanha era de aproximadamente 15% do total de moeda em circulação.

No final de 1944, em vista do sucesso inicial da Operação Bernhard, se considerou a possibilidade de fazer o mesmo com os dólares americanos. Essas cédulas eram mais difíceis de serem falsificadas devido a certos recursos de segurança, portanto, o processo de produção de cédulas de boa qualidade era lento, e ainda mais agravado pelas manobras dos próprios operadores que trataram foi de atrasar o trabalho. Os prisioneiros sabiam que, se as operações fossem encerradas, eles provavelmente seriam executados, mas, por outro lado, também acreditavam que logo os aliados chegariam a Berlim e a guerra provavelmente terminaria; com o que tinham alguma remota esperança de permanecerem vivos.

Quando as primeiras cópias de cédulas americanas foram emitidas, os aliados já estavam nos portões de Berlim, e foi dada a ordem para suspender a operação, retirar tudo e se mudar para a região de Zipf, nos Alpes austríacos. Os prisioneiros foram levados para o campo de concentração de Ebensee, onde foram libertados pouco tempo depois, graças à intervenção do exército dos Estados Unidos.

Antes de serem capturados pelos aliados, os alemães empacotaram as libras esterlinas falsificadas que ainda restavam em seus armazéns e as jogaram no Lago Topletz, na Áustria. Em 1959, a revista alemã *Stern* enviou uma equipe que conseguiu retirar várias caixas de cédulas falsas do fundo do lago.

Vários anos depois, especialistas estimaram que a quantidade de cédulas falsas emitidas até o final da Operação Bernhard era equivalente a quatro vezes as reservas do Banco da Inglaterra. Também foi estimado que, na época da descoberta da circulação fraudulenta na Inglaterra, aproximadamente 15% do dinheiro total em circulação era falso.

Esse exemplo histórico é importante para entender os danos que a inflação pode causar a um país. A distorção dos preços produzida por um aumento na quantidade de dinheiro afeta a produção, o comércio, o consumo, os salários e toda a manifestação econômica que envolve preços e dinheiro.

Isso foi tão bem compreendido na Alemanha, 20 anos após sua famosa e destrutiva hiperinflação, que as autoridades do regime nazista estavam preparadas para organizar uma operação dispendiosa de falsificação e distribuição, originalmente destinada apenas a introduzir cédulas falsas no sistema financeiro britânico, sabendo dos danos que isso poderia causar quando colocadas em circulação.

## 5. É possível definir a quantidade "razoável" de dinheiro que se deveria emitir?

Uma das principais questões de discussão nos sistemas de dinheiro estatal de curso forçado é quanto dinheiro deveria o governo ser autorizado a emitir legitimamente.

Nos primeiros sistemas que se baseavam em mercadoria como moeda, a quantidade estava vinculada à disponibilidade dessas mercadorias – fossem elas bens de consumo, como gado, sal ou couro, ou metais preciosos, como ouro e prata. Se as quantidades variavam devido a questões de mercado e isso as tornava ineficientes como meio de troca, as próprias pessoas se encarregavam de eliminá-las para seus usos monetárias e substituí-las por outras.

O problema surgiu quando o dinheiro se converteu em papel impresso pelo governo em quantidades definidas por ele próprio. Desde então, se discute sobre qual deveria ser o critério técnico adequado para justificar a emissão monetária.

A partir do monopólio estatal do dinheiro, o governo tem completa responsabilidade pela quantidade de dinheiro em circulação e, portanto, pela produção de inflação. Os motivos invocados para justificar a emissão legítima de dinheiro são basicamente três:

1. Substituir dinheiro danificado (cédulas ou moedas);

2. Manter o equilíbrio entre a quantidade de moeda e a dos bens e serviços cuja comercialização é intermediada pela moeda;

3. Promover o crescimento econômico, a produção e a demanda de mão de obra a partir do impulso que o novo dinheiro injetado dará ao processo econômico por meio do incremento do consumo e da produção.

O primeiro motivo não apresenta grandes dificuldades. Não se trata, a rigor, de um aumento na quantidade de moeda, mas simplesmente de uma substituição de cédulas antigas e deterioradas por novas.

O terceiro argumento foi abordado neste capítulo. Tem sido o favorito dos políticos e continua causando enormes danos sempre que um governo negligente consegue introduzi-lo.

O problema entre os teóricos surge com relação ao segundo motivo, porque ele envolve uma discussão monetária técnica e não tanto política. Como em outros campos, é muito difícil tentar substituir o mercado na tomada de decisões sobre quantidades e preços, seja de dinheiro ou de outros bens, pois os mesmos princípios econômicos que mostram o benefício do processo de mercado se aplicam em todos os casos.

Quando a moeda deixa de ser uma formação espontânea das pessoas, seguindo as regras do mercado, e passa a ser um assunto de decisão política, surgem muitas teorias *ad-hoc* inventadas para justificar a produção de dinheiro, até que se chega à conclusão de que a questão deve ser resolvida em cada país por um conjunto de especialistas em um banco central ou em um conselho de regulação monetária, obviamente sob a supervisão do governo.

Em outras palavras, uma questão que é apresentada como técnica acaba sendo entregue à discricionariedade política.

É possível fazer algumas observações gerais sobre os critérios que deveriam ser usados para definir a quantidade de dinheiro a ser emitida quando existe uma autoridade política com esse poder:

1. Qualquer forma de emissão que não seja a substituição de cédulas antigas por novas é, estritamente falando, inflação. Envolve inflar a quantidade de dinheiro;

2. Para que essa inflação não resulte em uma distorção dos preços, o aumento na quantidade de dinheiro deve ser acompanhado pelo aumento na produção de bens e serviços que o justifique. Isso é o que permitiria manter a necessária "estabilidade" do dinheiro para que ele funcione como tal;

3. Se a quantidade de bens e serviços crescer e a quantidade de moeda permanecer a mesma, a consequência será um aumento na utilidade marginal do dinheiro, o que levaria a uma redução nos preços. Ou seja, o dinheiro se valorizaria em relação a cada um dos bens com os quais é trocado. Esse fenômeno, conhecido como deflação, é o inverso, mas igualmente contraproducente, pois retira a moeda do processo de troca devido ao seu maior valor. As pessoas tenderão a manter o dinheiro como reserva de valor, em vez de usá-lo como meio de troca, perdendo assim sua utilidade principal;

4. Normalmente, o mecanismo utilizado para colocar dinheiro extra em circulação é entregá-lo ao governo de alguma forma, o que distorce as contas públicas e incentiva a ineficiência e a corrupção.

Se essas considerações forem levadas em conta e for excluída a emissão direta de dinheiro para cobrir o déficit orçamentário e para gerar determinados efeitos de política econômica, se limitam consideravelmente os motivos que autorizariam o governo a aumentar a quantidade de dinheiro.

Obviamente, em países onde o crescimento econômico é zero ou muito lento, o aumento da moeda circulante não se justifica de forma alguma. A ilusão de que a injeção de dinheiro permitiria um crescimento na produção não é apenas falsa, mas, como veremos nos próximos capítulos, também é criminosa.

A teoria econômica tem estudado a questão da necessidade de dinheiro no mercado com base em argumentos puramente catalácticos[130].

A "estabilidade" na quantidade de dinheiro está essencialmente vinculada à ausência de variações abruptas na quantidade, as quais devem responder a uma necessidade do mercado. A verdade é que essa estabilidade em termos de invariabilidade de quantidade não existe em nenhum dos outros demais bens vinculados ao dinheiro, de modo que, sendo o dinheiro uma criação artificial do governo, será necessário calcular a quantidade ótima para que ele seja útil como meio de troca com os outros bens.

Esse problema não existia enquanto o dinheiro era parte de um processo de mercado livre. Os metais preciosos – principalmente o ouro – cumpriram esse papel de forma adequada e espontânea, pois sua quantidade foi crescendo com a extração sucessiva de ouro e sua monetização, mas isso aconteceu de forma relativamente lenta, acompanhando o crescimento da riqueza em geral.

Com a moeda fiduciária, será algum funcionário do governo quem decidirá sobre a quantidade de dinheiro que deve circular. E as noções legais de curso legal e forçado, juntamente com os reforços legislativos do monopólio da moeda nacional, impedirão que até mesmo essa moeda estatal emitida em quantidades arbitrárias seja substituída por outras que possam competir com ela.

---

130. Segundo o doutor em economia Antony P. Muller – membro emérito do Instituto Mises americano – no prefácio de *Indivíduo, economia e Estado*, "cataláxia" designa "o sistema de como uma economia de mercado atinge a coordenação de escolhas individuais por meio da formação de preços". ROTHBARD, Murray. Indivíduo, economia e Estado. LVM: São Paulo, 2023, p. 24. (N. E.)

O que se pretendia deixar claro desde o início era que, tratando-se de dinheiro, era inevitável que alguma autoridade estatal estabelecesse sua quantidade. Nesse sentido, é evidente a firmeza com que Jevons criticou a proposta de Spencer, no sentido de permitir um mercado privado de moedas, concluindo categoricamente que "não há nada que convenha menos para ser deixado à ação da concorrência do que o dinheiro"[131].

Pode-se argumentar que, assim como em outras questões econômicas, a livre troca, a concorrência e a possibilidade de escolha entre diferentes alternativas poderia ser uma melhor solução para termos um dinheiro mais saudável que o monopólio estatal. A experiência negativa com moedas estatais monopolistas no século passado parece sustentar essa ideia.

Mesmo que cada governo tenda a estabelecer o monopólio de sua própria moeda "nacional", as diferentes moedas estatais inevitavelmente se comparam e competem no mundo, onde algumas delas acabam se impondo como moedas locais em outros países – como é o caso do dólar –, e outras nem sequer são usadas no território onde são declaradas de curso legal e forçado.

Para responder à pergunta feita aqui, parece claro que um grande número de bancos oferecendo seu próprio dinheiro por sua própria conta e risco poderia ajudar a encontrar uma quantidade mais "adequada" de dinheiro em circulação do que uma autoridade monopolista estatal. O mecanismo de preços e as decisões individuais resultantes poderiam ser o melhor indicador da capacidade de cada moeda de cumprir seu papel. Porém, isso não funciona no caso de uma moeda de monopólio estatal, e será necessário estabelecer um critério.

A esse respeito, existem duas propostas gerais que considero as mais razoáveis, dadas as dificuldades já mencionadas:

---

131. JEVONS, W. S. *Money and the Mechanism of Exchange*. London: F. S. King, 1875, International Scientific Series, vol. 17, p. 65; citado por HAYEK, Friedrich A. "La Desnacionalización del Dinero", *op. cit.*, p. 212.

**1.** Definir uma porcentagem do dinheiro em circulação como o limite máximo de emissão permitido. A proposta de Friedman fixou esse limite entre 3% e 5% do dinheiro circulante, como um teto para a emissão anual[132]. Essa porcentagem pode ser considerada uma taxa de crescimento anual do produto bruto de um país como os Estados Unidos em tempos normais.

Esse número permite um cálculo claro e rápido, que não dá margem a interpretações estranhas ou fraudes por parte do governo. É verdade que alguns truques poderiam ser tentados ao estabelecer como o dinheiro em circulação deveria ser calculado, mas uma vez que esse cálculo fosse feito pela primeira vez, nos anos seguintes o método de cálculo seria praticamente automático.

No entanto, isso traz como contrapartida o problema de que a produção do país nem sempre crescerá na mesma proporção, o que poderia tirar a eficiência da regra.

**2.** Definir a taxa de crescimento do dinheiro de acordo com o crescimento da produção de bens, que pode ser representado pelo aumento do Produto Interno Bruto (PIB).

Isso teria a vantagem de ser um valor mais adequado para estabelecer a demanda de dinheiro no mercado, mas, ao mesmo tempo, seria mais complicado de calcular. Os governos de países com instituições fracas que podem manipular os organismos encarregados dos cálculos oficiais do PIB poderiam tentar inflar esse número todos os anos para justificar a emissão. O que poderia levar a discussões complexas sobre o cálculo desse crescimento, dificultando a decisão final. No entanto, parece ser um parâmetro mais correto, especialmente para países que têm altos e baixos no crescimento, geralmente causados pelas políticas econômicas do governo.

Levando em conta os dois critérios, penso que talvez seja possível tentar uma combinação dos dois. Ou seja, que o limite

---

132. FRIEDMAN, Milton y Rose. *Libertad de elegir*, *op. cit.*, p. 424-425.

máximo de emissão seja dado pelo crescimento do Produto Interno Bruto, mas que, ao mesmo tempo, independentemente de qual tenha sido esse crescimento, ele não possa exceder uma determinada porcentagem da moeda circulante.

A quantidade de dinheiro só deve ser aumentada se a quantidade de bens e serviços produzidos no país crescer previamente; e, de modo inverso, uma eventual diminuição do PIB deve levar a uma diminuição proporcional da quantidade de dinheiro em circulação.

Dessa forma, essa suposta "estabilidade" ou "equilíbrio" entre dinheiro e outros bens poderia ser alcançada, reconhecendo as dificuldades envolvidas e os perigos de abuso ou engano por parte do governo ao exercer desse poder.

Mas, enquanto o governo for encarregado de fabricar moeda, deve haver um limite claro para responsabilizar o funcionário que promova ou permita a emissão e a circulação de dinheiro além do razoável.

# CAPÍTULO IV

# A Inflação nos Diferentes Tipos de Moeda

A inflação, como um aumento na quantidade de dinheiro, existiu ao longo da história em muitos lugares e épocas. Ocorreu em épocas em que o dinheiro era um produto espontâneo do mercado, se constituindo num fenômeno esporádico e local, que foi rapidamente superado pelos próprios mecanismos do processo de mercado, ou seja, deixando de usar determinado bem como dinheiro e substituindo-o rapidamente por outro.

Por outro lado, teve consequências maiores, mais duradouras e mais graves quando esse aumento na quantidade de dinheiro foi produto da intervenção do Estado. Vimos isso com a alteração do metal nas moedas, popularizado durante o Império Romano e continuou em todas as épocas em que havia dinheiro metálico cunhado pelo governo, e se generalizou de fato quando o Estado assumiu o monopólio da criação de dinheiro e a tornou independente de qualquer bem físico, convertendo-a em pedaços de papel de fácil fabricação.

A seguir, veremos alguns exemplos de inflação nos diferentes sistemas.

# 1. A inflação nos sistemas de dinheiro natural não metálico

Quando o dinheiro surgiu espontaneamente da necessidade de um meio de troca, e várias mercadorias valiosas e amplamente aceitas foram usadas, sua utilidade como dinheiro estava intrinsecamente ligada ao seu valor como mercadoria, juntamente com a estabilidade de sua quantidade. Uma mudança brusca nessa quantidade, para mais ou para menos – ou seja, uma mudança na oferta – alterava seu valor e eliminava sua utilidade como dinheiro.

Se esses bens fossem de origem mineral, a quantidade de dinheiro estava basicamente ligada à capacidade de extrair o bem e "monetizá-lo", isto é, convertê-lo em um bem adequado para ser usado nas transações. Mas quando esses bens eram de origem vegetal ou animal e, portanto, sua quantidade podia variar mais rapidamente de acordo com uma maior ou menor produção humana, surgiram incentivos para que as pessoas se empenhassem em "produzir" dinheiro, ou seja, aumentar a quantidade desse bem que, além de seu valor como mercadoria, tinha valor como "dinheiro".

É importante ter em mente que, na época em que se utilizavam os bens de uso como dinheiro, essa prática era espontânea e decorria voluntariamente dos costumes comerciais, de modo que não havia nenhuma razão para apego a esse bem além de sua aceitação como meio de troca. Por isso, assim que um bem deixava de ser útil nesse sentido, era rapidamente substituído por outro sem a necessidade de modificações institucionais relevantes, embora, às vezes, sua aceitação maciça como dinheiro tenha permitido algumas formas de intervenção do governo.

Um exemplo histórico interessante nesse sentido é o do tabaco, que por muito tempo foi usado como dinheiro na Virgínia. Seu valor e aceitação como dinheiro levou a um aumento exponencial em sua produção e a uma consequente redução do seu preço, o que causou vários inconvenientes que culminou em descartá-lo. Milton e Rose Friedman explicam isso da seguinte forma[133]:

> Um tipo de dinheiro muito interessante, do qual muitas lições podem ser aprendidas, foi o tabaco da Virgínia, Maryland e Carolina do Norte: "A primeira lei aprovada pela primeira Assembleia Geral da Virgínia em 31 de julho de 1619 (doze anos após o desembarque do capitão John Smith e o estabelecimento em Jamestown do primeiro assentamento permanente no Novo Mundo) dizia respeito ao tabaco. A lei fixava o preço desse importante produto em três xelins ao melhor e 18 pence por libra para o segundo tipo [...]. O tabaco já era usado como moeda local[134].
>
> Em vários períodos, o tabaco foi declarado a única moeda legal. Continuou a ser um meio básico de pagamento na Virgínia e nas colônias vizinhas por quase dois séculos, até bem depois da Revolução Americana. Era a moeda que os colonos utilizavam para comprar alimentos, roupas, pagar impostos e até mesmo para comprar uma noiva...
>
> [...] Tal como aconteceu com o dinheiro, ocorreu também com o tabaco. O preço original atribuído ao tabaco em termos da moeda inglesa era maior do que seu custo de produção, de modo que os plantadores de tabaco começaram a produzir uma quantidade cada vez maior. Nesse caso, a oferta monetária cresceu tanto em termos reais quanto nominal. Como sempre acontece quando a quantidade de dinheiro aumenta mais rapidamente do que a quantidade de bens e serviços que podem ser comprados com esse dinheiro, os preços de outros bens aumentaram drasticamente em termos de tabaco. Antes do fim da inflação, quase cinquenta anos depois, os preços em termos de tabaco haviam aumentado quarenta vezes.

---

133. FRIEDMAN, Milton e Rose. *Libertad de elegir. Hacia un nuevo liberalismo económico*, Barcelona: Ed. Grijalbo, 1980, p. 348-51.

134. WHITE, Andrew. *Money and Banking*, Boston: Ginn & Co., 1896, p. 4 e 6.

Os produtores de tabaco ficaram muito insatisfeitos com a inflação. Os preços mais altos dos outros bens em termos de tabaco significava que o tabaco poderia comprar uma quantidade menor desses outros bens. O preço do dinheiro em termos de bens é o oposto do preço dos bens em termos de dinheiro. Naturalmente, os produtores recorreram ao Estado. Foram aprovadas sucessivas leis que impediam determinadas classes de indivíduos de plantar tabaco, permitiam a destruição de parte da safra e proibiam o plantio de tabaco por um ano. Isso de nada serviu. Por fim, os colonos intervieram diretamente, uniram-se e percorreram os campos, destruindo as plantações de tabaco: "Os danos atingiram tamanhas proporções que, em abril de 1683, a Assembleia aprovou uma lei declarando que esses grupos haviam ultrapassado os limites do motim e que seu objetivo era a subversão do governo. Foi decretado que se um grupo de oito ou mais pessoas destruísse as plantações de tabaco, elas deveriam ser presas, declaradas traidoras e condenadas à morte"[135].

O tabaco como meio de pagamento ilustra vividamente uma das leis mais antigas da economia: a lei de Gresham: "O dinheiro ruim substitui o dinheiro bom". Os plantadores de tabaco, que tinham de pagar impostos e outras obrigações com tabaco, compreensivelmente usavam o tabaco de pior qualidade para saldar essas obrigações e mantinham o tabaco de melhor qualidade para exportação a fim de obter moeda "forte", ou seja, a libra esterlina britânica. Como resultado, apenas o tabaco de baixa qualidade tendia a circular como moeda. Todos os recursos da engenhosidade humana foram empregados para fazer com que o tabaco parecesse ser de melhor qualidade do que realmente era: "Em 1698, em Maryland, tornou-se necessário legislar contra a fraude de embalar folhas em barris de grande capacidade contendo tabaco de boa qualidade na parte superior. A Virgínia adotou uma medida semelhante em 1705, mas aparentemente sem sucesso[136].

---

135. WHITE, Andrew, *op. cit.*, p. 8-10.

136. NETTELS, C. P. *The Money Supply of the American Colonies before 1720*, Madison: University of Wisconsin, 1934, p. 213.

Esse exemplo do tabaco ilustra muito bem o que consiste a inflação, associando-a a um bem em vez de papel-moeda. Principalmente quando o bem usado como dinheiro é daquele que pode ser produzido, as pessoas têm a fantasia de que podem criar riqueza produzindo tais bens e que, independentemente da quantidade, seu valor permanecerá inalterado. Assim concluíram os Friedman:

> Continua sendo verdade, tal como antes, que um aumento mais rápido na quantidade de moeda do que na quantidade de bens e serviços que podem ser comprados causará inflação, elevando os preços em termos de dinheiro. O motivo pelo qual a quantidade de dinheiro aumenta não importa. Na Virgínia, a quantidade de dinheiro-tabaco cresceu e deu lugar a uma inflação de preços em termos de tabaco[137].

## 2. A inflação em sistemas de dinheiro metálico

Em sistemas monetários baseados em moedas metálicas, a inflação ocorreu, historicamente, pela diminuição da quantidade de metal precioso em cada moeda, para aumentar a quantidade nominal de dinheiro em benefício da autoridade responsável pela cunhagem.

Em Roma, o aumento dos gastos provocados pelas guerras e obras públicas levou a que, quando a carga tributária se tornou insustentável, se recorreu à desvalorização da moeda. Isso levou a um aumento nos preços que, na época de Diocleciano (c. 243-c. 312), se tentou aliviar com controles de preços e regulações que agravaram o problema[138].

---

137.  FRIEDMAN, Milton e Rose. *Libertad de elegir. Hacia un nuevo liberalismo económico*, *op. cit.*, p. 351.

138.  KENT, Roland. "The Edict of Diocletian Fixing Maximum Prices", *The University of Pennsylvania Law Review*, 1920; citado por SCHUTTINGER, Robert L. e BUTLER, Eamonn F. *4000 años de controles de precios y salarios*. Buenos Aires: Unión Editorial, 2016, p. 38-39.

O desenvolvimento do conceito de soberania e a luta dos monarcas para impor seu poder em suas regiões fizeram com que a gestão monetária se tornasse uma questão de Estado. Jean Bodin (1530-1596), sinalizou isso quando invocou em seu famoso tratado publicado em 1576, a necessidade de o Estado regular a moeda e cunhá-la como expressão de seu poder[139].

Um exemplo bem conhecido da alteração das moedas por parte de monarcas foi o da moeda de bilhão[140], que ocorreu na Espanha por volta da mesma época em que Bodin publicou seu tratado. O bilhão é uma liga de cobre e prata, e as moedas de bilhão eram muito populares na Espanha para pequenas transações, devido ao seu baixo valor em relação aos escudos de ouro e aos reais de prata, moedas que eram inacessíveis para as pessoas mais pobres.

O uso generalizado e a popularidade da moeda de bilhão levaram os monarcas Filipe II (1527-1598) e Filipe III (1578-1621) a apropriar-se dela, alterando o volume de metal da moeda para criar uma espécie de imposto invisível por meio da inflação[141].

Essa confisco generalizado foi revelado pelo padre jesuíta Juan de Mariana (1536-1624) em seu último livro publicado em 1609, no qual ele denunciou o roubo realizado por Filipe III na época e como, por meio dessa manobra de inflacionar a moeda, ele estabeleceu impostos ocultos que sangravam a população. Ele se referiu à inflação como "roubo infame"[142].

---

139. BODIN, Jean. *Los seis libros de la República*. Madrid: Tecnos, 1985, p. 266 e ss.

140. Bilhão – *vellón* em espanhol – é uma liga metálica de baixo teor de prata empregada na Antiguidade e na Idade Média para cunhar moedas. (N. T.)

141. A moeda de bilhão era comumente conhecida como "branca" e era composta, no final do século XV, de 1,17 gramas de cobre e 0,03 gramas de prata. Após várias alterações em sua composição por ambos os monarcas, a moeda chegou a conter apenas 0,41 gramas de cobre em 1603. Em outras palavras, em um século, os monarcas acabaram roubando da população 0,76 gramas de cobre e 0,03 gramas de prata para cada moeda que circulava no reino.

142. JUAN DE MARIANA. *Tratado y Discurso sobre la Moneda de Vellón* [1609]. Madrid: Ed. Deusto, Value School, Instituto Juan de Mariana, 2017.

Algo especialmente valioso nessa obra foi mostrar como os governantes usavam a gestão do dinheiro metálico e, com o pretexto de garantir seu valor, o distorciam e manipulavam em proveito próprio, gerando um mecanismo não apenas de controle político, mas também de cobrança indireta de impostos, que era difícil de detectar. O que é mais perverso é que a narrativa do governo tinha como objetivo encontrar outros culpados e mobilizar as próprias vítimas destituídas para perseguir outros que não tinham nada a ver com o problema.

A tentação dos governos de adulterar a moeda para aumentar sua quantidade tem sido constante na história, o que levou Adam Smith (1723-1790) a afirmar:

> Em minha opinião, em todos os países do mundo, a ganância e a injustiça dos príncipes e dos Estados soberanos abusaram da confiança de seus súditos, diminuindo significativamente a quantidade real de metal que as moedas deveriam originalmente conter[143].

Essa manobra dos governos produziu, em épocas de moedas cunhadas pela autoridade, uma tensão entre os governantes e aqueles que tinham de usar o dinheiro, pois, enquanto diferentes moedas pudessem ser usadas e o governante pretendesse regular a relação de valor entre elas, as pessoas descartavam aquelas que não eram confiáveis ou estavam artificialmente supervalorizadas, desfazendo-se delas em suas transações e entesourando aquelas que mereciam maior credibilidade, aplicando assim a Lei de Gresham. Como disse Mises:

> A cunhagem de moeda foi uma prerrogativa antiga reservada ao governante. A função do Estado nessa área limitava-se inicialmente a certificar o peso e a espessura das moedas. Esses

---

143. SMITH, Adam. *Investigación sobre la naturaleza y causa de la riqueza de las Naciones*. México: Fondo de Cultura Económica, 1958, p. 29.

eram os únicos aspectos que o selo oficial pretendia garantir. Quando, mais tarde, príncipes e políticos se lançaram a avíltar a moeda circulante, diminuindo seu valor ao substituir parte do metal nobre por outros de menor valor, eles sempre agiram furtivamente, às escondidas, cientes de que realizavam uma operação fraudulenta em prejuízo de seus súditos. Assim que os governados tomaram conhecimento das manipulações, elas subvalorizaram as novas moedas em comparação com as antigas, sendo estas mais valorizadas pelo mercado do que as moedas mais novas. Era considerado um delito discriminar entre a moeda "ruim" e a "boa" em pagamentos e transações, e foram decretados preços máximos para compras feitas com moeda "ruim". Mas os efeitos provocados nunca foram aqueles desejados pelo governo. As disposições oficiais não impediam as pessoas de ajustar os preços na moeda desvalorizada à taxa monetária vigente[144].

Quando os governos monopolizaram a cunhagem, seu poder obrigou as pessoas a aceitar dinheiro adulterado que perdia valor à medida que o metal era retirado.

# 3. A inflação em sistemas dinheiro metálico conversível. As razões políticas da inconversibilidade

O surgimento de certificados e cédulas representando metal depositado em bancos facilitou muito o comércio, mas, ao mesmo tempo, criou uma oportunidade para fraudes, tanto para banqueiros privados quanto para os governos.

De fato, o surgimento de cédulas que representavam o valor do metal depositado nos bancos incentivou a emissão de mais cédulas do que o ouro acumulado. Enquanto as cédulas fossem

---

144. MISES, Ludwig. *La Acción Humana*, *op. cit.*, p. 922.

emitidas por bancos privados, sempre haveria a possibilidade de intervenção judicial nos casos de manobras fraudulentas. Em determinadas circunstâncias, essa emissão poderia constituir uma forma de fraude contra os receptores das cédulas, que confiavam que receberiam ouro em troca desses papéis.

Mas esse ato de inflar a quantidade de cédulas em relação ao ouro existente foi muito propício para que os governos encontrassem uma nova maneira de financiar seus gastos excessivos, recorrendo novamente a manobras fraudulentas em prejuízo das pessoas. Assim, principalmente a partir das últimas décadas do século XIX e do início do século XX, foram aprovadas leis em diferentes países e em diferentes épocas suspendendo a conversibilidade das cédulas, e o governo assumiu o controle do ouro a fim de usá-lo para pagar suas dívidas.

Dessa forma, as cédulas começaram a circular sem lastro efetivo, e o Estado pôde emitir novas cédulas, gerando inflação. Essa situação de incerteza era declarada como temporária, para superar emergências geralmente causadas por guerras e pela reconstrução de países depois delas ou pelo pagamento de indenizações pelos derrotados. O sistema se sustentou enquanto as pessoas confiaram que a conversibilidade seria restaurada o mais rápido possível. Mas, na verdade, foi o prelúdio do abandono do padrão-ouro, quando os governantes perceberam como era fácil emitir pedaços de papel e obrigar as pessoas a usá-los como dinheiro.

# 4. A inflação em sistemas de câmbio padrão-ouro

O padrão-ouro sofreu uma mudança fundamental após a Primeira Guerra Mundial. Os governos perceberam que seria muito difícil manter a conversibilidade devido à grande quantidade de dinheiro necessária para reconstruir os países. Pensou-se então nessa forma de padrão indireto, que era baseado no ouro, mas cujas cédulas não poderiam ser trocadas diretamente pelo metal, pois o ouro era o lastro geral das cédulas emitidas pelo governo, de modo que a quantidade de dinheiro em circulação tinha de ser ajustada e limitada à quantidade de ouro nas mãos do Estado.

Essa era uma forma de manter o lastro em ouro, mas eliminando a conversibilidade, que, na época, já era considerada difícil de ser restaurada. Mas foi exatamente essa circunstância que facilitou as coisas para que os governos irresponsáveis recorressem à emissão. A possibilidade de limitar efetivamente a quantidade de cédulas emitidas em relação ao ouro depositado foi eliminada, e o próximo passo foi o abandono definitivo de qualquer padrão monetário vinculado aos metais.

## 5. A inflação nos sistemas de papel-moeda estatal

O abandono de fato de qualquer vinculação da quantidade de cédulas em circulação com um bem valorado e de quantidade estável mudou definitivamente as regras monetárias do mundo.

O dinheiro deixou de ser uma escolha dos indivíduos, que devia competir no mercado de dinheiro com outras opções efetivas ou potenciais, e cujo valor e quantidade não dependiam da decisão de uma autoridade, para se transformar em pedaços de papel sem qualquer lastro em nenhum bem, impostos pelo governo com curso forçado e que circula numa quantidade que depende da decisão volúvel de determinados funcionários do Estado.

Tal como Hazlitt (1894-1993) ressalta, referindo-se ao abandono do padrão-ouro nos Estados Unidos e sua substituição pelo dólar imposto como moeda fiduciária:

> O valor do dólar depende não apenas da quantidade de dólares, mas também de sua qualidade. Quando um país abandona o

padrão-ouro, por exemplo, isso significa, na realidade, que o ouro, ou o direito de obter ouro, de repente se tornou mero papel. Como resultado, o valor da unidade monetária geralmente cai imediatamente, mesmo sem aumento da quantidade de dinheiro. Isso acontece porque as pessoas têm mais fé no ouro do que nas promessas ou no julgamento dos gestores monetários do governo. Na verdade, não há quase nenhum caso registrado em que o abandono do padrão-ouro não tenha gerado um novo aumento no crédito bancário e na emissão de moeda[145].

Livre da restrição de um padrão monetário, o governo impõe legalmente a moeda por meio de curso legal e forçado, tornando-a uma moeda de uso obrigatório para pagamentos de obrigações. A partir de então, a quantidade de moeda dependerá das regras estabelecidas pelo próprio Estado.

A conversibilidade, ou pelo menos a paridade com alguma quantidade determinada de ouro, será substituída por uma série de teorias elaboradas por economistas contratados para dizer até onde o governo pode aumentar a quantidade de cédulas.

Não é coincidência o fato de que, após a Primeira Guerra Mundial, e diante da necessidade de pagar pelas onerosas consequências, a Alemanha entrou em um processo de emissão de dinheiro sem lastro, que culminou na hiperinflação da década de 1920. Para arcar com os gastos provocados pela guerra, a reconstrução do país e as pesadas indenizações impostas pelos vencedores, o governo alemão recorreu à emissão maciça de cédulas (*Papiermark*), que não eram lastreadas em ouro nem conversíveis. Foi uma situação anômala para a época, justificada pela extrema gravidade da situação, mas que deu início a um processo de transformação no sentido de abandonar as amarras da produção estatal de dinheiro.

---

145. HAZLITT, Henry. *Lo que debemos saber sobre la inflación*. Madrid: Unión Editorial, 2021, p. 11.

A necessidade de pagar pesadas indenizações de guerra em 1921 fez com que as moedas lastreadas em ouro desaparecessem rapidamente do mercado e do país e, em seu lugar, circulassem cédulas de papel não conversíveis de forma massiva, às quais o Estado atribuía um valor arbitrário. A corrida descontrolada entre o aumento do número de cédulas emitidas e o aumento dos preços culminou no desaparecimento desse dinheiro.

Desde então, em muitas partes do mundo houve situações de inflação alta ou até mesmo hiperinflação. Dentre os exemplos se pode mencionar a Hungria após a invasão soviética, que em 1946 atingiu um aumento de preços de 41,9 trilhões % (os preços dobravam a cada 15 horas), o Zimbábue, que em 2008 atingiu uma inflação de 89,7 trilhões % (os preços dobravam a cada dia) e a Venezuela, que em 2018 ultrapassou 10 trilhões %. Entre os casos de altos índices de inflação, a Argentina em 1989-90, o Brasil em 1990 e a Bolívia em 1984-85.

A inflação pode levar à perda de controle sobre o valor da moeda e, consequentemente, à impossibilidade dela continuar funcionando como tal. Quando há moedas alternativas no mercado, a moeda inflacionada simplesmente desaparece, mas quando ela tem curso legal e forçado, e o Estado persiste em mantê-la, os preços iniciam uma escalada absurda e sem controle, justamente porque não há como calcular o valor das cédulas.

Um elemento essencial com relação ao dinheiro é a confiança das pessoas nele. Quando há concorrência de moedas ou os padrões monetários são em bens de consumo, as pessoas que desconfiam do dinheiro simplesmente o trocam por outro. Mas a combinação da perda de confiança no dinheiro com a imposição estatal de seu uso leva a consequências desastrosas.

Cada hiperinflação ou alta inflação, provocada em determinados países por motivos políticos, renovam os ensinamentos sobre os perigos da emissão de cédulas para cobrir os gastos do Estado. Mas esses ensinamentos são facilmente esquecidos e há tentação dos políticos caírem nesse vício de pensar que podem criar riqueza apenas imprimindo papéis. Como Mises bem resumiu no final da Segunda Guerra Mundial:

> Atualmente, quase não há necessidade de discutir a inflação branda e inofensiva que, em um regime de padrão-ouro, pode resultar de um grande aumento na produção de ouro. Os problemas que o mundo precisa enfrentar hoje são os efeitos colaterais inflacionários do papel-moeda não conversível. Essa inflação é sempre a consequência de uma política governamental deliberada. Por um lado, o governo não quer reduzir seus gastos. Por outro, não deseja equilibrar seu orçamento por meio de impostos ou empréstimos governamentais. Prefere a inflação porque a vê como o mal menor. Continua expandindo o crédito e emitindo moeda porque não percebe as consequências inevitáveis dessa política[146].

## 6. A inflação no dinheiro virtual

Nas últimas décadas, a tecnologia possibilitou o desenvolvimento do que antes parecia ser coisa de ficção científica: dinheiro virtual ou criptomoedas.

As transações – especialmente em sistemas de moeda fiduciária – há muito tempo consistem muito mais em registros contábeis do que o uso real de cédulas, e a tecnologia facilitou muito essas transações que não exigem moeda física (desde que o dinheiro esteja depositado em algum lugar e disponível para ser movimentado). Os bancos então compensam as somas de dinheiro entre si por meio de operações de *clearing*.

Essa modalidade, que à primeira vista parece tão útil para facilitar as transações, também contém a armadilha do controle estatal. As transações virtuais de todos os tipos, a necessidade

---

146. MISES, Ludwig. "La inflación y el control de precios", em *Planificación para la Libertad y otros ensayos*, *op. cit.*, p. 111.

de o dinheiro esteja previamente depositado em contas que possam ser controladas e a identificação daqueles que realizam as transações facilitam muito o controle estatal sobre os indivíduos e seus patrimônios. Nada fica fora da órbita das autoridades fiscais e da cobrança dos respectivos impostos. Não é coincidência que nos últimos tempos novas formas de controle tributário tenham proliferado, nascidas à sombra da bancarização das operações e de seu processamento informatizado.

Assim, a tecnologia, frequentemente invocada como um auxílio para as pessoas melhorarem suas vidas e facilitarem a produção de riqueza, também tem sido usada para controlá-la e para permitir que o Estado aumente sua pressão tributária sem que as pessoas possam evitá-la. O Estado, detentor do monopólio da força e da legalidade, está na posição ideal para usar a melhor tecnologia para os piores fins.

Indo mais além, o que surgiu recentemente como uma inovação tecnológica em matéria monetária é o surgimento do dinheiro que existe apenas virtualmente, que não é uma representação de bens materiais ou de cédulas estatais ou de qualquer outro tipo de moeda, mas que se justifica por si mesmo.

Isso, que há alguns séculos teria sido visto como uma fraude, hoje tornou-se cada vez mais aceito pelas pessoas. Afinal de contas, se o Estado pode imprimir pedaços de papel e alegar que isso é dinheiro, por que alguém não poderia inventar um recurso virtual e alegar que isso também é dinheiro? De qualquer forma, a vantagem do dinheiro virtual em relação à moeda fiduciária é que ninguém é obrigado a usá-lo ou recebê-lo para quitar seus pagamentos. Pelo menos por enquanto.

Como toda moeda, a virtual depende da sua credibilidade. E essa credibilidade, de acordo com seus criadores, é dada pela própria tecnologia envolvida em sua formação. A ideia é que a quantidade de moeda não pode ser alterada e só crescerá, conforme definido em seu lançamento original, por meio de uma série de algoritmos que não dependem de nenhum operador e não podem ser manipulados – pelo menos em teoria – depois que o processo é iniciado.

Se isso puder ser garantido, a exigência de estabilidade em sua quantidade poderá ser cumprida de uma maneira melhor do que com o dinheiro fiduciário estatal, ou mesmo qualquer outra forma de dinheiro, como vimos nos pontos anteriores. Em seguida, será necessário discutir se a forma de calcular a produção de uma nova moeda virtual atende, ao menos razoavelmente, às exigências do mercado.

Entretanto, a possibilidade de alterar os programas é algo que deverá ser constantemente monitorado. De fato, os políticos já estão de olho nas moedas virtuais de duas maneiras, ambas prejudiciais:

1. Eles viram o perigo de que as pessoas possam se abster dos controles do Estado usando esse tipo de dinheiro que não pode, pelo menos por enquanto, ser monitorado pelo governo (por isso que se tornou tão aceito em determinados círculos). Se as pessoas acumularem suas riquezas nessa moeda virtual, elas poderão, pelo menos por agora, sonegar impostos e realizar negócios que escapam ao controle legal do Estado.

Daí o interesse estatal em obrigar que as transações em moedas virtuais sejam divulgadas – tanto as contas quanto as transações – para que haja controle do Estado sobre elas e, acima de tudo, para cobrar impostos. Isso gera uma luta na qual as vantagens evidentes do dinheiro virtual podem desaparecer, pelo menos em parte, ao serem tomadas pelo mesmo estatismo de outras formas de dinheiro[147].

---

147. É um perigo semelhante ao que ocorreu com outras criações tecnológicas que foram posteriormente regulamentadas pelo Estado. Por exemplo, o surgimento do UBER em muitas cidades ocorreu de forma quase clandestina, não regulamentada e até mesmo proibida por lei, desafiando o controle dos políticos e a ira dos motoristas de táxi que estavam sujeitos a milhares de regulamentações que os motoristas do UBER não sofriam (em vez de apontar os canhões contra seus verdadeiros inimigos – o governo – eles apontaram suas armas para os motoristas do UBER). Enquanto o UBER era "ilegal" e não regulamentado, o preço das corridas era baixo e seu serviço eficiente. A gradual "legalização" desse tipo de plataforma

**2.** Mas, por outro lado, e provavelmente mais perigoso, muitos políticos começaram a enxergar as moedas virtuais como uma nova opção para aumentar seu poder.

De fato, alguns governantes autoritários lançaram a ideia de ter moedas virtuais estatais, destinadas a realizar transações do Estado, com curso forçado. Dessa forma, eles poderiam dispor de um dinheiro mais barato e fácil de produzir que os papéis que imprimem todos os dias.

É claro que ninguém pensaria que políticos inescrupulosos, que ao longo da história reduziram o teor de metal das moedas, emitiram cédulas em quantidades maiores do que o ouro acumulado em seus cofres e, por fim, se desvincularam de qualquer padrão monetário para poderem emitir dinheiro sem limites, obedeceriam a uma série de algoritmos que ninguém conhece e que eles mesmos teriam de gerar.

Portanto, no futuro, teremos que ter muito cuidado com as moedas virtuais. Não devemos nos deslumbrar com suas virtudes inegáveis, para que não deixemos de ver o outro lado da moeda, que é o perigo de seu uso direto pelos governos para criar uma nova forma de dinheiro estatal, mais facilmente manipulável.

---

trará consigo a regulação estatal, impostos, controles e, em resumo, o mesmo sofrimento dos taxistas, o que pode resultar em preços mais altos e serviços piores, deixando como vantagem apenas o avanço tecnológico em termos de contratação (algo que os próprios táxis já utilizam).

# CAPÍTULO V
# A Inflação e o Crédito

A tualmente, os bancos oferecem uma grande variedade de serviços e diversificaram seus negócios. Eles administram financeiramente os gastos das pessoas por meio do pagamento de suas dívidas com os saldos de suas contas, financiam as compras de altas quantias de seus clientes, seus gastos com cartão de crédito, operações de câmbio, negociação de títulos etc. Sua capacidade de financiamento e a comunicação fluida com seus clientes lhes permitiu adentrar em todos os tipos de atividades comerciais.

No entanto, a principal atividade dos bancos ainda é a de emprestar dinheiro por um preço. Nesse sentido, como Mises explicou ainda em tempos de padrão-ouro, a atividade bancária é realizada de duas formas distintas: intermediação creditícia por meio da concessão de empréstimos com dinheiro de terceiros e concessão de crédito pela emissão de meios fiduciários, ou seja, emissão de dinheiro de papel e saldos em conta corrente sem cobertura monetária[148].

Com o papel-moeda criado monopolisticamente pelo Estado, o trabalho de empréstimo dos bancos mudou um pouco e, portanto, pode-se dizer que hoje eles emprestam o dinheiro que as pessoas depositam a prazo e também o dinheiro que as pessoas têm em suas contas à vista, seja poupança ou conta corrente. Essa última atividade tem sido questionada e associada ao problema da inflação; por isso, neste capítulo, vou me concentrar principalmente nesse ponto.

---

148. MISES, Ludwig. *La Teoría del Dinero y del Crédito, op. cit.*, p. 235.

Em suas operações com os depósito a prazo fixo, o negócio dos bancos é basicamente a diferença entre a taxa de juros que paga aos poupadores e a taxa de juros que cobra dos tomadores de crédito, descontados os custos operacionais. Para isso, os bancos precisam monitorar dois fatores fundamentais: 1) devem estar muito atentos às datas, tanto aquelas em que o dinheiro deve ser devolvido aos depositantes, quanto àquelas em que devem cobrar as prestações dos empréstimos concedidos; 2) devem ser muito cuidadosos com as pessoas a quem emprestam dinheiro, de modo a ter o máximo de garantias possíveis de que elas pagarão as prestações em dia. Esses dois fatores são essenciais para reduzir o risco de insolvência.

> Concessão de créditos imprudentes podem acarretar conse-quências tão desastrosas para um banco quanto para qualquer outro comerciante. Isso decorre da estrutura jurídica do negócio; não há relação jurídica entre as transações de ativos e as transações de passivos, e sua obrigação de devolver o dinheiro tomado emprestado não é afetada pelo destino de seus investimentos. A obrigação permanece vigente mesmo que os investimentos tenham resultado em perdas irreparáveis. Mas é exatamente a existência desse risco que torna lucrativo para o banqueiro o exercício da função de intermediário entre o doador e o receptor de um empréstimo. É da aceitação desse risco que o banco obtém seus lucros e perdas[149].

Os diferentes critérios na teoria econômica aparecem mais claramente quando se discutem as operações de empréstimo de dinheiro à vista, dos saldos das contas dos clientes. Isso se deve a duas circunstâncias fundamentais: 1) devido ao risco envolvido em emprestar um dinheiro que pode ser solicitado a qualquer momento pelo titular da conta; 2) pela suposta criação secundária de dinheiro por meio do uso de fundos que são formalmente depositados em

---

149. MISES, Ludwig, *op. cit.*, p. 237.

uma conta à disposição de seu proprietário, mas que, ao mesmo tempo, circulam na forma de empréstimos a terceiros. Esse perigo era particularmente grave na época do padrão-ouro, quando os bancos podiam emitir cédulas e fazer empréstimos com elas, sem que estivessem respaldadas pelo ouro depositado em seus cofres.

Essa dualidade de metal (dinheiro real) – cédula (representação do dinheiro) permitiu que as quantidades dos dois pudessem ser diferentes. Com dinheiro de papel, essa dualidade desaparece e, segundo meu entendimento, os problemas devem ser analisados sob outra perspectiva.

# 1. As diferentes alternativas de empréstimo de dinheiro de contas à vista

Diante dessa discussão originada pela possibilidade de os bancos utilizarem parte do dinheiro de contas de depósitos à vista, que normalmente permanece parado, para conceder empréstimos a terceiros, surgiram três alternativas fundamentais na teoria monetária e nas legislações. A ponderação dessas alternativas deve ser feita com uma compreensão clara de qual dos sistemas monetários e bancários estamos nos referindo.

**1.** Reserva fracionária obrigatória. Nesse sistema, aplicado na maior parte do mundo atualmente, o Estado define a reserva ou porcentagem de dinheiro em contas de depósitos à vista que os bancos são obrigados a manter sempre imóveis, e o restante desse dinheiro pode ser usado para conceder empréstimos sob condições que geralmente também são estabelecidas pelo banco central. Em troca dessas limitações, o Estado garante os depósitos em caso de insolvência temporária ou saque em massa dos clientes.

Embora seja o sistema que opera em quase todo o mundo e o que mais se alinha à filosofia da moeda fiduciária com curso forçado, provavelmente é o pior por vários motivos:

**1.** Impede o funcionamento do mercado e a concorrência entre os bancos. Pelo contrário, incentiva a ineficiência, pois os banqueiros não se importarão mais com os empréstimos que concedem devido à garantia estatal dos depósitos. Assim, eles se limitarão a emprestar até o montante autorizado, para todos aqueles que atendam às exigências legais;

**2.** Se o governo não quer correr riscos, ele estabelecerá requisitos muito altos para a concessão dos créditos. Se ele não se importar com os riscos, permitirá operações perigosas. Em ambos os casos fomentará a ineficiência.

Em última análise, os bancos acabam se tornando filiais do banco central e terão seus negócios garantidos em troca do cumprimento das regras impostas.

2. O *free banking*, ou sistema bancário livre, no qual cada banco decide quanto risco está disposto a assumir e quanto dinheiro dos depósitos à vista concederá na forma de empréstimos. O banco fará isso por sua própria conta e risco, no máximo com a ajuda de um seguro privado, mas sem respaldo estatal.

Nesse caso, o banco pode negociar com seus clientes, por meio de contrato, diferentes alternativas para o dinheiro depositado em suas contas, podendo manter uma reserva compulsória de 100% ou uma reserva menor com a possibilidade de emprestar o restante. É uma questão que compete aos bancos, seus clientes e possíveis tomadores de empréstimos, que poderá ser resolvida por meio de acordos particulares.

Na medida em que os bancos são responsáveis por suas próprias decisões e não têm garantias estatais para suas atividades, deverão ser cautelosos e prudentes quanto à porcentagem dos saldos das contas que estariam dispostos a emprestar e para quem emprestam.

A informação que circula no mercado e a concorrência entre os bancos ajudariam, nesse caso, a detectar com antecedência suficiente as más decisões de alguns bancos e, como as consequências de uma corrida aos bancos poderiam ser fatais, é muito provável que os bancos mais respeitados evitariam atuar com imprudência.

Por outro lado, em um mercado livre, os bancos seriam controlados pelo escrutínio público do mercado, e não por regulações estatais manejadas quase em segredo por burocratas. O papel do governo nessa atividade deveria ser exatamente o de garantir que as regras estabelecidas por cada banco e os contratos firmados com seus clientes sejam cumpridos e transparentes.

3. A reserva obrigatória de 100% desses depósitos, considerando que os bancos não têm permissão para usar dinheiro das contas de depósitos à vista para conceder empréstimos e que tal atividade constitui uma fraude contra seus clientes.

Essa alternativa se baseia no princípio de que os bancos não podem dispor do dinheiro das contas de seus clientes, que são propriedade deles e devem estar disponíveis para serem entregues a eles quando solicitado. Portanto, a emissão de notas ou certificados para emprestar dinheiro sem lastro – uma vez que o dinheiro dos depósitos pertence aos clientes – constitui fraude e deve ser proibida.

Além disso, os defensores dessa medida entendem que tais empréstimos, que não são garantidos por dinheiro real, constituem uma criação secundária de dinheiro que produz inflação.

Como costuma acontecer com todas as soluções que envolvem intervenção estatal, a primeira das soluções mencionadas acima é a mais prejudicial e, ao mesmo tempo, a mais utilizada. De fato, a fixação legal de uma reserva obrigatória e a garantia estatal para depósitos fomentam maus negócios como consequência da irresponsabilidade do banco. Paradoxalmente, o Estado impõe regulações com o objetivo de garantir a boa conduta dos bancos, mas, em vez disso, promove sua negligência, retirando deles o ônus de grande parte de sua responsabilidade.

Com efeito, quando os bancos começam a ter problemas, o Estado vem em seu auxílio, pois a falência de um banco e a existência de milhares de clientes com seu dinheiro preso e correndo o risco de não poder recuperá-lo é algo que desagrada muito aos políticos e pode provocar uma corrida bancária se o medo se espalhar e clientes de outros bancos se apressarem para sacar seu dinheiro. No final, os banqueiros acabam considerando os prejuízos graduais da intervenção estatal como preferível ao risco de uma quebra. Uma das funções prejudiciais dos bancos centrais é justamente estabelecer essas regulações, controles e apadrinhamentos.

Uma discussão muito mais interessante surge com relação às outras duas alternativas: ou seja, considerar que os bancos estão legalmente proibidos de emprestar dinheiro depositado em contas de depósitos à vista, ou que essa é uma questão que não deve ser previamente regulamentada pela legislação, mas deixada para negociações privadas entre as partes envolvidas.

Não farei uma análise mais profunda dessas alternativas. Há uma vasta literatura sobre o assunto, e é de particular interesse o debate entre aqueles que consideram o uso de saldos de contas à vista para conceder crédito uma forma de fraude que deve ser proibida (por exemplo, Murray Rothbard e Jesús Huerta de Soto) e aqueles que defendem a liberdade bancária e monetária (por exemplo, Lawrence White e George Selgin). Nessa discussão, acredito que os argumentos a favor da liberdade bancária e monetária são deveras superiores e não foram adequadamente refutados.

Contudo, acho importante fazer um esclarecimento que está diretamente ligado ao assunto deste livro. Ao longo da história, essa questão foi discutida em diferentes épocas, sob diferentes sistemas monetários e bancários e, às vezes, foram discutidos argumentos sem esclarecer a qual sistema monetário ou bancário se referiam; assim, ao misturar os argumentos e os sistemas, a confusão aumentou.

Claramente, não é a mesma coisa um banco com a liberdade de emitir cédulas para concedê-las como crédito e um banco nos atuais sistemas de moeda fiduciária e regulação bancária emprestar dinheiro oriundo de contas de depósitos à vista. Tampouco é a mesma coisa emitir cédulas sem lastro monetário em um sistema de padrão-ouro e emitir papel-moeda em um regime de liberdade bancária e monetária.

Quando, há mais de um século, Mises se referiu a "papel-moeda e saldos em conta corrente sem cobertura monetária", como diz a citação no início deste capítulo, ou Rothbard falou de "sistemas monetários que não são 100% lastreados por moeda-mercadoria"[150], ambos estavam pensando no padrão-ouro ou em algum outro padrão baseado em MERCADORIAS[151].

É claro que, com o padrão-ouro, o dinheiro é o ouro, não as cédulas, e quando um banco – com liberdade de câmbio – emite cédulas sem lastro em ouro, ele pode estar produzindo uma fraude ou, pelo menos, gerando uma desvalorização pela inflação das cédulas que representam o ouro, mas não do próprio dinheiro (ouro).

Porém, isso não ocorreria necessariamente em um sistema de liberdade monetária e bancária, no qual o dinheiro é produzido no processo de mercado e não é necessariamente ouro ou algum outro metal precioso. Em um sistema como esse, o valor do dinheiro seria determinado pela forma como as pessoas o valorizam, quer a moeda seja o ouro, o gado, o tabaco, são apenas cédulas emitidas pelos bancos ou recursos virtuais.

---

150. ROTHBARD, Murray N. *The mistery of banking*, Nova York: Richardson & Sinder, 1983, p. 109.

151. Com relação a Mises, é necessário esclarecer que, em sua obra *Ação Humana: Um Tratado de Economia*, originalmente publicado em 1949, ele se manifestou expressamente a favor dos sistemas bancários e monetários livres, e explicou extensivamente suas vantagens, para concluir que "somente os bancos livres podem evitar, na economia de mercado, crises e depressões econômicas" (*op. cit.*, p. 531).

Em um esquema como o defendido por Rothbard, por exemplo, não haveria lugar para criptomoedas, a menos que elas fossem, em última instância, garantidas por uma mercadoria. Entretanto, o que dá ao bitcoin ou a outras moedas semelhantes seu valor ou garantia é um algoritmo que limita sua quantidade e a confiança de que esse algoritmo será respeitado e não poderá ser alterado no futuro. Enquanto essa confiança existir, as pessoas continuarão a valorizá-las voluntariamente.

Portanto, quando falamos sobre cédulas e sua entrega como empréstimo bancário, devemos primeiro analisar a qual sistema monetário e bancário estamos nos referindo. Benegas Lynch (h) respondeu claramente a esse argumento popularizado por Rothbard:

> Rothbard defende a reserva total obrigatória baseado no fato de que ele considera qualquer reserva fracionária (qualquer produção secundária de dinheiro) como fraudulenta. Pensamos, no entanto, que um arranjo contratual livre e voluntário entre as partes, de qualquer natureza, dificilmente pode ser descrito como fraudulento (com exceção dos "contratos contrários à ordem pública", que são feitos para infringir direitos, como, por exemplo, homicídio etc.); além disso, como já observado, à luz dos defensores da moeda de mercado, o ouro é um simples exemplo e talvez a moeda provavelmente escolhida pelo mercado, mas isso não significa que o metal amarelo deva necessariamente constituir-se em moeda. Rothbard diz que "[...] a moeda é adquirida no mercado por meio da produção de bens e serviços e, então, compra-se moeda em troca desses bens. Mas há outra maneira de obter moeda: criando-a por conta própria sem produção, ou seja, falsificando-a"[152]. Rothbard inclui nessa falsificação toda a produção secundária de dinheiro e afirma: "Defino a inflação como a criação de dinheiro, ou seja, um aumento de substitutos monetários que não está 100% lastreado

---

152. ROTHBARD, Murray N. *The mistery of banking, op. cit.*, p. 109.

em moeda-mercadoria"[153]. Lembremos, no entanto, que no mercado há uma troca de valores, e se as partes considerarem a produção secundária de dinheiro como um valor, não há base na sociedade livre para proibir tal transação e, portanto, não pode ser considerada como dinheiro proveniente de causas exógenas.

Com relação à fraude, Rothbard explica que: "Em minha opinião, a emissão excessiva de recibos em relação à mercadoria disponível é sempre uma fraude e assim deve ser considerada no sistema jurídico. Essa fraude consiste em emitir recibos falsos, por exemplo, para gramas de ouro que não existem [...]. Em suma, acredito que o sistema bancário fracionário é desastroso para a moral e para as bases fundamentais da economia de mercado"[154]; e continua dizendo que o problema fundamental não é a corrida bancária, mas permitir que os bancos façam negócios com base em "recibos falsos" assim como "aquele que rouba dinheiro de uma empresa para a qual trabalha e o investe em seu próprio negócio. Tal como o banqueiro, ele vê oportunidade de investimento com os ativos de outras pessoas. O ladrão sabe que, por exemplo, o auditor fará uma contagem do caixa em 19 de junho e, por isso, decide repor o dinheiro antes dessa data [...]; eu afirmo que o mal – o roubo – ocorreu no momento em que o ladrão se apoderou do capital alheio e não quando ele foi descoberto[155]. De acordo com o que descrevi acima, não é adequado chamar de fraude ou roubo se houver um acordo entre o depositante e o banco pelo qual este opera com reserva fracionária e se compromete a entregar aos clientes a quantia exigida à vista. O sistema de moeda de mercado, conforme mencionado acima, inclui a possibilidade de os clientes exigirem 100% de reserva de seus depósitos.

Deve-se observar aqui que os sistemas bancários diferem quanto a reservas ou depósitos compulsórios que mantêm em relação aos depósitos à vista ou em contas correntes (e também

---

153. *Ibid*.
154. *Op. cit.*, p. 114.
155. *Op. cit.*, p. 114-15.

depósitos em contas-poupança que funcionam como contas correntes). Os valores dos depósitos a prazo fixo são, em todos os casos, reemprestados com o objetivo de igualar as taxas de empréstimo e de depósito e, em nenhum caso, geram produção secundária de dinheiro[156].

Também distinta é a situação do dinheiro fiduciário. Como este livro visa a oferecer uma proposta para o caso da inflação causada nos sistemas atuais de monopólio estatal da moeda, tratarei essa hipótese de forma diferenciada no próximo ponto, antecipando que acredito que muitos dos argumentos oferecidos nos tempos do padrão-ouro ou da liberdade bancária não podem ser automaticamente transferidos para a situação atual.

## 2. A natureza dos "depósitos" à vista sob o sistema de dinheiro fiduciário

A primeira coisa que eu gostaria de reiterar ao abordar esse ponto é que, nos sistemas de padrão-ouro ou padrão-mercadoria, o dinheiro é o ouro ou a mercadoria. As cédulas emitidas pelos bancos são meras representações do dinheiro. Quando as cédulas são emitidas em excesso em relação ao dinheiro, são as cédulas, e não o dinheiro, que estão em crise. Em todo caso, aqueles que detêm as cédulas tentariam, todos juntos, recuperar o dinheiro, mas não conseguiriam, porque não há dinheiro-mercadoria suficiente para cobrir a emissão excessiva de cédulas.

Em um sistema de dinheiro fiduciário monopolizado e fabricado pelo Estado e que circula com curso forçado, o dinheiro "é" a cédula e, nesse caso, quando se infla a quantidade de cédulas, infla-se a quantidade de dinheiro. E o único que pode fazer isso é o Estado, que detém o monopólio da emissão de dinheiro.

---

156. BENEGAS LYNCH (h), Alberto. *Fundamentos de Análisis Económico, op. cit.*, p. 273-74.

Acredito que essa diferença é fundamental e torna menos confusa a discussão que ocorreu durante o padrão-ouro conversível. Portanto, nas próximas páginas, vou me concentrar em fazer algumas observações sobre duas questões: **1)** a natureza dos "depósitos" à vista; **2)** se os empréstimos concedidos com o saldo desses depósitos podem ser considerados geradores de inflação.

As pessoas mantêm grande parte de seu dinheiro em bancos por períodos aleatórios, às vezes por períodos curtos enquanto decidem como gastá-lo, e às vezes por períodos mais longos como poupança. De fato, o desenvolvimento tecnológico tornou irrelevante para as pessoas manterem o dinheiro fisicamente em suas mãos. Muitas pessoas recebem seus salários ou o pagamento por seus serviços com remessas que são transferidas para suas contas e, a partir dessas contas, distribuem o dinheiro por meio do pagamento automático para serviços recorrentes, ou de compras feitas com seus cartões de crédito, ou simplesmente por meio de transferências para outras pessoas usando o *internet banking.* Por sua vez, essas transferências bancárias são feitas para contas em outros bancos, de modo que o dinheiro permanece em grande parte dentro do circuito bancário.

Assim, cada vez mais o dinheiro permanece nos bancos e não nos bolsos ou nas carteiras das pessoas. E esse dinheiro, enquanto não está sendo usado, é mantido em contas correntes ou contas-poupança, dos quais o cliente pode movimentar ou sacar o dinheiro físico a qualquer momento que desejar.

O dinheiro colocado nessas contas por meio das quais as pessoas o movimentam é chamado de "depósito". A expressão data da época em que o padrão-ouro estava em vigor, em que o ouro era de fato depositado para guarda nos cofres dos bancos – serviço pelo qual se pagava uma taxa. Hoje, sendo o dinheiro pedaços de papel que muitas vezes nem circulam fisicamente, mas por meio de registros contábeis, o uso da palavra "depósito" deve ser usado com mais cautela e reserva.

O depósito, em sua forma regular, é um contrato por meio do qual uma pessoa entrega a outra um ativo para mantê-lo sob determinadas condições e devolvê-lo no momento e nas circunstâncias acordadas. Os poderes do depositário podem ser acordados pelas partes, mas, em geral, ele não tem o direito de usar aquele bem de qualquer forma que o coloque em risco sem o consentimento expresso do depositante.

Quando os bens depositados são fungíveis, opera-se o chamado "depósito irregular", o qual tentam equiparar ao depósito comum, salvo algumas particularidades distintas, que, na realidade, o tornam algo bastante diferente. De fato, no depósito irregular, o depositário não é mais obrigado a devolver exatamente o mesmo bem que recebeu, mas deve entregar algo semelhante, com as mesmas características, uma vez que essa modalidade está ligada a bens fungíveis.

Nessas condições, todas as especificações do depósito regular vinculadas às obrigações de cuidado, conservação e restrições de uso perdem vigência. Em suma, o depositário de bens fungíveis pode dispor do bem como proprietário e se comprometer a entregar uma quantidade igual de bens da mesma qualidade, nas condições acordadas. Geralmente, esse é o caso do dinheiro e de outros bens fungíveis, como grãos, óleos etc., entregues aos coletores para futura exportação.

Portanto, deve-se ter cuidado ao chamar de "depósito" aquilo que envolve bens fungíveis – como o dinheiro –, especialmente quando não há limitações contratuais para o uso desse dinheiro pelos "depositários". Trata-se de um caso em que a busca para proteção de direitos formais pela ordem jurídica altera a dinâmica do exercício dos direitos de propriedade em seu aspecto econômico[157].

---

157. Este é um bom exemplo de uma visão distinta do direito de propriedade, conforme analisado por economistas ou juristas. Sobre essa diferença, consulte: ROJAS, Ricardo Manuel. *La propiedad. Una visión multidisciplinaria e integradora*, Madrid: Unión Editorial, 2021, p. 177 e ss.

Entendo que o essencial é compreender as implicações da fungibilidade do dinheiro. Aqueles que veem o empréstimo de parte do dinheiro depositado à vista como uma espécie de fraude ou roubo dos depositantes, esperam que os bancos recebam o dinheiro dos clientes e cuidem dele, zelem por ele e que sejam responsáveis por sua perda, como se fosse um bem não fungível. Provavelmente, se alguém quisesse esse tipo de tratamento para seu dinheiro, poderia contratar com o banco o uso de um cofre, o que lhe permitiria colocar cédulas que ninguém poderia tocar sem sua permissão.

O fato é que, quando um cliente vai ao banco e entrega uma nota de 50 euros ao caixa para ser depositada em sua conta corrente, o atendente pega a nota, coloca-a na gaveta do caixa e, a partir desse momento, a nota passa a ser propriedade do banco. Ele faz uma entrada eletrônica e entrega ao cliente um certificado e, a partir desse momento, o banco é o proprietário da nota e o cliente tem um crédito para que o banco lhe dê 50 euros quando ele o solicitar. A menos que haja algum tipo de acordo especial com cláusulas restritivas entre o cliente e o banco, o banco pode fazer o que quiser com o dinheiro, desde que dê ao cliente uma quantia semelhante quando ele a solicitar.

Por essa razão, o direito comercial define o contrato de depósito bancário como "aquele pelo qual o banco recebe de seus clientes quantias de dinheiro e adquire tal propriedade, comprometendo-se a devolver a mesma quantia na mesma moeda e na forma acordada"[158].

Nesse contexto, não parece haver uma diferença essencial, do ponto de vista jurídico, se o dinheiro é colocado em uma conta corrente ou em uma conta de depósito a prazo fixo. A diferença estará relacionada principalmente ao risco envolvido, mas esse

---

158. BROSETA, Manuel e MARTÍNEZ SANZ, Fernando. *Manual de Derecho Mercantil*, Madrid: Ed. Tecnos, 18ª ed., Volume II, p. 268.

risco pode ser ponderado pelas próprias partes – o banco e o titular da conta – e resolvido por meio de acordos contratuais.

Isso torna questionável a referência a um verdadeiro "depósito", visto que se trata de entregas de dinheiro com o compromisso de devolver a mesma quantidade de dinheiro quando necessário ou quando o prazo expirar. Jesús Huerta de Soto argumenta o seguinte sobre a natureza do chamado "depósito irregular":

> Por essa razão, o depósito de bens fungíveis, que preserva as características essenciais do contrato de depósito, variando um de seus elementos característicos (no contrato de depósito regular ou de coisa determinada a propriedade não é transferida, mas continua em poder do depositante, enquanto no depósito de bens fungíveis pode-se considerar que a propriedade é transferida ao depositário), foi denominado "depósito irregular". Entretanto, deve-se ressaltar que a essência do depósito permanece inalterada e que o depósito irregular participa integralmente da mesma natureza essencial de qualquer depósito, que consiste na obrigação de guarda ou custódia. De fato, no depósito irregular há sempre uma disponibilidade imediata em favor do depositante que, a qualquer momento, pode se dirigir ao armazém de trigo, ao depósito de óleo ou ao caixa do banco e retirar o equivalente às unidades originalmente entregues. Esse será o equivalente exato tanto em termos de quantidade quanto de qualidade do bem entregue em questão ou, como diziam os romanos, o *tantundem iusdem generis, qualitatis et bonetatis*[159].

Acredito que o direito legal de propriedade não deve ser confundido com o direito de exigir a entrega de uma quantia em

---

159. HUERTA DE SOTO, Jesús. *Dinero, crédito bancario y ciclos económicos*. Madrid: Unión Editorial, 2009, p. 12-13. Grifo nosso. No parágrafo transcrito, Huerta de Soto admite que o banco recebe o dinheiro com transferência de propriedade, mas faz ressalvas quanto ao risco de o dinheiro ser solicitado pelo cliente após o banco emprestá-lo a um terceiro. Acredito que o direito legal do banco sobre o dinheiro e o risco econômico que seu empréstimo pode gerar são questões diferentes, com soluções diferentes.

dinheiro de acordo com os termos do contrato entre o banco e o cliente. O fato de haver um direito de exigir a entrega do dinheiro não implica que a propriedade não tenha sido transferida para o banco. São fenômenos juridicamente distintos, e não é possível invocar a obrigação do banco de entregar dinheiro ao cliente como desculpa para restringir seu direito de propriedade sobre a quantia recebida.

Segundo o que foi dito acima, entendo que a propriedade do dinheiro é transferida para o banco depois que o cliente o entrega no balcão e recebe um comprovante, o que, por sua vez, confere ao cliente o direito de exigir uma quantia igual de dinheiro sempre que quiser. Obviamente, o banco, se for uma instituição séria, deve se certificar de que possui o dinheiro disponível para atender às demandas de seus clientes. Mas é precisamente a prática de emprestar com base nos saldos de contas correntes ou contas-poupança que surgiu do fato de que, estatisticamente, grande parte desse dinheiro permanece não reclamado nos cofres do banco. O banco, sendo prudente, pode usar uma parte limitada desse dinheiro para fazer empréstimos sem comprometer de forma arriscada sua capacidade de atender aos saques de seus clientes.

De qualquer forma, a melhor maneira de tornar transparente esse tipo de negócio é também defini-lo com seus clientes por meio de contrato. Nada deve impedir um acordo entre a instituição e o depositante pelo qual o cliente é informado de que parte do dinheiro em sua conta corrente será usada para empréstimos e, em troca da aceitação desse risco, ele recebe juros ou outros benefícios, como um bônus por determinados serviços. Nada deveria impedir também que o banco e o cliente concordassem que o dinheiro na conta do cliente não seja usado de forma alguma para conceder empréstimos a outros e, portanto, em caso de problemas de liquidez, seu dinheiro seria o primeiro a ser reembolsado integralmente.

Portanto, do ponto de vista jurídico, a menos que haja interferência legislativa do Estado impedindo as pessoas de exercerem seus direitos de propriedade, ou um contrato voluntário entre o cliente e o banco que imponha restrições, o banco não poderia ser impedido de conceder empréstimos com o dinheiro recebido dessa forma. Das duas formas de restrição, a primeira deve ser descartada por todos os argumentos que explicam a inconveniência da regulação estatal dos negócios. A segunda forma poderia ser uma boa alternativa para tornar esses negócios mais eficientes. Porém, se não houver tais acordos e o cliente abrir uma conta corrente ou conta-poupança sem restrições contratuais com o banco, este poderá dispor do dinheiro da maneira que desejar.

No chamado sistema bancário livre, ou *free banking*, na medida em que não há garantias estatais para os riscos de suas operações, o banco deve ser muito cauteloso no uso de depósitos à vista para não correr o risco de insolvência. Assim, na prática, a reserva compulsória decidida por cada banco tenderia a não se afastar muito de uma reserva de 100%.

Nos sistemas em que há uma exigência de reserva (legal ou de mercado), costuma-se dizer que a parte restante, alocada para empréstimos, pode ser equiparada à criação de moeda secundária. Pelo menos para fins contábeis, há uma quantia de dinheiro em poder do banco, o qual o cliente pode reivindicar ou usar a qualquer momento, e que, paralelamente, circula na forma de empréstimos bancários. Na prática, esse dinheiro é contado duas vezes simultaneamente.

Essa prática é frequentemente apresentada pelos políticos para justificar o fato de que a emissão monetária não é, a rigor, a única causa da inflação e que há outras causas, como a criação secundária de moeda atribuível aos bancos. Daí para afirmar a existência de uma "multicausalidade" é um passo curto, alegando que os comerciantes e especuladores, juntamente com banqueiros e sindicalistas que "aumentam" os salários, são os principais responsáveis pela inflação. Entretanto, essa questão precisa ser colocada em contexto, especialmente com relação ao dinheiro fiduciário.

Com o padrão-ouro, a inflação poderia ocorrer, em primeiro lugar, se houvesse um aumento significativo na quantidade de ouro em forma de moeda circulando no meio comercial e bancário. Isso é raro em condições normais, pois a quantidade de ouro extraída da terra e convertida em moedas ou barras de ouro teve um crescimento relativamente lento e acompanhado por um aumento na produção de outros bens para os quais a moeda serviu de intermediária[160]. Além disso, a inflação no padrão-ouro ocorreu principalmente devido à adulteração e redução do volume de metal nas moedas quando eram cunhadas pelos governos.

Particularmente relevante é o caso da emissão de cédulas ou certificados por bancos privados ou estatais que excedam o ouro depositado. É discutível se um banco que faz isso em um sistema bancário livre está cometendo fraude ou simplesmente exercendo um direito, e caberá aos receptores de suas cédulas se confiarão ou não nesses documentos. Mas o que se pode dizer é que essa atividade dos bancos produziria uma inflação nas cédulas – não no dinheiro, que ainda é ouro e conserva seu valor.

Quando o banqueiro decide emitir cédulas sem lastro, em excesso ao ouro que está em seu poder, ou permite a circulação de certificados depois de ter trocado e devolvido o ouro que eles representavam a seus proprietários, o que ele efetivamente está fazendo é inflar a quantidade de cédulas em relação ao dinheiro real. Portanto, a definição de inflação no *Dicionário da Academia Real Espanhola* na época do padrão-ouro estava correta: "Emissão excessiva de cédulas para substituir a moeda".

---

160. Se há um caso específico de interesse para análise, foi a consequência – especialmente para a Espanha – da chegada de grandes quantidades de ouro das Américas, o que teve um grande impacto sobre o valor da moeda.

Se houvesse um mercado monetário livre, as pessoas provavelmente, em algum momento, perceberiam essa inflação e não mais utilizariam essas cédulas, preferindo outras mais confiáveis ou usando diretamente o metal.

Mas em um sistema de moeda fiduciária, a situação é diferente. O único que produz dinheiro é o Estado, portanto, quando os bancos emprestam dinheiro, esse dinheiro não é criado por eles. Enquanto o Estado não emitir dinheiro novo, sempre haverá a mesma quantia, circulando em diferentes formas.

Pode-se até dizer que não há diferença substancial entre o banco emprestar dinheiro que está depositado em suas contas e qualquer outra forma de venda a prazo, tendo uma taxa de juros como preço. Enquanto os empréstimos continuarem sendo reembolsados e o banco tiver reservas suficientes para atender às demandas monetárias de seus clientes, não haverá aumento na quantidade de dinheiro.

Por fim, do ponto de vista monetário, não há diferença em relação a um empréstimo a prazo fixo, exceto pelo risco. Com um depósito a prazo fixo, o risco é significativamente reduzido porque o banco sabe quando terá de entregar o dinheiro ao cliente. Mas ele também sabe que há uma porcentagem do dinheiro nas contas à vista que permanece imóvel, de modo que, desde que não haja uma crise externa que possa causar uma corrida por parte dos clientes, ele pode emprestar parte desse dinheiro sem correr muitos riscos.

## 3. Os limites da "inflação" provocada pelo crédito

Além da discussão sobre os riscos envolvidos no empréstimo de dinheiro que pode ser reclamado em algum momento, uma consequência dessa prática é que, pelo menos em termos contábeis, o dinheiro parece se multiplicar. De fato, ao mesmo tempo, há quantias de dinheiro depositadas em contas bancárias que podem ser reclamadas pelos titulares das contas a qualquer momento, e o mesmo dinheiro foi dado a outras pessoas na forma de empréstimo e está circulando no mercado. Considera-se então que o valor do dinheiro "dobrou", e isso também deveria ser visto como uma forma de inflação.

Nesse aspecto, é dito que há uma diferença em relação ao depósito a prazo fixo porque, nesse caso, o titular do depósito não reivindicará o dinheiro até o vencimento do prazo, de modo que o banco pode emprestar o dinheiro a terceiros sem multiplicar o valor.

Minha convicção é que, quando analisamos a questão em um sistema de moeda fiduciária, não há razão para fazer uma distinção entre depósitos a prazo e depósitos à vista no que diz respeito à geração de inflação. A quantidade de dinheiro (as cédulas emitidas pelo Estado) não varia em nenhum dos casos e só pode ser utilizada uma vez, mesmo que também esteja registrado em uma conta em nome de um cliente. Esse ponto fica mais claro quando se entende que o banco não é, estritamente falando, o "depositário" do dinheiro, mas o proprietário do dinheiro e o devedor de seu cliente.

É claro que emprestar dinheiro de contas de depósito à vista implica um risco maior para a solvência do banco, conforme explicado anteriormente, mas entendo que isso não faz diferença para a geração de inflação: a quantidade de dinheiro não muda.

Se os bancos são prudentes, a porcentagem de dinheiro direcionada para empréstimos em relação ao meio total circulante será baixa, mas, além disso, uma vez que o dinheiro foi emprestado, ele não poderá ser emprestado novamente até que seja reembolsado, seja pelo pagamento de tais empréstimos ou por novos depósitos à vista. Portanto, essa criação secundária tem um teto que, uma vez atingido, não pode ser significativamente ultrapassado. Se a quantidade de cédulas permanecer estável, a tendência de conceder empréstimos com dinheiro de depósito à vista seria limitada pela escassez do próprio dinheiro e pela reação do mercado à necessidade de obter as cédulas necessárias para reembolsá-lo e pagar os juros.

Diante disso, a capacidade do Estado de fabricar dinheiro é limitada apenas pela quantidade e qualidade das máquinas usadas para esse fim e pela quantidade de papel e tinta disponíveis. Basta pensar que, em um país com uma taxa de inflação de 100% ao ano, isso significa que a quantidade total de dinheiro em circulação dobrou em um ano. Tal efeito nunca poderia surgir do empréstimo de dinheiro de depósitos à vista, nem mesmo em uma porção minúscula e, como eu disse, isso nem mesmo está aumentando efetivamente a quantidade de dinheiro.

Portanto, para recapitular, a possibilidade de emprestar o dinheiro de depósitos é limitada de duas maneiras:

1. Pela disponibilidade de dinheiro. Há um limite para o dinheiro depositado em contas à vista, e somente uma parte desse dinheiro pode ser emprestada pelos bancos. Aqueles que tomam empréstimos devem pagá-los com juros, de modo que terão de obter o dinheiro, que, em certa medida, sairá de depósitos bancários. Se a quantidade de dinheiro em circulação não for alterada, uma vez atingido o limite máximo de dinheiro que pode ser emprestado (e que gera essa sensação de duplicação do dinheiro), não será possível emprestar mais até que o dinheiro seja recuperado. Em todo caso, se isso puder ser considerado como uma criação secundária de dinheiro, isso atingirá seu limite;

2. O outro limite importante é o risco que os bancos estão dispostos a assumir ao emprestar dinheiro que, teoricamente, poderia ser exigido pelos depositantes a qualquer momento. O banco não vai querer assumir um risco excessivo emprestando uma porcentagem significativa desse dinheiro, principalmente

se não houver garantia do governo em caso de insolvência. Em sistemas bancários livres, o limite de reserva obrigatória tende a ser muito alto por decisão dos próprios bancos.

Não há mágica nisso, a quantia de dinheiro é a mesma, e o trabalho do banqueiro é avaliar esse risco e até mesmo comunicá-lo a seus clientes e negociar com eles. O dinheiro nunca estará em dois lugares: ou está nos cofres do banco, esperando que seus clientes o solicitem ou o gastem em suas contas à vista, ou é concedido na forma de empréstimos a pessoas que o usarão para seus próprios negócios e irão desenvolvendo nos termos pactuados. Mas não estará em ambos os lugares ao mesmo tempo, a menos que o Estado emita mais dinheiro.

Mesmo que haja um registro contábil indicando que determinados clientes têm direito a receber certas quantias de dinheiro, isso não significa que a quantia de dinheiro seja duplicada, porque se todos forem sacar o dinheiro ao mesmo tempo e parte dele estiver emprestada a terceiros, o banqueiro simplesmente não poderá cumprir sua obrigação com o cliente. Poderá, por sua vez, pedir emprestado de outro banco ou fazer um acordo com alguns clientes para que esperem um certo tempo para receberem seu dinheiro de volta, mas não pode dispor de dinheiro que não existe.

Isso marca uma diferença fundamental em relação à situação discutida por Mises e Rothbard nos parágrafos anteriores, localizados mentalmente em um sistema de padrão-ouro, onde o que estava em discussão era que os bancos emitiam certificados com valor superior ao do ouro depositado (que é o verdadeiro dinheiro), a fim de conceder empréstimos com essas cédulas que apenas são representativas do dinheiro.

Em tal circunstância, poderia haver uma inflação de cédulas (não de dinheiro real, já que a quantidade de ouro permaneceria a mesma). Na medida em que se fossem multiplicando as cédulas e houvesse liberdade para convertê-las em ouro disposta por uma paridade artificial estabelecida por lei, haveria uma tendência de livrar-se das cédulas e manter o ouro, e a demanda por ouro revelaria o fato de que não há dinheiro suficiente para converter as cédulas. A questão poderia então levar a um processo por fraude cometida pelos bancos que emitiram cédulas que, na verdade, não eram lastreadas, ou a uma perda do valor de compra das cédulas "falsas", restaurando o uso direto do ouro como moeda até o surgimento de cédulas novas e confiáveis. Ou ambos.

O problema é que, em determinado momento, incentivar a emissão de cédulas sem lastro – que podem até ser produzidas por bancos estatais e incentivadas pelo próprio governo para se financiar – poderia levar a uma suspensão da conversibilidade e ao uso compulsório de cédulas desvalorizadas, como aconteceu principalmente nas primeiras décadas do século XX e foi o prólogo do fim do padrão-ouro. Isso simplesmente levaria a uma situação de inflação, à perda do poder aquisitivo das cédulas e a uma grande fraude, não mais cometida por banqueiros inescrupulosos, mas pelo governo como um todo.

# CAPÍTULO VI

# A Responsabilidade do Estado pela Inflação e como Eliminá-La

Do que foi dito até agora, podemos concluir que a inflação é o aumento da quantidade de dinheiro, que historicamente tem sido produzido pela intervenção do governante, seja alterando a quantidade de moedas cunhadas por eles mesmos, diminuindo o teor de metal precioso das moedas, ou emitindo cédulas em excesso ao lastro em ouro. Na economia atual, com o dinheiro de papel criado pelo Estado e imposto por curso legal e forçado, o único que pode gerar inflação é o governo, aumentando a quantidade de cédulas em circulação.

Como vimos, a inflação é o aumento da quantidade de dinheiro gerado pela ação estatal, o que causa vários danos. Por um lado, ela prejudica todas as pessoas que são obrigadas a usar o dinheiro inflacionado. Afeta o patrimônio de todos ao suprimir o poder aquisitivo das cédulas que têm em suas carteiras ou contas bancárias. A violação da propriedade privada é clara e notória.

Por outro lado, a inflação altera o processo produtivo em geral, atenta contra a certeza necessária para os negócios, desestimula o investimento, o que desacelera a produção de riqueza e contribui para manter ou aumentar as taxas de pobreza. Diante desses problemas, e em uma tentativa de minimizar o papel do governo na produção da inflação, duas respostas foram tentadas:

**a.** A negação absoluta de que a inflação é culpa do governo.

Vimos que, ao longo do tempo, houve tentativas – até mesmo por meio da linguagem, nos dicionários – de definir a inflação como o aumento dos preços, apontando, assim, várias causas como responsáveis por esse aumento: comerciantes gananciosos, especuladores inescrupulosos, banqueiros avarentos, as guerras, a escassez de produtos, o aumento do preço do petróleo, dos sindicalistas que aumentam os salários, conspirações internacionais etc.

Entretanto, vimos que essas razões poderiam justificar, no máximo, alguns aumentos de preços circunstanciais e temporários em alguns produtos, mas não sua distorção generalizada. Isso só pode acontecer se a quantidade de dinheiro for alterada, e só pode resultar – em sistemas de moeda fiduciária – como consequência de uma decisão do governo;

**b.** Admitir que o aumento da emissão e da circulação de dinheiro pode produzir alguma inflação, mas que isso é justificado, de qualquer forma, pelos benefícios que essa injeção de dinheiro pode trazer em termos de aumento do consumo, do comércio, da produção e da taxa de emprego. Esse argumento acabou se tornando uma miragem que deslumbrou muitos políticos que, ao aplicar tais políticas, conseguiram com o tempo exatamente os efeitos opostos.

Essa última desculpa é reforçada pelas ideias desenvolvidas por Lord John M. Keynes em sua Teoria Geral de 1936[161], que teve uma influência esmagadora entre políticos e intelectuais, devido a duas razões fundamentais: a) por sua personalidade e poder de persuasão; e b) porque eram ideias muito convenientes para justificar a interferência dos políticos na vida das pessoas, e com

---

161. KEYNES, John M. *Teoría General de la Ocupación, el Interés y el Dinero*. México: Fondo de Cultura Económica, 1965.

o apoio da "ciência econômica"[162]. O pior do posicionamento de Keynes é que era um forte crítico da inflação e enfatizava suas terríveis consequências, mas sua proposta monetária deu a seus seguidores argumentos de peso para justificar a emissão de moeda em níveis obscenos.

Por isso, alheios ao fracasso que provocaram em muitas partes do mundo, seguem insistindo nessas soluções que, como também vimos, escondem a armadilha perversa de oferecer uma percepção inicial de sucesso, que depois dá lugar a fracassos muito custosos.

A degradação do valor do dinheiro como resultado do aumento de sua quantidade é um ataque direto à propriedade privada. A inflação se torna um modo de tributação espúria ao qual todas as pessoas são submetidas por parte dos governos que tentam obter mais dinheiro do que podem arrecadar em impostos.

Se a emissão monetária fosse por motivos de demanda do mercado, não haveria justificativa para o Estado ser o beneficiário do dinheiro extra. Se essa quantidade de dinheiro não está prevista no orçamento, a entrega ao Estado é irregular. Se estiver – ao prever um déficit que deveria ser coberto de alguma forma –, então fica explícito que a emissão de moeda é um imposto disfarçado, aplicado

---

162. Joseph Schumpeter (1883-1950), economista, cientista político e escritor austríaco, considerou essa obra de Keynes como "o maior sucesso literário econômico de nosso tempo" (SCHUMPETER, Joseph A. *Historia del Análisis Económico*. Barcelona: Ariel Economía, 1995, p. 1266). Paul Samuelson, um de seus maiores difusores, disse o seguinte sobre a obra de Keynes: "É praticamente impossível para os estudantes contemporâneos compreenderem plenamente o que foi corretamente chamado de 'Revolução Keynesiana' para aqueles de nós que foram educados na tradição ortodoxa. Nascer um economista depois de 1936 foi uma bênção [...]. Finalmente, e provavelmente o mais importante do ponto de vista do longo prazo, a análise keynesiana começou a ser introduzida nos livros didáticos e, como todos sabem, uma vez que uma ideia entra nos livros didáticos, não importa quão ruim ela seja, ela se torna praticamente imortal" (SAMUELSON, Paul. *The New Economics*, Seymour Harris Ed., 1948; citada por SOLA, Juan Vicente, "Las consecuencias institucionales del modelo keynesiano", na *Revista de Análisis Institucional* N° 1. Buenos Aires: Fundación Friedrich A. von Hayek, 2007, p. 92.

sem a necessidade de discussão e aprovação no parlamento, para cobrir parte dos gastos públicos.

Dessa forma, o Estado aumenta sua receita de forma espúria e, ao mesmo tempo, diminui o valor do dinheiro que as pessoas têm em seus bolsos ou contas bancárias. É uma forma de roubo sem que seja necessário tocar no dinheiro em poder das pessoas, um truque pelo qual a nota de US\$ 10 pode diminuir repentinamente seu valor aquisitivo como se fosse US\$ 8, e os US\$ 2 restantes são tomados pelo Estado para serem usados conforme os agentes públicos decidirem, diante dos olhos de um público atônito e confuso.

> Para usar um exemplo simples, o Estado constrói uma estrada e paga por ela com notas recém-emitidas do banco central. Parece que todos estão em melhor situação. Os trabalhadores que construíram a estrada receberam seus salários e podem comprar alimentos, roupas e moradia; ninguém pagou impostos. Entretanto, onde antes não havia nada, agora há uma estrada. Quem pagou por ela? A resposta é que todos os que possuem dinheiro pagaram por ela[163].

Além disso, como a desvalorização não é automática nem matematicamente exata e depende das valorações mutantes das partes das pessoas, que ocorrem gradualmente e com sinais diversos, quando o novo dinheiro é colocado em circulação, o governo ainda pode aproveitar de seu valor mais alto inicialmente, e a desvalorização será sentida por aqueles que receberem o dinheiro nas transações posteriores.

Em geral, os últimos a receber o dinheiro são os mais pobres, que são os que mais sofrem com a inflação.

---

163. FRIEDMAN, Milton e Rose. *Libertad de elegir. Hacia un nuevo liberalismo económico*, *op. cit.*, p. 369.

# 1. Motivos pelos quais o governo produz inflação

Se a inflação é o aumento na quantidade de dinheiro, então a pergunta necessária é: por que o governo infla a quantidade de dinheiro?

Como disse antes, há dois motivos principais, na minha opinião, para a emissão espúria de moeda:

**a.** Por razões de política econômica, que geralmente estão relacionadas com a intenção de reaquecer a economia;

**b.** Para cobrir o déficit do orçamento de gastos do Estado.

## a. A emissão de dinheiro por motivos de política econômica.

Durante o século XX, se popularizou entre os políticos a ideia de que a injeção de dinheiro pode impulsionar as vendas, e assim aumentar o comércio e reativando a produção, a demanda de mão de obra e a economia em geral. Isso não exige necessariamente a emissão de dinheiro; pode-se obter esse efeito produzindo uma redistribuição e incentivos para a circulação do dinheiro, por exemplo, por meio fiscal. Mas a ideia como um todo levou muitas pessoas com poucos escrúpulos a propor como política econômica a emissão de dinheiro para estimular a economia.

Essa ideia continua popular entre os políticos, embora, no século passado, tenha gerado empobrecimento e miséria em todos os lugares onde foi implementada. Os atalhos que buscam alterar a realidade em nome de certas vantagens geralmente acabam em fracasso. Essa não é a exceção. Sua reiteração absurda só pode ser explicada pelas vantagens que proporcionam aos políticos, que dispõem de dinheiro fresco e algum tempo antes que as consequências da inflação se instalem. Talvez em alguns haja uma esperança atávica de que, dessa vez, as mesmas ações produzam resultados diferentes.

Mas a única maneira de aumentar a prosperidade, a produção de bens e serviços, o emprego e o nível dos salários é por meio do investimento de capital no desenvolvimento das atividades produtivas. Esse capital é a riqueza previamente produzida e poupada.

Não se pode substituir esse processo pelo uso de papéis pintados que o governo entrega. É uma pena, pois seria muito bom se isso fosse possível, pois assim o Estado poderia tornar todos ricos e a pobreza não seria tema de discussão.

Mas não é assim que as coisas funcionam. Os papéis pintados que o governo coloca em circulação não são riqueza e, longe de ajudar a desenvolver o comércio e reativar a produção, gera todos os problemas que mencionei no capítulo anterior[164].

A experiência tem mostrado que a emissão de moeda espúria e sua colocação em circulação não tem ajudado a reativar a economia de forma sólida. Tem servido apenas para gerar a ilusão momentânea de prosperidade, que desaparece rapidamente e que exigirá que os políticos mantenham essa injeção para evitar que a economia entre em colapso, ao custo de gerar uma distorção permanente no preço do dinheiro. Ao contrário, a verdadeira produção de riqueza que determina o crescimento econômico da sociedade é aquela gerada pela poupança da riqueza previamente produzida e seu investimento em novas atividades. A redução de impostos (que ocorre quando os gastos são reduzidos) tem sido a receita mais eficaz para alcançar esse resultado.

A emissão monetária como veículo para a "reativação da economia" é uma desculpa dos governos explicarem seu fracasso e esconderem o verdadeiro motivo, que é muito mais vergonhoso para os políticos: as cédulas são emitidas para cobrir seus gastos excessivos. Precisamente, os esforços do Estado para aumentar

---

164. O atual governo argentino – um dos países com a mais longa tradição inflacionária dos últimos 60 anos – adotou como *slogan* de sua campanha política "colocar dinheiro no bolso das pessoas", alegando que isso reativará a economia. Com esse argumento, ele venceu as eleições. Um ano depois, a inflação explodiu.

artificialmente a produção de riqueza só conseguem aumentar seus gastos e déficits, e o mesmo dinheiro inflacionado acaba sendo usado para pagar esses gastos.

Uma redução significativa do gasto público não apenas economizaria fundos e recursos, mas também aumentaria o uso produtivo dos recursos. Para alcançar a estabilidade monetária, não importa quais gastos sejam reduzidos, desde que o orçamento fique equilibrado. Obviamente, se os gastos nacionais e os controles econômicos fossem significativamente reduzidos e os obstáculos burocráticos fossem reduzidos ou eliminados, isso levaria à produtividade e a um reajuste rápido e saudável. É possível reativar muitas indústrias eliminando todos os tipos de disposições burocráticas. Quem quiser ver, perceberá claramente que as regulamentações oficiais produziram, com uma monotonia angustiante, indústrias doentes e anêmicas.

Uma administração que deseja estabilidade monetária procuraria facilitar um rápido reajuste por meio de cortes significativos nos impostos sobre as atividades produtivas. Por exemplo, se as empresas pagassem menos impostos, isso permitiria que desses maiores benefícios, o que aumentaria a produção e os salários e, de várias outras formas, aceleraria o processo de reajuste saudável[165].

## b. A emissão de dinheiro para cobrir o déficit orçamentário.

Na maioria dos países com sistemas institucionais fracos, alta dose de arbitrariedade jurídica e corrupção política, a emissão de moeda é usada para financiar o déficit dos gastos do governo, quando não para atos de pura corrupção.

Um governo pode cobrir seus gastos ordinários e extraordinários de três maneiras: 1) com impostos; 2) com empréstimos internos e externos; 3) com emissão monetária (inflação).

---

165. SENNHOLZ, Hans. *Tiempos de Inflación, op. cit.*, p. 26-27.

As duas primeiras formas – que na verdade são uma só, já que o endividamento de longo prazo é pago com impostos futuros – têm várias desvantagens.

Há um limite para a carga tributária, além do qual as pessoas deixarão de pagar impostos ou de realizar as operações tributáveis. O dinheiro usado para pagar impostos, assim como o restante do patrimônio de uma pessoa, nada mais é do que uma representação da riqueza produzida anteriormente.

É um erro tentar fazer uma projeção futura de uma carga tributária elevada, fingindo que as coisas permanecerão inalteradas ao longo do tempo. Se os impostos ou outras formas de tributação aumentam, a produção de riqueza diminui, seja porque não há dinheiro economizado para investir em nova produção, seja porque as pessoas perdem os incentivos para produzir.

A carga tributária tem um ponto ótimo a partir do qual um aumento no nível dos impostos diminuirá a arrecadação, pois as pessoas se esquivarão de pagá-la, deixarão de produzir ou simplesmente não poderão pagar tais impostos[166]. Nesse sentido, o grau de coação estatal que o "contribuinte" percebe caso decida parar de pagar e as consequências que ele pode esperar por isso são essenciais. Mas até

---

166. Esse argumento, segundo o qual um aumento na carga tributária leva a uma diminuição na arrecadação como consequência da elasticidade da demanda, foi popularizado pelo economista Arthur Laffer (1940-) e é conhecido como a "curva de Laffer".
Houve certa resistência por parte dos economistas em relação à teoria de Laffer. Entretanto, o princípio ligado à resposta do mercado aos aumentos de impostos parece incontestável. Juan Ramón Rallo argumenta que talvez seu ponto ficasse mais claro se, em vez de uma "curva de Laffer", falássemos de um "ponto de saturação de Laffer", aquela alíquota de imposto cujo aumento é incapaz de aumentar a receita (https://web.archive.org/web/20180621093445/ http:// juanramonrallo.com/2013/05/olvidense-de-laffer/index.html).
O próprio Laffer ressalta que o conceito é bem conhecido há muito tempo e, a esse respeito, ele menciona o filósofo muçulmano Ibn Khaldun, que escreveu no século XIV em sua obra *The Muqaddimah:* "Deve-se saber que, no início da dinastia, os impostos geram grandes receitas a partir de pequenas contribuições. No final da dinastia, os impostos geram uma pequena renda a partir de grandes contribuições". (https://www.heritage.org/taxes/report/ the-laffer- curve-past-present-and-future)

mesmo os políticos mais inescrupulosos ou mal informados sabem que não se pode subir os impostos indefinidamente.

Ante a impossibilidade de cobrar mais impostos diretamente, o endividamento – principalmente o endividamento externo, que é o mais importante a que um governo em crise geralmente recorre – tornam-se atraentes porque seus efeitos serão sentidos mais adiante e provavelmente serão um problema para o próximo governo. Os políticos dirão às pessoas que essa dívida será paga com o aumento da riqueza produzida pelo investimento desse dinheiro. No entanto, o dinheiro não será usado para produzir riqueza – se fosse esse o caso, o Estado não precisaria pedir empréstimo, pois seria procurado pelos próprios empresários encarregados de gerar essa riqueza –, mas para pagar despesas operacionais, improdutivas, geralmente desnecessárias e muitas vezes venais.

Mas também há um limite para isso. O endividamento interno pode ser melhor gerenciado pelo governo por meio de imposições aos bancos ou credores. Mas o endividamento externo escapa do poder monopolístico de ditar as regras e, portanto, a inadimplência contratual tem consequências. Se um calote for declarado ou se a classificação de risco do país subir para um nível alarmante, o fluxo de crédito será interrompido imediatamente.

Diante de tais limitações, os governos que têm déficits orçamentários crônicos e já não podem mais continuar a enganar os cidadãos encontram uma maneira menos traumática e direta de obter recursos, como a inflação. Em vez de tomar o dinheiro à força ou obrigar as pessoas a pagar, ameaçando-as com duras penas caso não o façam e inclusive colocando os infratores na cadeia, eles recorrem a esse truque que acaba tomando o dinheiro das pessoas sem que elas percebam.

> O financiamento dos gastos públicos por meio do aumento da quantidade de dinheiro é, em geral, uma alternativa muito atraente tanto para o presidente quanto para os membros

do congresso. Isso lhes permite aumentar os gastos públicos e fornecer bens e serviços aos seus eleitores, sem ter que aprovar impostos para cobrir os desembolsos e sem ter que pedir empréstimos aos cidadãos[167].

Um governo é forçado a recorrer a medidas inflacionárias quando não pode negociar empréstimos e não ousa impor novos impostos, pois tem motivos para temer a falta de apoio à sua política se as consequências econômicas e financeiras forem descobertas muito cedo. Assim, a inflação se torna o recurso psicológico mais importante de qualquer política econômica cujas consequências devem ser ocultadas... Essa é a função política da inflação. Isso explica por que a inflação sempre foi um recurso importante das políticas de guerra e revolução, e por que a encontramos também a serviço do socialismo. Quando os governos não consideram necessário ajustar seus gastos a suas receitas e atribuem a si mesmos o direito de compensar o déficit emitindo cédulas, sua ideologia é simplesmente um absolutismo disfarçado[168].

A verdade é que, em países com instituições fracas, os orçamentos não refletem a realidade dos gastos. Seja um indivíduo, uma família ou um governo, não é possível gastar mais do que se tem. Os orçamentos de todos os tipos são elaborados com base na renda esperada, e se decide no que será empregado o dinheiro com base em uma ordem de preferências e urgência.

No entanto, como um passo a mais na leviandade dos gastos, tornou-se habitual em países institucionalmente desestruturados que os orçamentos incluam porcentagens que serão oficialmente consideradas "déficits", e o governo terá de ver como cobri-los. Seja na expectativa de maior arrecadação impositiva, alguma economia nos gastos ou criação de um imposto "extraordinário", o que resta,

---

167. FRIEDMAN, Milton e Rose. *Libertad de elegir. Hacia un nuevo liberalismo económico*, *op. cit.*, p. 365.
168. MISES, Ludwig. *La Teoría del Dinero y del Crédito, op. cit.*, p. 198.

a princípio, é recorrer ao endividamento interno ou externo. Na medida em que o déficit orçamentário se torna crônico, o Estado deverá se endividar anualmente para pagar o novo déficit mais os juros sobre a dívida acumulada, criando uma bola de neve que segue crescendo até se converter numa crise[169].

É nessas condições que a emissão monetária se torna uma alternativa atraente para políticos inescrupulosos. Se o déficit não existisse, os governos não teriam necessidade de emitir dinheiro, sabendo que, ao fazê-lo, produzem graves distorções.

Inclusive ocorre um fato paradoxal. Como a inflação é normalmente explicada pelos políticos como aumento dos preços, os orçamentos são corrigidos de acordo com o índice de preços. E então acontece o fato curioso de que o governo emite dinheiro para cobrir suas dívidas, a inflação que produz justifica aumentos orçamentários que também serão cobertos por mais emissão de moeda.

---

169. Um exemplo disso é o que aconteceu na Argentina durante a década de 1990, que levou à crise de 2001. Quando o presidente Menem assumiu a presidência da Argentina em 1989, em meio à hiperinflação e ao caos econômico, ele iniciou – após alguma hesitação – um claro processo de saneamento. Na questão monetária, a conversibilidade com o dólar, implementada em 1991, vinculou a possibilidade de emissão de pesos à existência prévia de dólares como lastro. Isso tranquilizou o mercado e, inicialmente, restringiu a emissão de pesos. No entanto, os orçamentos continuaram apresentando déficits, e cada orçamento previa um déficit que precisava ser coberto com endividamento. Foram contraídos empréstimos para cobrir o déficit e os juros de empréstimos anteriores, gerando dois efeitos: criou uma bola de neve de dívida externa, e a emissão monetária foi justificada para cobrir o déficit, uma vez que mais pesos foram emitidos com base nos dólares que entraram como empréstimos do exterior ou de algumas privatizações de empresas estatais. Enquanto isso, alegava-se que a manutenção da conversibilidade evitaria o ressurgimento da inflação ou um colapso econômico como resultado das distorções de preços que tudo isso provocava. O deputado liberal Alvaro Alsogaray, que era assessor honorário do presidente Menem e, ao mesmo tempo, apoiador do sistema em geral, mas não da implementação de vários de seus aspectos, alertou sobre as consequências de aumentar o déficit orçamentário e cobri-lo com empréstimos. Ele votou contra todos os orçamentos entre 1992 e 1999, devido à sua oposição à legalização dos déficits neles contidos. Na discussão do último orçamento em que ele interveio como deputado, o orçamento de 1999, ele previu que, se a situação não fosse revertida em dois anos, a economia poderia colapsar. A previsão se cumpriu em 2001 (consulte ROJAS, Ricardo Manuel; GUIDO, Pablo. *Alvaro Alsogaray. Sus ideas y acción legislativa*, Buenos Aires: Unión Editorial, 2021, p. 169 e ss.).

É a inépcia ou a falta de escrúpulos dos políticos o que os leva a aprovar gastos – muitas vezes supérfluos – sem ter os recursos necessários para pagá-los. O círculo se fecha quando a conta de investimentos é aprovada no final do período. Esse ato legislativo de extrema importância institucional – talvez até mais importante do que a própria lei orçamentária – muitas vezes passa despercebido e se torna um mero ato formal[170].

Em muitos casos, essa gestão monetária para cobrir o déficit provoca verdadeiras crises que culminam no colapso da moeda estatal. Como os governos têm o monopólio da legalidade, da força e também da moeda, esses problemas geralmente são resolvidos com a criação de bonos que se entrega as pessoas em vez de seu dinheiro, e que são pagos quando o governo quiser e a um preço que ele estabelece arbitrariamente. Os problemas causados pela má gestão dos gastos por parte do governo são pagos por tributos de todos os tipos.

Se, por definição, a inflação é o aumento na quantidade de dinheiro, então ela acaba quando se deixa de aumentar a quantidade de dinheiro.

Evidentemente, os efeitos do corte do fluxo de dinheiro novo, por qualquer motivo, trariam certas consequências que levariam a ajustes que não agradam aos políticos[171]. Quando a inflação cessa, a economia transparece, e a ilusão que o dinheiro fabricado cria dá lugar à dura realidade. Primeiro, o governo teria de admitir que não tem recursos para pagar suas contas.

---

170. Neste momento, estão em andamento as últimas fases de um dos processos contra a ex-presidente Kirchner por atos de corrupção. Em sua alegação, o promotor apontou negligência na discussão das contas de investimento de cada orçamento como o fechamento do círculo de corrupção. Elas nunca foram executadas dentro do prazo e consistiam em meros atos de aprovação formal como um todo, que eram feitos em três períodos de cada vez, sem nenhum rigor contábil. Dessa forma, muitos pagamentos feitos com dinheiro público foram validados, sem verificar se estavam de acordo com as previsões orçamentárias.

171. Por exemplo, pessoas que não receberão mais subsídios, ou que deixarão de vender produtos ao Estado, ou cujos contratos com o governo não serão renovados, que não receberão crédito barato, que não poderão pagar suas dívidas devido à inflação, recessão em geral e assim por diante. Tudo isso gera inquietação entre as pessoas, o que geralmente não agrada aos políticos.

Por isso dizem que uma das condições mais perversas da inflação é que ela permite que os políticos que a implementam aproveitem as boas consequências dos primeiros tempos, usando dinheiro novo antes que esse aumento se reflita na distorção dos preços. Mas, em seguida, se cria uma bola de neve que faz que esses mesmos políticos não possam parar de imprimir dinheiro para pagar as consequências de uma moeda desvalorizada diariamente, e quanto mais tempo passa, mais severas serão as consequências de uma interrupção abrupta da emissão de moeda. Os Friedman usaram uma analogia médica para explicar esse fenômeno, que é ao mesmo tempo fácil e difícil de resolver:

> A primeira diz respeito a um jovem que sofre da doença de Buerger, uma enfermidade que interrompe o fluxo sanguíneo e pode levar à gangrena dos membros. O doente estava perdendo os dedos das mãos e dos pés. O remédio era simples: parar de fumar. Mas ele não tinha forças para isso. Era extremamente dependente do tabaco. Em um sentido, sua doença poderia ser curada, mas em outro não[172].

A "solução" proposta serão os controles de preços, ao identificar a inflação como aumento dos preços e colocando a culpa nos comerciantes e em outros "formadores de preços". Também tratarão de ditar as taxas de juros e os depósitos, a taxa de câmbio e até mesmo a disponibilidade física de dinheiro depositado nos bancos. A história econômica mundial mostrou como esses controles não

---

172. FRIEDMAN, Milton e Rose. *Libertad de elegir. Hacia un nuevo liberalismo económico, op. cit.*, p. 372. Esse ponto permite recordar o governo de Mauricio Macri, na Argentina, que herdou uma inflação alta do governo anterior e, tanto em sua campanha quanto nos primeiros dias de seu governo, apontou que a inflação não era um problema, era muito fácil de eliminar. Muitos pensaram que, com um diagnóstico correto, ele implementaria as medidas necessárias para eliminar um problema que, de fato, não era difícil de eliminar. No entanto, longe de interromper a emissão de moeda, reduzir os gastos públicos, incentivar o investimento e garantir a segurança da propriedade privada, ele manteve tudo como estava, com controles de preços e aluguéis e anunciando um plano "gradual"; no final, conseguiu uma inflação maior do que a que havia herdado, e endividando-se com o Fundo Monetário Internacional (FMI) para poder cobrir suas despesas até o final de seu mandato.

só não resolvem a inflação, mas geram problemas novos e graves, e isso vem ocorrendo desde os decretos do imperador Diocleciano até os dias atuais.

Quando não houver outra opção a não ser revelar as verdadeiras causas da inflação, tentarão fazer isso da forma menos traumática possível. Isso leva aos políticos proporem planos "graduais" para sair da inflação, que na verdade não têm a ver com os efeitos econômicos da acomodação dos preços, mas sim com a redução gradual da emissão monetária para atenuar as consequências para o governo, que terá que parar de gastar no mesmo ritmo. A verdade é que quando os políticos dizem às pessoas que serão necessários quinze anos para baixar a taxa de inflação para um dígito, o que eles realmente estão dizendo é que continuarão imprimindo dinheiro espúrio, gerando inflação, durante quinze anos e provavelmente muitos mais. Apenas tentarão emitir um pouco menos a cada ano.

Mas, do ponto de vista econômico, a inflação se renova cada vez que o governo emite dinheiro espúrio e cessa quando ele deixa de emitir. Se quer efetivamente eliminar a inflação, são necessárias decisões fortes e muita determinação.

> Nenhuma medida anti-inflacionária pode ser tomada sem violentas controvérsias. Esse é um terreno em que praticamente não há espaço para conselhos de moderação[173].

---

173. MISES, Ludwig. *La Teoría del Dinero y el Crédito, op. cit.*, p. 201. Um exemplo interessante dos efeitos nocivos do gradualismo no combate à inflação é o do governo Macri na Argentina a partir de 2015. Depois de adotar algumas medidas corretas, como a liberação do preço da moeda estrangeira, ele não foi igualmente enérgico na redução dos gastos e anunciou um plano "gradual" para reduzir a inflação, o que gerou desconfiança. No final, esse gradualismo nunca existiu, e o financiamento do déficit, que até então havia sido feito principalmente por meio de emissão de moeda, foi apenas substituído pelo endividamento externo. Macri, depois de vencer as eleições de meio de mandato tranquilamente, começou quase imediatamente um declínio em sua popularidade e em seu governo, o que o levou a perder as eleições presidenciais dois anos depois.

É verdade que o governo pode adotar certas medidas para tentar diminuir o impacto da recessão que provavelmente provoque o corte do jato de dinheiro, mas tanto o plano quanto as medidas adicionais devem ser conhecidos desde o primeiro dia e aplicado com rigor, mesmo que preveja certas formas de mitigação e implementação por etapas.

> [...] não há como evitar os efeitos colaterais gerados por uma solução para combater a inflação. Entretanto, é possível mitigar tais efeitos secundários suavizando-os.
>
> O instrumento mais importante para moderar essas consequências é reduzir a inflação, de forma gradual, mas continuamente, por meio de uma política anunciada com antecedência e apoiada por diferentes grupos e setores do país, de modo que seja crível.
>
> A razão para a progressividade e a divulgação antecipada da política econômica a ser implementada é dar tempo para que as pessoas se preparem e reajustem seus contratos, acordos e medidas necessárias, bem como para induzi-las a fazê-lo[174].

## 2. Como evitar ou eliminar a inflação?

Os incentivos perversos dos políticos para gerarem inflação são tão fortes que é indispensável desenvolver todas as limitações legais possíveis nesse sentido e até mesmo puni-los com sanções penais quando praticarem tais ações.

Milton Friedman chamou a atenção para a ausência de limites ao poder estatal de produzir dinheiro e gastá-lo, o que é uma das razões pelas quais se extrapola na sua emissão. Propõe nesse sentido que se promulguem algumas cláusulas constitucionais "escritas":

---

174. FRIEDMAN, Milton e Rose. *Libertad de elegir. Hacia un nuevo liberalismo económico*, *op. cit.*, p. 381.

O padrão-ouro do século XIX representava uma limitação constitucional não escrita à política monetária do governo. O mesmo fazia a regra fiscal de orçamento equilibrado. Ambas desapareceram. Uma alternativa é substituir essas limitações não escritas promulgando limitações constitucionais escritas. As medidas substitutas específicas que ele preferia são: uma regra fixa de crescimento de dinheiro para substituir o padrão-ouro e uma regra que limite o gasto fiscal para substituir a regra do orçamento equilibrado[175].

Embora ciente das dificuldades, ele acreditava que estabelecer regras claras e objetivas para limitar as possibilidades de gastar e emitir dinheiro talvez fosse a única solução viável para impor limites ao poder monetário, que, ao se desvincular dos padrões baseados em bens físicos, especialmente o ouro, ficaram à mercê da discricionariedade dos políticos[176].

O remédio para a inflação, como a maior parte dos remédios, consiste principalmente em remover a causa que a produz. Portanto, o remédio para a inflação é parar de inflar[177]. O que parece razoável, na prática, torna-se complicado devido às consequências das medidas anti-inflacionárias, conforme mencionado no ponto anterior, que geralmente não é do agrado dos políticos que precisam tomar tais decisões.

> É fácil encontrar um remédio para a inflação, mas, sem dúvida, é difícil pô-lo em prática. Assim como o aumento excessivo da quantidade de dinheiro é a única causa importante da inflação, a redução da taxa de crescimento da oferta monetária é o único remédio para eliminá-la. O problema não consiste em não saber o que fazer, pois é bastante simples. O estado deve fazer com que a quantidade de dinheiro cresça em menor velocidade. O

---

175. FRIEDMAN, Milton. *Paro e inflación*. Buenos Aires: Unión Editorial, 2012, p. 178.

176. Friedman tratou extensamente desses dois pontos em duas obras: *Un programa de estabilidad monetaria y reforma bancaria*. Bilbao: Deusto, 1962, cap. 4; e *Libertad de Elegir* (juntamente com Rose Friedman), *op. cit.*, capítulos 9 e 10.

177. HAZLITT, Henry. *Lo que debemos saber sobre la inflación*, *op. cit.*, p. 23.

problema está em ter a força política para tomar as medidas necessárias. Quando a doença da inflação está em um estágio avançado, sua eliminação leva muito tempo e tem consequências secundárias desagradáveis[178].

Na década de 1970, Sennholz propôs as seguintes medidas para reduzir a inflação nos Estados Unidos. Medidas que deveriam ser aplicadas em todos os momentos e lugares para eliminar esse flagelo:

1. O orçamento federal deve estar equilibrado agora e no próximo ano, bem como em todos os anos seguintes;

2. A máquina inflacionária, o Sistema da Reserva Federal, deve ser desativada ou, melhor ainda, abolida;

3. A moeda da Reserva Federal hoje em circulação deve continuar circulando e ser totalmente resgatável em ouro;

4. Com essas medidas, alcançaremos a estabilidade monetária.

Mas nos encontraremos frente a uma recessão inevitável devido aos gastos deficitários e à expansão do crédito do passado. Sem uma máquina inflacionária que aceite novos gastos deficitários e expansões do crédito, precisaremos diminuir ainda mais as obrigações federais, enquanto as receitas forem menores. E para viabilizar uma rápida recuperação na recessão, os impostos sobre as atividades econômicas devem ser reduzidos. Acreditamos que, assim, em um ou dois anos a economia norte-americana terá recuperado todo o seu vigor, com preços estáveis e um sistema monetário saudável[179].

No final da década de 1970, quando Sennholz escreveu esse livro, o padrão-ouro foi eliminado formalmente, mas ainda tinha muitos defensores. É que deixar os governos com mãos livres para emitir papéis, sem ao menos ancorá-lo em reservas metálicas, era visto como abrir a porta do galinheiro para a raposa. Muitos

---

178. FRIEDMAN, Milton e Rose. *Libertad de elegir. Hacia un nuevo liberalismo econó*mico, *op. cit.*, p. 372.

179. SENNHOLZ, Hans. *Tiempos de Inflación*, *op. cit.*, p. 21-22.

economistas sérios acreditavam ser uma loucura permitir que se implementasse monopólios estatais de dinheiro como os que hoje regem no mundo e pensavam que isso não poderia acontecer. Mas finalmente aconteceu.

Por outro lado, como veremos a seguir, o monopólio estatal da moeda reacendeu a discussão sobre a liberdade bancária e a concorrência entre moedas. Naquela mesma época, Hayek participou ativamente da discussão sobre a política monetária da União Europeia.

O dinheiro é o único recurso que pode ser produzido de maneira quase ilimitada pelo Estado, ao contrário dos impostos e dos empréstimos, que têm limitações. Se o poder fático de emitir papéis for combinado com o poder jurídico de declarar esses papéis como moeda de curso legal e forçado, a única variável de ajuste será sua desvalorização gradual e, nos casos em que isso for possível, a fuga das pessoas para outras moedas[180].

Para pôr fim a esse flagelo, se poderia sugerir que o próprio governo, que é o único responsável pela inflação, tomasse as seguintes medidas:

1. Limitar os gastos públicos, para evitar os déficits que leva o governo a emitir dinheiro. Não se trata apenas de que exista um equilíbrio fiscal, mas também de manter os gastos o mais baixo possível para reduzir o impacto sobre a economia do país e permitir a poupança e o investimento produtivo.

Um orçamento equilibrado, coberto com uma baixa carga tributária, é o primeiro passo, ao diminuir a necessidade política de recorrer à emissão de moeda. Ao mesmo tempo, se deve abandonar a ideia de que é uma boa medida de política econômica emitir dinheiro e usá-lo para reativar a produção, aumentar o emprego ou promover o comércio;

---

180. Sobre o papel-moeda emitido e circulado pelo governo, Juan Bautista Alberdi afirmou: "Enquanto o governo tiver o poder de fabricar moeda com simples tiras de papel que não prometem nada, nem o obrigam a qualquer reembolso, o poder onipotente continuará imutável como um verme roedor no coração da própria Constituição" (*Sistema Económico y Rentístico de la Confederación Argentina según su Constitución de 1853*. Buenos Aires: EUDEBA, 1979).

**2.** Dispor das mudanças legislativas e institucionais necessárias para tirar do governo central o poder de decidir sobre a emissão de dinheiro. Essa função, de qualquer forma, deverá estar nas mãos de um órgão autônomo, que seja administrado por regras e argumentos técnicos e não pelas necessidades políticas do governo;

**3.** Impor uma clara limitação aos poderes dessa autoridade monetária, de modo que ela não possa ordenar ou autorizar a emissão de dinheiro além dos limites objetivos estabelecidos pela legislação. Essa legislação deve autorizar a emissão apenas em dois casos: a) para a substituição de cédulas ou moedas deterioradas; b) quando houver um aumento substancial na produção devidamente comprovado que justifique a necessidade de mais dinheiro no mercado;

**4.** Consequentemente, devem ser previstas sanções suficientemente dissuasivas (de natureza política, administrativa, civil e penal) para os funcionários do organismo monetário que ordenam a emissão acima desses limites e para os funcionários de outras repartições do Estado que recebem e utilizam ou põem a circular esse dinheiro ilegal, com conhecimento de sua origem ilegal;

**5.** Proibir o banco central ou autoridade monetária de usar reservas para financiar gastos do governo ou para comprar títulos públicos. Isso desestimularia a tentação dos políticos de aumentar os gastos às custas das reservas financeiras que fortalecem o sistema monetário, ou mesmo de recorrer à emissão apesar da proibição legal;

**6.** Garantir a livre concorrência no mercado de outras moedas estatais ou privadas, físicas ou virtuais – que possam ser usadas como meio de pagamento e que sejam cotadas à taxa de câmbio livremente negociada no mercado. Idealmente se deveria chegar à eliminação do curso forçado da moeda estatal e permitir a concorrência das moedas privadas no mercado.

Essas medidas poderiam ajudar a que, ainda com moeda estatal, se possa controlar um pouco mais sua produção e desestimular a inflação. Além disso, tais limitações a ação dos funcionários no mercado de dinheiro, poderia provocar uma mudança em seus incentivos sobre considerar o controle de dinheiro como uma fonte de poder. Isso poderia provocar que eventualmente pecam o interesse na sua gestão e o liberem. Este poderia ser o primeiro passo para a verdadeira solução do problema que é a liberação completa do mercado monetário, com livre concorrência de moedas privadas.

De qualquer forma, se entendermos o que é inflação e admitirmos que ela é criada pelo próprio governo, a solução requer uma série de medidas simples – porém, politicamente desagradáveis – que o próprio governo deve adotar e que vão na direção oposta aos controles de preços, regulações e proibições que são frequentemente implementados sem êxito algum.

Vejamos mais detalhadamente essas medidas propostas:

## 2.1 - Redução de gastos. Orçamento equilibrado e baixo

Se o principal objetivo da emissão monetária é cobrir o déficit orçamentário, a primeira proposta é fácil: para acabar com a inflação, é preciso eliminar a emissão de dinheiro e, para isso, é preciso eliminar a principal causa da emissão, ou seja, o déficit orçamentário.

Entretanto, é preciso ter cuidado com isso, pois o déficit pode ser eliminado de duas maneiras: ou aumentando a receita ou diminuindo as despesas. Em geral, os políticos buscam nivelar seus orçamentos aumentando as receitas, o que normalmente significa mais impostos, endividamento etc. Em seus discursos, quando falam sobre orçamentos, eles apresentam expectativas fantasiosas de aumento na produção de bens, o que aumentará a arrecadação de impostos e, com base nessas simples conjecturas, decidem aprovar orçamentos que estarão em déficit já no momento da sua discussão.

O corte de gastos não é uma opção política até que a situação econômica atinja um nível crítico que o torne inevitável. Em geral, quando anunciam redução de impostos, na realidade estão propondo substituí-los por outras formas de arrecadação, sejam novos impostos, empréstimos ou emissão monetária. Mas para uma solução definitiva, não se trata de mudar a forma como gastamos, mas de gastar menos.

> Uma administração que busque a estabilidade monetária e, portanto, dirija a reforma e coopera com ela, equilibraria seu orçamento à medida que se reduzem suas receitas. Evitaria novas onerações à atividade produtiva durante o período de ajuste. Em realidade procuraria até mesmo aliviar a carga tributária para acelerar a recuperação. Mas essa redução nos impostos não deve ser contrabalanceada por novos déficits que sobrecarregam o mercado de capitais e aumentam os juros. Reduzir os custos do governo e viabilizar uma rápida recuperação significa reduzir o consumo de recursos econômicos por parte do governo, e não simplesmente mudar o sistema de financiamento, ou seja, passando dos impostos para a tomada de dinheiro emprestado[181].

Não devemos esquecer que os princípios que regem os gastos públicos não são diferentes daqueles que regem os gastos privados, embora muitas vezes nos comportemos de forma diferente ou toleremos do governo o que não toleramos de nós mesmos[182].

Este não é o lugar para discorrer sobre os gastos públicos e como limitá-los. Basta salientar que, embora os gastos não estejam diretamente relacionados à inflação, eles são indiretamente um

---

181. SENNHOLZ, Hans, *Tiempos de Inflación*, *op. cit.*, p. 26.

182. Juan Bautista Alberdi, ao explicar os princípios econômicos da Constituição Argentina de 1853, disse: "No interesse da liberdade, não se deve esquecer que os princípios que regem os gastos públicos e os gastos privados são um e o mesmo, pois não são dois tipos de despesa, mas duas modalidades da mesma despesa, cujo único sufragista é o homem em sociedade..." (ALBERDI, Juan Bautista. *Sistema Económico y Rentístico de la Confederación Argentina según su Constitución de 1853*, Buenos Aires: EUDEBA, 1979, p. 178).
Posteriormente, acrescenta: "Todo dinheiro público gasto em finalidades que não sejam aquelas que a Constituição designa como objetos da associação política argentina é dinheiro desperdiçado e desviado. O Tesouro, ao qual os cidadãos contribuem com suas rendas privadas e muito suor, é destinado a eles. Eles são o limite dos ônus que a Constituição impõe aos habitantes da nação no interesse de seu benefício comum e geral" (*op. cit.*, p. 333-34).

fator-chave, pois são a principal razão para a emissão de moeda. Portanto, será indispensável controlar os gastos se pretendemos seriamente acabar com a inflação[183].

O controle de gastos é um trabalho permanente, ou como Thomas Jefferson (1743-1826) disse sabiamente: "O preço da liberdade é sua eterna vigilância". Cortar gastos públicos geralmente requer muito esforço e dificuldades, especialmente das pessoas sustentadas por fundos estatais que, no final, só gerou incentivos perversos para viver às custas do dinheiro público. Reverter essa situação geralmente é muito custoso e traumático, e é por isso que os governos preferem não tomar essas decisões. Mas quando elas são tomadas, é preciso fazer um esforço sério e responsável para não permitir que os gastos voltem a crescer no futuro.

> É importante que o governo federal não obstrua, intencionalmente ou inadvertidamente, o retorno a moeda honesta. Quando a recessão do reajuste ocorrer, não deve permitir que o governo volta aos gastos deficitários. Como todo mundo, o governo também deve reduzir seus gastos quando as receitas caírem. E, principalmente, não se deve permitir que ele imponha o ônus de novos impostos sobre a atividade econômica nesse momento crítico de recessão e reajuste[184].

Quando os gastos públicos são sustentados pela inflação, as consequências são semelhantes às do vício em determinadas drogas. Assim como a injeção de drogas, a injeção de dinheiro produz efeitos que são inicialmente prazerosos, o que incentiva a continuar injetando. Com o passar do tempo, as pessoas se acostumam com a droga, embora em um determinado momento comecem a sentir os efeitos nocivos. Quando decide parar de se

---

183. Na mesma obra, Alberdi comenta sobre o papel-moeda emitido e circulado pelo governo: "Enquanto o governo tiver o poder de fabricar moeda com simples tiras de papel que não prometem nada, nem o obrigam a qualquer reembolso, o poder onipotente continuará imutável como um verme roedor no coração da própria Constituição" (*ibid*).
184. SENNHOLZ, Hans. *Tiempos de Inflación, op. cit.*, p. 25.

injetar, porque percebe que por esse caminho se dará muito mal, sofre então os efeitos da abstinência que são dolorosos e graves, que preferiria não ter de suportar. Finalmente, se supera e começa a trilhar o caminho da recuperação. Entretanto, a recaída é sempre latente, a tentação de usar drogas novamente por um dia que seja, para superar um problema pontual. E então, aquela pessoa que contou os dias, as semanas, os meses em que ficou longe da droga, volta a usá-la, e todo aquele tempo de esforço e sofrimento para recuperar a saúde é desperdiçado no momento em que ela decide injetar-se novamente.

Com a injeção de dinheiro espúrio pelo governo, ocorre um fenômeno similar; as consequências são de outro tipo, mas o processo é muito parecido. E os políticos geralmente agem como o traficante que tenta convencer o viciado em recuperação que se usar "apenas uma vez", nada de ruim lhe acontecerá. E quando acontece, já é muito tarde e a recuperação muito traumática.

Por isso, é uma responsabilidade fundamental dos legisladores manter os gastos em níveis razoáveis e aprovar somente orçamentos equilibrados, e quando isso gerar efeitos positivos e um crescimento na produção, deveriam evitar a tentação de retornar ao caminho dos gastos. Porém, como é improvável que os políticos se comportem dessa forma, deverá ser as pessoas, com suas reivindicações e seus votos que terão de liderar o caminho para sua própria defesa.

## 2.2 - Qual deve ser o limite da emissão monetária?

Como vimos no Capítulo IV, a emissão monetária deve ser autorizada apenas em dois casos:

a. Para substituir cédulas gastas ou rasgadas e moedas desgastadas. Isso não supõe aumentar a quantidade de dinheiro, mas mantê-lo em boas condições de uso;

b. Para atender às necessidades do mercado, mas dentro de limites muito estreitos: o dinheiro extra só poderia ser emitido se comprovado previamente um aumento consistente e significativo da produção de riqueza, que seja necessário o dinheiro para manter a relação. Essa seria uma responsabilidade direta da autoridade monetária e, portanto, deveria responder, mesmo penalmente, se permite qualquer incremento monetário acima desse limite definido. Isso significa que, em caso de dúvida, a autoridade não poderia emitir.

O crescimento do PIB parece ser um indicador razoável para justificar o aumento de moeda em circulação nas condições de monopólio estatal da moeda de papel. Mas também é conveniente que, mesmo que se possa considerar tal aumento do PIB, que não houvesse grandes saltos na quantidade de dinheiro, pelo que justificaria estabelecer outro limite vinculado a uma porcentagem da moeda circulante, mesmo que o aumento do PIB fosse superior.

Isso não significa que o banco central possa emitir automaticamente, a cada ano, o equivalente ao aumento do PIB, mas que somente poderia emitir até esse volume se encontrasse uma necessidade do mercado que o justificasse. A autoridade monetária responsável deve avaliar as razões para o aumento do PIB e, em seguida, decidir se em tais condições justifica ou não incrementar a quantidade de dinheiro. Por outro lado, independentemente de sua avaliação, ele não poderia exceder o limite anual fixado. Do mesma modo, se houvesse um declínio no PIB em qualquer ano, a quantidade de dinheiro circulante deveria ser reduzida na mesma proporção.

Todas as outras desculpas para emitir dinheiro por motivos da política econômica deveriam ser descartadas. O dinheiro é um meio de troca e uma reserva de valor que depende de sua estabilidade e confiabilidade. Manipular seu uso e sua quantidade com fins de provocar determinados efeitos econômicos distorce seu papel principal e acaba gerando mais problemas do que vantagens.

## 2.3 - A independência da autoridade monetária e a restrição ao financiamento governamental

No sistema monetário atual, todos os governos pretendem usar seu poder de emitir dinheiro para se autofinanciar. Para isso, o Poder Executivo ou a administração do país tratará de ter o controle sobre o órgão encarregado de administrar a moeda. Em alguns países, certas restrições institucionais foram desenvolvidas, que impedem que o governo possa exercer esse poder arbitrariamente, enquanto em outros isso ainda não aconteceu, com a consequente degradação da moeda por meio da emissão descontrolada.

Um dos principais mecanismos institucionais testados é tornar independente a autoridade monetária da administração geral do país e evitar que as decisões vinculadas com a emissão de moeda sejam influenciadas pelas necessidades financeiras do governo. Se vai haver um monopólio do dinheiro estatal com curso forçado, quem decide quanto dinheiro é necessário deveriam ser os técnicos, não políticos, e cujas funções vão além de mandatos políticos, baseados em princípios monetários. Não se pode entregar o poder de criar dinheiro a quem logo vai gastá-lo.

Esse órgão técnico e independente teria a difícil missão de substituir o mercado em uma tarefa que, como vimos, é praticamente impossível para uma autoridade: determinar qual é a quantidade de dinheiro que o mercado precisa.

Porém, independentemente de se usar argumentos técnicos para tomar essa decisão, não deve ser deixada a critério desse órgão, mas a própria lei deveria impor limites aos seus poderes de emitir. A lei deve estabelecer critérios objetivos claros para a quantidade de emissão que pode ser autorizada, como vimos no ponto anterior.

Alguns países foram mais além ao proibirem expressamente que essas autoridades monetárias autorizem empréstimos ao governo ou a compra de títulos públicos, entre outras medidas que são frequentemente usadas para financiar os déficits orçamentários.

A Constituição da República da Guatemala é um exemplo dessas disposições restritivas. De acordo com o texto da reforma constitucional de 1993, o artigo 133 da Constituição estabelece o seguinte:

> Artigo 133. Junta Monetária. A Junta Monetária da política monetária, cambial e creditícia do país e velará pela liquidez e a solvência do sistema bancário nacional, assegurando a estabilidade e o fortalecimento da poupança nacional. Com a finalidade de garantir a estabilidade monetária, cambial e de crédito do país, a Junta Monetária não poderá autorizar que o Banco da Guatemala outorgue financiamento direto ou indireto, garantia ou aval do Estado, a suas entidades descentralizadas ou autônomas nem a entidades privadas não bancárias. Com esse mesmo objetivo, o Banco da Guatemala não poderá adquirir títulos emitidos ou negociados no mercado primário por tais entidades. Exclui-se dessas proibições o financiamento que se possa conceder em casos de catástrofes ou desastres públicos, sempre e quando o mesmo seja aprovado por dois terços do número total de deputados que integram o Congresso Nacional, a pedido do Presidente da República [...].

Essa cláusula é provavelmente uma das razões para a estabilidade monetária e cambial do país nas últimas décadas desde a reforma constitucional, apesar das constantes queixas dos políticos sobre a impossibilidade de usar o dinheiro das reservas, ou que se possa emitir além das exigências do mercado, para financiar seus "nobres propósitos".

Na medida em que se pretende manter dinheiro fiduciário, sem valor de uso, produzida pelo Estado, pelo menos deveria se separar, de todas as formas possíveis, os que decidem sobre a emissão monetária daqueles que gastam o dinheiro.

De qualquer forma, mesmo que a independência funcional formal fosse estabelecida, a pressão do governo para obter financiamento por meio das reservas ou com emissão de moeda seria muito forte. Até mesmo a ameaça de prisão para o caso de exceder os limites legais poderia ser insuficiente diante dos incentivos perversos para que ambos – funcionários do banco central e governantes – buscassem financiamento dessa forma.

A impossibilidade de financiar o governo, seja por meio de empréstimos ou compra de títulos produzidos com o uso das reservas ou a emissão de dinheiro, contribuiria muito para termos uma moeda mais estável e, ao mesmo tempo, desencorajaria os governantes a gastar além da conta, pois eles não teriam a possibilidade de recorrer ao banco central para cobrir o déficit e repassar os custos para o próximo governo.

## 2.4 – O mercado livre como solução ao problema da quantidade de dinheiro. A concorrência de moedas

Uma curiosidade ao examinar o processo econômico é que muitas pessoas que admitem que o livre mercado contribui significativamente para a produção de riqueza e favorece o bem-estar das pessoas, ao mesmo tempo defendem uma moeda estatal de curso legal e forçado, emitida em quantidades determinadas por uma autoridade central.

Quando essas mesmas pessoas explicam o sistema de preços e como são determinados, parecem esquecer que os preços definitivamente são o resultado de um escambo de bens – geralmente entre um bem de uso e algum tipo de moeda – e que são expressos nessa última por razões de praticidade, pois trata-se do denominador comum com os demais bens. Portanto, ao defender o monopólio da moeda, estão boicotando sua própria defesa do livre mercado e dos preços. Não é razoável pedir preços livres com uma moeda controlada. As duas coisas são contraditórias.

> A mera existência de um monopólio monetário que atribui às suas emissões arbitrárias um valor legal significa a antítese do que são a liberdade e o direito de escolha dos indivíduos[185].

---

185. SENNHOLZ, Hans. *Tiempos de Inflación, op. cit.,* p. 23.

A intervenção do Estado na gestão do dinheiro produziu problemas ao longo da história com todo tipo de moeda. O monopólio da cunhagem pelo governo – e, posteriormente, sobre a emissão de cédulas – baseou-se na desconfiança sobre os banqueiros privados, que supostamente se aproveitaram dessa circunstância. Contra essa afirmação – que na realidade foi a desculpa dos governantes para assumir um poder muito rentável –, pode-se responder com vários argumentos:

1. Substituir muitos bancos privados, que só podem oferecer suas moedas àqueles que voluntariamente as aceitam, pelo monopólio estatal do dinheiro de curso forçado, não só não ajuda a evitar fraudes, como as incentiva e torna significativamente suas consequências mais graves, pois a autoridade monetária acabará prejudicando a todos com sua ação e corre o sério risco de se tornar um vigarista serial[186];

2. Os bancos privados que alterassem o conteúdo de metal de suas moedas ou emitissem cédulas acima do que seria devido para fraudar seus clientes estariam cometendo crimes para cuja perseguição os poderes do Estado foram organizados. Mas quando é o próprio Estado que comete esses crimes, a possibilidade de controle, proteção e punição dos culpados se reduz enormemente;

3. Os banqueiros que realizarem manobras fraudulentas poderiam ser facilmente detectados por seus clientes e concorrentes no mercado. Como os bancos dependem basicamente de sua confiabilidade e prestígio para que as pessoas façam negócios com eles, a descoberta de uma fraude desse tipo significaria praticamente o fim de seu negócio, além da responsabilidade

---

186. Como popularizado por Lord Acton (1834-1902), em uma carta ao Arcebispo Mandell Creighton em 5 de abril de 1887: "O poder tende a corromper, e o poder absoluto corrompe absolutamente" (DALBERG-ACTON, John Emerich Edward, *Historical Essays and Studies*. London: Mac Millan, 1919, p. 504).

legal que deveria enfrentar. Um governo que cometa a mesma fraude com relação ao dinheiro monopolizado e de curso forçado não é apenas mais difícil de detectar, mas, muitas vezes, mesmo se descoberto, as pessoas não têm o poder de desmascará-lo e enfrentá-lo. O próprio Estado buscará a forma de "legitimar" sua conduta por meio de reformas legislativas feitas na medida das suas necessidades.

O que para um banqueiro privado é motivo de desonra e o fim do seu negócio, será apresentado pela autoridade monetária estatal como uma "política econômica" nascida da necessidade de preservar o funcionamento normal do comércio. Se as coisas saírem-se mal, o governo encontrará bodes expiatórios para culpar.

> A moderna economia de mercado contém um número infinito de trocas complexas, a maioria das quais depende de especificações quanto à qualidade e quantidade. No entanto, a fraude é mínima e a que ocorre é reprimida. O mesmo aconteceria se as moedas fossem cunhadas de forma privada. Pode-se ter certeza de que a clientela da instituição cunhadora, seus concorrentes e o governo estariam bem alertas quanto a qualquer possível fraude no peso ou na espessura das moedas[187].

Pelo contrário, o monopólio estatal do papel-moeda de curso forçado tem sido o paraíso do político. O dinheiro não está mais vinculado a objetos físicos de quantidade limitada, mas a pedaços de papel; e sua aceitação é favorecida pela obrigação legal de recebê-los em trocas e como meio de pagamento de qualquer dívida.

---

187. ROTHBARD, Murray N. ¿Qué le hizo el gobierno a nuestro dinero?, *op. cit.*, p. 50-51. Em sua nota, Rothbard cita Leonard Read: "O governo não deveria ter nada a ver com moeda, assim como não tem nada a ver com rótulos de medicamentos patenteados. A tarefa do governo é reprimir a fraude e o engano, tanto em um caso quanto no outro" (READ, Leonard E. *Government, An Ideal Concept*. Nova York: F.E.E., 1954, p. 83).

Os limites institucionais que se tentou impor para evitar os abusos estatais nesse campo serviram apenas parcialmente nos países em que as regras são respeitadas e determinadas agências independentes do governo se dedicam ao tema monetário. No resto do mundo, as limitações foram ultrapassadas pelos governos como arame caído.

Pedir àqueles que se beneficiam principalmente da gestão monetária que imponham limites ao seu próprio poder e que cumpram as regras que eles mesmos estabelecem é pedir ao lobo que organize os mecanismos para cuidar das ovelhas.

O surgimento e o sucesso das cibermoedas, por enquanto mais como formas de preservar valor do que como um meio de troca, deve-se principalmente ao fato de que as pessoas querem se afastar do dinheiro estatal.

Friedrich A. Hayek propôs, na famosa obra que venho citando, a extinção do monopólio estatal da moeda – como ele afirma em sua introdução – como uma "busca desesperada por uma solução política viável para o que tecnicamente é o problema mais simples, a contenção da inflação"[188]. Ele apresentou esse trabalho sob o título *Denationalization of Money* (em português, *A Desestatização do Dinheiro*), sendo a primeira versão publicada em 1976 e a segunda versão revisada foi publicada em 1978[189]. Esse trabalho teve como objetivo principal propor a livre concorrência de moedas no Mercado Comum Europeu, como alternativa à criação de uma moeda única, que teve cada vez mais força até a definitiva criação do euro.

---

188. HAYEK, Friedrich A. "La desnacionalización del dinero", *op cit,* p. 187.

189. Esse trabalho baseou-se, por sua vez, em uma palestra proferida na Conferência Monetária e Global de Genebra, em 25 de setembro de 1975, em Lausanne, Suíça, sob o título "International Money" (Dinheiro Internacional), inicialmente publicado como um panfleto pelo Institute of Economics Affairs em 1976 e posteriormente incluído sob o título: "Un medio para acabar con la inflación: La libre elección de moneda" em *Nuevos Estudios de Filosofía Política, Economía e Historia de las Ideas* (Madrid: Unión Editorial, 2007, p. 271 e ss.).

Sua proposta concreta era que os países do Mercado Comum Europeu – aos quais se juntariam os países neutros da Europa e, futuramente, talvez os Estados Unidos – se comprometeriam, por meio de um tratado formal, a não impedir de forma alguma o livre comércio das moedas de cada país dentro de seus territórios (incluindo moedas de ouro) ou o livre exercício de atividades bancárias por parte das instituições legalmente estabelecidas nesses territórios, sem quaisquer obstáculos[190].

> [...] a principal vantagem deriva do plano que proponho está em impedir que o governo possa "proteger" a moeda emitida por ele das consequências nocivas derivadas das medidas que ele mesmo adota. Consequentemente, nosso plano torna impossível utilizar tais métodos daninhos posteriormente. Tampouco poderia ocultar a desvalorização da moeda que emite para evitar a evasão de capitais e de outros bens e recursos, nem controlar os preços, medidas que, evidentemente, tenderiam a destruir o Mercado Comum e que se originam no mau uso das próprias moedas na atividade interior. Esse plano parece satisfazer melhor os requisitos de um mercado comum sem a necessidade de estabelecer um novo organismo internacional ou de conferir novos poderes a uma autoridade supranacional, ou de criar uma moeda comum[191].

A concorrência de bancos privados oferecendo diferentes tipos de moeda, sem o monopólio legal da sua aceitação, teria produzido, na visão de Hayek, uma alternativa que certamente teria permitido a existência de um dinheiro de melhor qualidade, sem o problema de sua manipulação por motivos políticos. Portanto, ele propôs garantir a liberdade monetária e bancária em todos os países do Mercado Comum Europeu, no lugar do que acabou finalmente acontecendo, a criação de uma moeda estatal comum,

---

190. HAYEK, Friedrich A. "La Desnacionalización del Dinero", *op. cit.*, p. 192.
191. HAYEK, Friedrich A. "La Desnacionalización del Dinero", *op. cit.*, p. 194.

com uma autoridade supranacional comum que emite e controla seu uso em todos os países da região.

Hayek rejeitou o argumento que apresentava ao monopólio estatal da moeda não apenas como uma expressão da soberania na região, mas também como uma conveniência, pois ao ter um único tipo monetário se tornava mais fácil comparar preços e realizar transações. Mas ao contrário, o custo desse monopólio é muito alto para as pessoas:

> Se o público entendesse o preço que paga em inflação periódica e instabilidade pela conveniência de usar um só tipo de moeda nas transações normais e contemplasse as vantagens de usar várias moedas, certamente consideraria o preço excessivo. Essa comodidade é muito menos importante do que a possibilidade de usar uma moeda confiável que não atrapalhe o fluxo normal da economia – oportunidade da qual o público foi privado pelo monopólio governamental. As pessoas nunca tiveram a oportunidade de descobrir essa alternativa. Os governos sempre alegam fortes razões para convencer as pessoas de que o direito de emitir moeda deveria pertencer exclusivamente a eles. Para todos os efeitos, enquanto se tratava da emissão de moedas de ouro, cobre ou prata, isso não importava tanto quanto hoje, quando sabemos da existência de todos os tipos possíveis de moedas, inclusive o papel, que o governante administra cada vez pior e do qual pode abusar mais que do dinheiro metálico[192].

Hayek fez o exercício de imaginar a possibilidade de bancos emissores de moeda competindo no mercado. Uma das características desse mercado de moedas, como ocorre em todos os outros, é que estaria sujeito ao escrutínio público e ao controle pelos meios especializados.

---

192. HAYEK, Friedrich A., *op. cit.*, p. 197.

A concorrência entre os bancos emissores seria aguçada pelo escrutínio de sua conduta pela imprensa e pelo mercado monetário. Em decisões tão importantes para os negócios quanto a moeda a ser usada em contratos e contabilidade, o público buscaria avidamente na imprensa financeira toda a informação possível, e os próprios bancos emissores teriam de disponibilizá-las ao público. De fato, mil perdigueiros perseguiriam o infeliz banqueiro que não respondesse com rapidez às exigências de manter o valor da moeda que emite. Os jornais, sem dúvida, publicariam uma relação diária, não apenas das taxas de câmbio entre as moedas, mas também de seu valor atual e do desvio de cada uma em relação ao padrão de valor anunciado em termos dos outros bens... Nada assustaria mais os banqueiros do que ver sua moeda em destaque indicando que seu valor real caiu abaixo do nível de tolerância estabelecido pelo jornal[193].

O problema do dinheiro estatal não é apenas o fato de poder ser emitido ou produzido de forma discricionária pelo governo, mas também o fato de ser imposto aos indivíduos por meio de curso forçado. Se a moeda estatal não fosse de uso e aceitação obrigatória por lei nas transações ou para pagamento de dívidas ou créditos, o próprio mercado se encarregaria de reduzi-la quando o governo exagerasse em sua emissão.

O ideal seria eliminar o curso forçado da moeda, garantindo a liberdade de comprar outras moedas e usá-las em transações privadas. Os contratos deveriam poder prever o pagamento em qualquer moeda e, em caso de impossibilidade ou inadimplência, os árbitros e juízes estabeleceriam formas oportunas de pagamento de acordo com as taxas de câmbio livre do mercado.

---

193. *Op. cit.*, p. 223.

Isso não apenas incentivaria as pessoas a abandonar o uso de moedas suspeitas, mas também seria uma espécie de freio ou limitação ao próprio governo de emitir, já que, nesse caso, ficaria evidente a perda de valor da moeda estatal frente às outras.

O interessante da proposta de Hayek é que ele tentou que fosse o mercado, a partir da concorrência entre moedas, o encarregado de controlar o valor do dinheiro. O próprio Hayek admitiu que a ideia de concorrência de moedas não havia sido examinada seriamente até recentemente em sua própria investigação, mas chamou a atenção de vários economistas que já consideravam a alternativa aceitável e, desde então, esses estudos se multiplicaram[194].

A rigor, o monopólio estatal do dinheiro tem os mesmos defeitos de todos os monopólios: se é forçado a usar seu produto mesmo que não seja satisfatório e, acima de tudo, impede a descoberta de métodos melhores para satisfazer às necessidades, que o monopolista não tem interesse em explorar, e todo o resto carece de incentivos para fazê-lo[195].

Provavelmente, em seu espírito pragmático ao lidar com questões de políticas públicas, Hayek percebeu que a extinção do monopólio estatal da moeda é muito difícil de se alcançar num país, pois implica que o governo ceda um poder muito grande e o reconheça nos indivíduos. Mas o momento em que escreveu "A Desestatização do Dinheiro" foi muito oportuno para propor a livre concorrência de moedas dentro de cada país da Comunidade

---

194. Nesse sentido, Hayek cita os trabalhos de: Benjamin Klein, "The Competitive Supply of Money", *Journal of Money, Credit and Banking*, novembro de 1974; Gordon Tullock, "Paper Money –A Cycle in Cathay", *Economic History Review*, abril de 1957, p. 393-407; Gordon Tullock, "Competing Monies", *Money Credit and Banking*, novembro de 1967, p. 521-25. Podemos ainda mencionar alguns trabalhos posteriores ao de Hayek: George A. Selgin e Lawrence N. White, "How Would the Invisible Hand Handle Money", *Journal of Economic Literature*, vol. 32, dezembro de 1994, p. 1718-49; Milton Friedman e Anna J. Swartz, "Has Government Any Role in Money?", *Journal of Monetary Economics*, vol. 17, 1986, p. 37-62 (ver HAYEK, Friedrich A. "La desnacionalización del dinero", *op. cit.*, p. 188).
195. *Op. cit.*, p. 196-97.

Europeia, em vez de criar uma nova moeda única emitida por um novo e superpoderoso Banco Central Europeu[196].

## 3. Por que as limitações ao poder estatal de emitir dinheiro não funcionam?

As limitações ao poder estatal de gerenciar a moeda falharam em países com instituições fracas. Em vez disso, se recorre a assessores, roteiristas e porta-vozes transformados em consultores ou especialistas econômicos para, a partir de uma posição pseudocientífica, substituir as leis econômicas por *slogans* publicitários úteis para justificar o que quer que a ocasião exija. Os suspeitos de sempre no crime da inflação são sempre os comerciantes, especuladores, os banqueiros as guerras, as crises internacionais ou as epidemias, entre outros.

Há uma tendência errônea de pensar que não há leis ou regras científicas nas ciências sociais; que, como "tudo é passível de opinião", isso também inclui o que se entende como "ciência social". Isso leva à subvalorização das ciências sociais frente a outras ciências ditas "duras", como as ciências físicas e as ciências naturais[197].

Isso é um erro. As ciências sociais baseiam-se em determinados fatos incontestáveis, a partir dos quais se elaboram deduções da mesma forma que nas outras ciências. Esses fatos

---

196. Enquanto escrevo este livro, vejo que em vários países europeus há reclamações de que os preços dos produtos básicos aumentaram aproximadamente 8% no último ano. É interessante notar que em vários países com diferentes estruturas econômicas, diferentes níveis de produtividade e PIB, a reclamação sobre o aumento dos preços médios é semelhante e as porcentagens coincidem. Todos eles culpam diversos fatores externos: a invasão russa na Ucrânia, o consequente aumento dos preços dos combustíveis, a pandemia da Covid-19 e suas consequências em termos de redução da atividade econômica, e assim por diante. Entretanto, o que liga todos esses países quanto ao aumento de preços é um elemento muito claro que afeta todos eles igualmente, independentemente de suas particularidades: eles utilizam a mesma moeda, emitida e imposta por uma única autoridade supranacional. Não é de surpreender, portanto, que todos reclamem de um "aumento de preço" semelhante.

197. MACHLUP, Fritz. "El concepto de inferioridad de las ciencias sociales", em *Libertas* n° 7, outubro de 1987.

incluem as limitações e a dispersão do conhecimento humano e a disparidade das valorações individuais. Mas isso não deve levar à conclusão de que não pode haver regras ou leis científicas nas ciências sociais.

A economia tem suas leis. Apesar de ser uma das ciências sociais mais recentes[198], desenvolveu um importante corpo teórico científico[199]. Portanto, não é qualquer afirmação teórica de um economista que é necessariamente válida.

O problema é que, diferentemente das ciências naturais ou físicas, a demonstração do erro é mais difícil nas ciências sociais e, em geral, quando essas teorias são aplicadas compulsivamente pelos governos, o fracasso é frequentemente ocultado ou deturpado pelos responsáveis de forma a dificultar sua refutação[200]. Como os fenômenos sociais são complexos, por envolver decisões imprevisíveis de muitas pessoas, esses mesmos assessores e porta-vozes do governo da ocasião se encarregarão de explicar que, na realidade, a culpa não foi a decisão estatal, mas de outros.

No caso da inflação, eles têm mais facilidade. Como a inflação é frequentemente confundida com o aumento dos preços e há uma defasagem temporal entre a introdução do novo dinheiro e o consequente aumento dos preços, é mais fácil desviar a culpa

---

198. MISES, Ludwig. *La Acción Humana*. Madrid: Unión Editorial, 2008, p, 1.

199. HAYEK, Friedrich A. *Estudios de Filosofía, Política y Economía*. Madrid: Unión Editorial, 2007, p. 74. Mises explicou que esse desenvolvimento foi possível graças à aplicação da ciência da ação humana, a praxeologia, à tarefa de buscar conhecimento universalmente válido no campo econômico, o que não acontecia em outras áreas das ciências sociais (MISES, Ludwig. *Problemas epistemológicos de la economía*. Madrid: Unión Editorial, 2013. p. 48).

200. Mises apontou que "no campo do conhecimento praxeológico, nem o sucesso nem o fracasso têm uma linguagem clara que todos possam entender. A experiência derivada exclusivamente de fenômenos complexos não impede interpretações baseadas em meros desejos. A propensão ingênua do homem de atribuir onipotência a seus pensamentos, por mais confusos e contraditórios que sejam, nunca é refutada de maneira clara e precisa pela experiência. O economista não pode refutar fantasias e falsidades econômicas da mesma forma que o médico refuta curandeiros e charlatães. A história fala apenas àqueles que sabem interpretá-la com base nas teorias corretas" (MISES, Ludwig. *Human Action, op. cit.*, p. 1020).

para os comerciantes, banqueiros e especuladores ou ir ainda mais além e incluir entre os malvadões grupos internacionais que querem prejudicar o país.

Dessa forma, podem manipular a moeda à vontade e sair impunes, porque não fica claro de quem é a culpa pelas consequências; isso permite eliminar ou contornar as limitações e os controles estabelecidos por lei.

Os políticos são um grupo pequeno, unidos por um núcleo de interesses e incentivos muito claros e fortes, que detêm o monopólio da força e da legalidade e atuam diante de uma massa dispersa de pessoas que não só carecem dos meios para enfrentar suas decisões de forma efetiva, como também são os provedores dos recursos que lhes permitem exercer seu poder.

Nessas condições, é realmente difícil limitações verdadeiras reais quando os incentivos são tão grandes, a menos que haja um conjunto de defesas institucionais consolidadas ao longo do tempo. São os países que detêm as piores condições econômicas os que recorrem à emissão monetária mais intensamente. Ambas as circunstâncias se reforçam mutuamente e são explicadas por uma causa principal: a fragilidade de suas instituições políticas, jurídicas e econômicas para frear o poder do governo.

O crescimento econômico exige certas condições:

1. Respeito aos contratos e aos direitos de propriedade em geral;

2. Liberdade de produção, trabalho e comércio;

3. Um governo limitado, impostos baixos, nenhuma endividamento e com um orçamento baixo e equilibrado;

4. Uma moeda saudável, não inflacionada pelo governo por meio de emissão.

Para que isso seja garantido é necessário que o governo se encontre subordinado a regras e procedimentos que o impeçam de abusar do seu poder. A consequência de desrespeitar a essas regras é a pobreza.

Quando isso não acontece, as simples limitações legais ao poder estatal são insuficientes. Será necessário acompanhá-las com todo tipo de medidas que se possam agregar, tanto para gerar controles de mercado quanto para dissuadir aos funcionários com a ameaça de sanções eficazes. Continuarei esse assunto no próximo capítulo.

# CAPÍTULO VII

# A Responsabilidade dos Funcionários do Governo pelos seus Atos

Se convencionamos que, nos sistemas de dinheiro fiduciário, a inflação é responsabilidade do Estado por sua decisão de emitir dinheiro em excesso, as consequências nocivas dessas ações deveriam cair na cabeça dos respectivos funcionários. Isso leva a discutir um tema que se tornou inexplicavelmente controverso nos últimos tempos, relacionada ao alcance da responsabilidade dos políticos por suas decisões e ações.

O avanço do estatismo no mundo no último século gerou dois efeitos que têm aceitação geral:

> 1. Que o poder do governo tem cada vez menos limites, e aos políticos se reconhece o poder de impor sua própria visão do que deve ser feito, até mesmo acima das leis e dos direitos das pessoas;

> 2. Os abusos e os erros que os governantes cometem com suas ações são questões políticas que não devem merecer mais sanções que as impostas pela própria política.

As duas afirmações se complementam e reforçam mutuamente: aceitar que a organização da sociedade depende cada vez mais das decisões de seus líderes – que devem ter liberdade para buscar as melhores soluções (e para isso são eleitos) – supõe isentar esses líderes das consequências de suas más decisões, pois, afinal, eles decidem sobre questões delicadas e complexas e, se a ameaça de punição por suas falhas pairasse sobre suas cabeças, eles não conseguiriam tomar decisões com tranquilidade suficiente.

Assim, se pretende que os prejuízos que os políticos possam causar com suas ações discricionárias, só deveriam ser punidos nas urnas, nas próximas eleições. Essa ideia se baseia em certas concepções sobre a impossibilidade de rigor científico nas ciências sociais e políticas. Se tudo é passível de opinião nas questões políticas e sociais, os atos dos políticos não deveriam merecer sanções por parte dos tribunais por erros que podem ser cometidos inocentemente nessas áreas. Assim, os políticos e as pessoas permanecem separados por um abismo cada vez mais profundo.

Mas isso, em minha opinião, ocorre por dois erros: 1) políticos e funcionários públicos não têm poderes discricionários para decidir, coativamente, sobre os direitos das pessoas; 2) as ciências sociais, entre elas a economia, têm leis cujo desconhecimento traz consequências que podem ser previstas e punidas.

Portanto, antes de abordar a proposta de punição criminal por gerar inflação, creio ser necessário fazer uma pausa para analisar a responsabilidade geral dos funcionários do governo.

# 1. Funções e limites ao trabalho dos agentes públicos

Um dos argumentos apresentados por aqueles que querem justificar as ações dos funcionários que emitem dinheiro indiscriminadamente em prejuízo das pessoas é que as ações do governo não podem ser julgadas por juízes.

Com uma interpretação curiosa da divisão de poderes, alega-se que os atos políticos não estão sujeitos à revisão judicial, pois isso não apenas implicaria numa intervenção do judiciário nos outros poderes do Estado, mas também dificultaria a necessária ação política, colocando em risco os funcionários pela forma como realizam suas tarefas de governo.

Essa pretensão de serem isentos de responsabilidade por seus atos (eles só aceitam a responsabilidade "política" que, no máximo, os levaria a perder seus cargos até que as pessoas se esqueçam deles e os elejam novamente) deve ser examinada com cuidado para não cair na armadilha da impunidade que se pretende criar.

Em países onde funciona uma república constitucional com supremacia dos direitos individuais, o governo tem funções limitadas. Os funcionários só podem fazer o que a Constituição autorizar ou determina que seja feito, no contexto das normas legais sancionadas para essas funções constitucionais.

Sob essas condições, os funcionários públicos podem agir de duas maneiras:

> **1.** Fora do âmbito das suas atribuições, o que é ilegal e passível de sanções políticas, administrativas, civis e penais;
>
> **2.** Dentro do limite de suas atribuições. Nesse caso, se suas ações causarem danos, deve-se avaliar se isso ocorreu por uma conduta dolosa ou culposa que lhes seja atribuível e pela qual devem ser responsabilizados, ou se os funcionários públicos estão amparados pelo cumprimento da lei e, portanto, o Estado é o responsável.

Essa ideia requer pelo menos dois esclarecimentos importantes:

**a.** principal obrigação dos funcionários públicos é cumprir a lei e a Constituição, o que significa não ultrapassar essas funções ou deixar de cumprir suas obrigações.

Suas obrigações legais estarão claramente vinculadas à intenção de alcançar determinados resultados, tais como o cumprimento dos objetivos estabelecidos pela Constituição ou pelas leis, a proteção dos direitos dos indivíduos, a prevenção de determinadas condutas prejudiciais à comunidade etc. Mas o fato é que, a rigor, sua obrigação exclusiva é cumprir a lei, independentemente de os objetivos desejados serem alcançados ou não;

**b.** De todo modo, há um pequeno conjunto de funções ou atribuições que são eminentemente políticas e são atribuídas pela Constituição a determinados funcionários, aos quais é outorgada certa discricionariedade em seu exercício. Explanarei mais sobre essas funções – chamadas de "questões políticas" ou "não justicializáveis" – mais adiante, mas posso adiantar que elas são excepcionais, limitadas e sempre deixam em aberto a possibilidade de revisão judicial quando podem prejudicar direitos individuais ou outro aspecto da legalidade.

## 2. O cumprimento da lei como o objetivo e limite essencial do serviço público

O trabalho dos funcionários do governo é cumprir e fazer cumprir as leis, e não prestar serviços específicos a indivíduo algum. Isso se aplica a todos os funcionários, incluindo aqueles envolvidos na proteção dos direitos e na acusação de crimes, como os policiais ou os promotores.

Está claro que os policiais patrulham as ruas para oferecer proteção e assistência aos cidadãos, e os promotores perseguem os criminosos e buscam conseguir sanções penais para eles. Mas desempenham essas funções a partir da sua obrigação principal de cumprir e fazer cumprir as leis, e não por terem alguma responsabilidade ou obrigação de prestar serviços específicos às pessoas. Esses serviços podem justificar a sanção da lei que outorga determinadas funções, mas não constituem fonte direta de autoridade.

A princípio, não há relação direta entre o funcionário e o cidadão, mas sim do funcionário e do cidadão com a lei. As faculdades e as responsabilidades do funcionário estão estabelecidos por lei, e o exercício dos direitos dos cidadãos está regulado por lei. E todos devem obedecê-la. Mesmo quando um funcionário celebra um contrato público com um particular, não é o funcionário que é obrigado ou se beneficia do contrato, mas o órgão público onde ele desempenha suas funções. Na medida em que o contrato for realizado dentro do escopo de suas atribuições e de maneira legal, gerará responsabilidades para o Estado e só gerará responsabilidade pessoal para o funcionário se ele exceder seus poderes legais.

Portanto, os funcionários poderiam ou não atingir os objetivos desejados, mas não são responsáveis se não o fizerem, a menos que tenham agido de forma dolosa ou negligência de tal forma que signifique uma alteração da obrigação legal. A Suprema Corte dos EUA resolveu há muito tempo que os funcionários públicos têm o dever geral de fazer cumprir as leis, não de proteger a pessoas específicas[201].

Em 1982, um tribunal federal de apelações decidiu que:

> [...] Não há um direito constitucional a ser protegido pelo Estado contra ser assassinado por criminosos ou malfeitores. É monstruoso se o Estado falha em proteger seus residentes contra tais criminosos, mas não viola a cláusula do devido processo da 14ª Emenda ou qualquer outra disposição da Constituição. A Constituição é um catálogo de liberdades negativas: ela diz ao Estado para deixar as pessoas por si próprias, não exige que o governo federal ou estadual forneça serviços, nem mesmo serviços elementares como a manutenção da lei e da ordem[202].

Em "Warren vs. District of Columbia", discutiu-se o caso de três mulheres vítimas de estupro que processaram o governo de Washington D.C. por negligência policial. As três mulheres foram

---

201. "South vs. Maryland" (1856), citado por Morgan O. Reynolds, *Using the private sector to deter crime*. Texas: National Center for Policy Analysis, março de 1994, p. 6. De forma semelhante, um século depois, o Tribunal Superior de Nova York concluiu em 1968 que uma vítima que havia sido atacada após buscar proteção policial que não estava disponível no momento não tinha direito a essa proteção. A Corte se recusou a reconhecer tal direito com base no argumento de que isso imporia um ônus econômico insustentável ao governo. A maioria dos tribunais federais e estaduais concordou com essa ideia (consulte ROJAS, Ricardo Manuel. *Las Contradicciones del Derecho Penal*. Buenos Aires: Ed. Ad Hoc, 2000, p. 55).

202. "Browers vs. De Vito" U.S. Court of Appeals, Seventh Circuit, 686 F. 2d 616 (1982); citado por Morgan O. Reynolds, *op. cit.*, p. 7.

atacadas e estupradas por assaltantes que invadiram a casa onde moravam juntas e, apesar de terem pedido ajuda à polícia por telefone, um carro de patrulha chegou uma hora depois, quando os assaltantes tinham ido embora.

As mulheres processaram a cidade de Washington por sua negligência ao não atender ao pedido de auxílio. A polícia argumentou que havia perdido as gravações das suas chamadas telefônicas. O tribunal absolveu a polícia e a cidade, sustentando que a polícia não tem responsabilidade legal de fornecer proteção pessoal aos indivíduos[203]. Nesse caso, não foi possível provar que a polícia havia sido negligente no cumprimento de suas obrigações legais e regulamentares, além do triste resultado.

Essa solução é consistente com a visão de que atribuir ao governo a responsabilidade positiva de oferecer determinados serviços específicos a cada cidadão, o faria passível de processos cada vez que não se alcançasse dito objetivo, pois ficaria demonstrado que falhou na sua obrigação de proteger[204]. Ou seja, toda vez que um delito é cometido, a culpa seria da polícia que não o evitou. Os resultados das ações são imprevisíveis; o que pode então ser imputado aos funcionários públicos é o não cumprimento das obrigações legais inerentes aos seus cargos.

Portanto, a função fundamental dos agentes do governo é cumprir seus mandatos estabelecidos pela lei. Será a legislação que irá garantir que esses mandatos estejam vinculados à proteção dos direitos, à manutenção da ordem e à resolução de conflitos, mas não impõe responsabilidades especiais a esses agentes, exceto em caso de conduta dolosa ou culposa, de modo que violem suas obrigações legais.

---

203. 444 A 2d 1 (D.C. Ct of Ap. 1981; citado por Bruce Benson, *To serve and protect*, New York University Press, 1998, p. 180.

204. ROJAS, Ricardo Manuel. *Las contradicciones del derecho penal, op. cit.*, p. 56.

Uma distorção da forma de conceitualizar a função política – que se desenvolveu com força a partir do século XX – consiste em pensar que os funcionários escolhidos para trabalhar em cargos do governo têm não apenas a liberdade, mas também a obrigação de conduzir políticas proativas destinadas a melhorar a qualidade de vida dos cidadãos. Para isso eles podem atuar de forma discricionária, escolhendo os meios que consideram mais adequados, sem estarem sujeitos a limitações legais.

A ideia do poder ilimitado e impune do governante vem da época em que ele tinha privilégios pessoais de todos os tipos; mas mesmo quando os governos autoritários foram substituídos por repúblicas, permaneceu latente a convicção de que os governantes têm um *status* mais elevado. É bom não esquecer que os governantes são empregados das pessoas que lhes pagam seus salários para que cumpram com a lei. Quando, em cerimônias públicas, o presidente é anunciado como primeiro mandatário, o que está sendo dito é que ele é a pessoa que trabalha para o último dos mandantes, que são os cidadãos, e que deve prestar contas a eles[205].

Mas as faculdades dos funcionários públicos não são discricionárias, se isso significar que eles podem exercê-las exclusivamente de acordo com seus próprios critérios. Sua principal obrigação é cumprir com o que indica a Constituição, as leis e os regulamentos que regulem suas funções. Até mesmo seu critério pessoal, no âmbito em que possa usá-lo de acordo com seu cargo, estará sempre condicionado por sua submissão à legalidade. A plataforma e o plano de ação de qualquer partido político que concorra às eleições deveria ser: "cumprir com a Constituição e respeitar as leis sancionadas em decorrência dela".

---

205. A Constituição Argentina de 1853-60, ao regulamentar o mandato presidencial, referiu-se a ele como um "emprego", dando ao Presidente o *status* de "empregado". Curiosamente, a reforma de 1994 substituiu "emprego" por "função", provavelmente para dar a ele um *status* mais elevado.

# 3. Como as ações do governo são controladas?

A responsabilidade dos agentes públicos, portanto, é clara quando eles se desviam de suas obrigações legais ou violam direitos. Quando abandonam a esfera de suas atribuições estabelecidas, quando excedem suas atribuições ou não cumprem seus deveres, afastando-se da autorização ou indicação legal, de uma forma que cause ou possa causar prejuízos, então devem ser responsabilizados por suas ações.

Essa responsabilidade pode ser de natureza administrativa (relacionada à sua atuação na esfera burocrática, ligada ao correto funcionamento das repartições públicas), penal (pelo cometimento de qualquer delito especificamente previsto para funcionários públicos, ou que são agravados quando cometidos por eles), civil (vinculada à responsabilidade perante particulares ou ao próprio Estado por danos ou prejuízos causados por sua conduta) ou política (vinculada à sua responsabilidade institucional, e vinculada à sua eventual demissão e futura inabilitação nos casos em que a Constituição ou a lei assim estabeleça).

Historicamente, tem se debatido se os funcionários e agentes do governo devem ser submetidos às mesmas regras que todas as outras pessoas, ou se é preferível a criação de um regime especial. Foi discutido se eles deveriam ser julgados pelos mesmos juízes, sob a mesma lei que as demais pessoas, ou se a criação de tribunais, procedimentos e leis especiais para julgar a administração era justificável. A primeira solução foi desenvolvida principalmente no sistema anglo-saxão. A segunda foi iniciada na França com a criação do Conselho de Estado[206].

---

206. Sobre o desenvolvimento histórico das diferentes variantes de julgamento dos atos da administração pública, consulte: BOSCH, Jorge Tristán, ¿Tribunales Judiciales o Administrativos para juzgar a la Administración? Buenos Aires: Zabalía Editor, 1951.

Tal questão está relacionada à forma como se concebe o princípio da divisão de poderes. Esse princípio republicano fundamental, cuja importância foi tão claramente enfatizada por Montesquieu[207], foi um dos alicerces da organização política incorporada na Constituição dos Estados Unidos, como modelo para muitas outras que se seguiram. Nesse sentido, James Madison (1751-1836) declarou:

> Pode-se dizer, com certeza, que o acúmulo de todos os poderes, Legislativo, Executivo e Judiciário, na mesma mão, sejam eles de um, de muitos, hereditários, autonomeados ou eleitos, constitui a própria definição de tirania[208].

A ideia de tal separação, na visão de Madison, significava que, quando todo o poder de um ramo está nas mãos das mesmas pessoas que possuem todo o poder de outro ramo, os princípios fundamentais de uma constituição livre são violados[209].

O modelo norte-americano não se limitou a defender a divisão do poder, mas estabeleceu um sistema de controle mútuo (*check and balance*), que fez com que cada poder do Estado por sua vez controlasse os demais poderes e também fosse controlado por eles. Dessa forma, as instituições e suas funções constitucionais passaram a ter preeminência sobre as pessoas que as incorporam ou exercem[210]. Essa não é necessariamente uma relação de rivalidade, mas sim de controle, e não exclui a possibilidade de

---

207. "Tudo teria sido perdido se o mesmo homem, a mesma corporação de líderes, ou a mesma assembleia do povo exercesse os três poderes: o de criar as leis, o de executar as resoluções públicas e o de julgar crimes ou ações judiciais entre particulares" (Charles de Secondant, Barão de la Bréde e de Montesquieu, *De l'esprit des lois*. Paris: Garnier, 1926, Volume 1, p. 224 e ss.).

208. HAMILTON, Alexander; MADISON, James; JAY, John. *The Federalist Papers*. Nova York: Bantam Books, 1988, n° XLVII.

209. MADISON, James, em *El Federalista* n° XLVII.

210. ROJAS, Ricardo Manuel. *Elementos de Teoría Constitucional. Una propuesta para Cuba*, *op. cit.*, p. 94.

colaboração mútua entre os diferentes poderes, em benefício da função que exercem[211].

No entanto, a partir do século XX, se intensificou uma discussão filosófica entre os partidários da supremacia das instituições e princípios republicanos e os que defendem a preponderância da vontade popular por meio do governo representativo das maiorias. A importância exacerbada atribuída à teoria e à prática da representação política para legitimar os atos do governo acabou minando vários ideais republicanos, entre eles, principalmente, a divisão de poderes[212].

Isso provocou uma tendência de relativizar a importância das instituições e justificar qualquer decisão que supostamente seja a vontade da maioria e, por esse caminho, foram desenvolvidas muitas formas de influenciar e capitalizar essa vontade, o que acaba sendo pouco saudável para as liberdades civis e políticas[213].

Nesse caminho, em meados do século passado, autores como Karl Loewenstein (1891-1973) generalizaram a noção de que a chamada "separação de poderes" se limita à distribuição das funções do Estado, algo como uma divisão de trabalho entre seus diferentes órgãos[214].

Essa visão contribui para enxergar o governo como o resultado de uma decisão eleitoral única, na qual seus diferentes funcionários fazem parte da mesma equipe. Desse modo, a fusão temporária

---

211. BOSCH, Jorge Tristán. *Ensayo de interpretación de la doctrina de separación de poderes*, Seminário de Ciências Jurídicas e Sociais, Universidad Nacional de Buenos Aires, 1944. Citado por ROJAS, Ricardo Manuel. *Análisis Económico e Institucional del Orden Jurídico, op. cit.*, p. 246.

212. Um exemplo disso é a invocação da vontade popular para ultrapassar os limites constitucionais. Assim, a soberania popular e a legitimação pela maioria foram invocadas para propor que um presidente que, segundo a Constituição, não poderia ser reeleito possa ignorar essa proibição e se candidatar novamente quando o "povo" assim o solicitar. O argumento é que a vontade popular expressa nas urnas não pode ser limitada por constituições ou leis.

213. ROJAS, Ricardo Manuel. *Análisis Económico e Institucional del Orden Jurídico, op. cit.*, p. 246-47.

214. LOEWENSTEIN, Karl. *Teoría de la Constitución*. Barcelona: Ariel, 1979, p. 55 e ss.

que ocorre entre os líderes do partido ou da coalizão vencedora e os órgãos estatais pode afetar de maneira perigosa o sistema de freios e contrapesos essencial ao constitucionalismo que a separação de poderes pretende garantir[215]. Por outro lado, e com relação específica ao assunto deste capítulo, essa identificação do poder dos funcionários com o resultado eleitoral os distancia da sua sujeição as limitações constitucionais e legais e gera argumentos a favor de considerar seus atos fora da possibilidade de controle pelos demais poderes, especialmente pelos juízes.

## 4. As questões não justiciáveis

Além da divisão e do controle recíproco dos poderes e, especialmente, das faculdades de controle judicial sobre a legalidade dos atos, existem certas decisões políticas que, excepcionalmente, devido à sua ligação com a independência necessária dos outros ramos do Estado, são reservadas à esfera do poder em que se originam e não podem ser revisadas pelos outros.

A Suprema Corte dos Estados Unidos tratou dessas questões não justiciáveis (políticas) desde seu começo, analisando o escopo do controle judicial da constitucionalidade. Ela fez isso logo no início no famoso julgamento do caso "Marbury vs. Madison"[216], o qual detalharei mais adiante.

A discussão sobre quais atos políticos deveriam ser excluídos do controle judicial a fim de resguardar a autonomia tem sido complexa e acidentada. Na jurisprudência da Corte Suprema Argentina, por exemplo, não foram estabelecidos critérios específicos com muita precisão, deixando a questão para a evolução casuística.

---

215. SÁNCHEZ GONZÁLEZ, Santiago e MELLADO Prado, Pilar. *Fundamentos de derecho político*. Madrid: Universidad Nacional de Educación a Distancia, 1993, p. 153; citado por MIDÓN, Mario A. R. *Decretos de necesidad y urgencia en la Constitución nacional y los ordenamientos provinciales*. Buenos Aires: La Ley, 2001, p. 11.
216. 5 U.S. 137 (1803).

Isso tem sido apontado desde o século XIX. Na decisão do caso "Cullen vs. Llerena", a Corte Suprema considerou que não correspondia examinar o procedimento de aprovação das leis, porque essa é uma questão para as Câmaras do Congresso. No entanto, em sua discordância, o juiz Varela, citando a jurisprudência da Corte dos Estados Unidos, apontou que "a linha que separa as questões judiciais das políticas nunca foi traçada"[217].

Ao longo dessa casuística, se considerou como questões não justicializáveis, por exemplo, a declaração de utilidade pública em matéria de desapropriação; as causas da declaração de estado de sítio ou intervenção federal; o processo de aprovação de leis; os processos de *impeachment*, em termos de fundamentos para a acusação; a oportunidade, a adequação ou a eficácia da lei; as categorias legais, em termos do direito à igualdade etc.[218]. No entanto, hesitou em relação às considerações de tais questões e deixou em aberto a possibilidade de intervenção por meio do controle de razoabilidade.

Nesse sentido, a Corte Suprema de Justiça da Argentina destacou:

> A intervenção dos juízes está excluída naqueles assuntos que, por seu próprio mandato ou por opinião legislativa razoável, tenham sido reservados a outros órgãos do Estado. Caso contrário, a atuação do poder judiciário violaria o princípio da divisão de poderes e colidiria com o sistema que o legislador, interpretando a Constituição Nacional, estruturou para o funcionamento das instituições (Acórdãos: 324:1740; 326:417).
>
> Por essa razão, foi dito que a missão mais delicada que compete ao Poder Judiciário é saber manter-se na órbita de

---

217. "Cullen vs. Llerena", Acórdãos 53:420 (1893). O caso envolveu uma revisão do procedimento de promulgação de uma lei de intervenção federal. A maioria da Corte considerou que não cabia ao Tribunal examinar a interpretação e a aplicação do artigo 71 (hoje 81) da Constituição Nacional atribuídas pelas Câmaras do Congresso. Pelo contrário, em sua discordância, o juiz Varela delimitou as questões políticas, em princípio, apenas às questões de soberania (GELLI, María Angélica, *Constitución de la Nación Argentina. Comentada y Concordada*. La Ley, 2006, p. 964).

218. GELLI, María Angélica, *op. cit.,* p. 965.

sua jurisdição, sem prejudicar as funções de outros poderes ou jurisdições, uma vez que o judiciário é chamado por lei a defender a observância da Constituição Nacional e, portanto, um avanço em detrimento de outras faculdades consistiria a maior gravidade para a harmonia constitucional e a ordem pública (Acórdãos: 324:2315, 3358; 326:2004; 328:3573).

Não obstante, é inerente às funções de um tribunal judicial interpretar as normas que conferem as faculdades exclusivas aos demais poderes para determinar seu alcance, sem que tal matéria constitua uma "questão política" imune ao exercício da jurisdição. Esclarecer se um dos poderes possui determinadas atribuições requer interpretar a Constituição, e essa tarefa permitirá definir até que ponto o exercício desse poder pode ser submetido à revisão judicial.

No contexto de um caso, não há outro poder acima da Corte Suprema para decidir sobre a existência e os limites das atribuições constitucionais outorgadas aos departamentos do Legislativo, Judiciário e Executivo, bem como sobre a demarcação dos poderes desses departamentos entre si e em relação às das províncias (Acórdãos: 324:3358). Mas as razões de oportunidade, mérito ou conveniência levadas em consideração pelos outros poderes do estado para adotar decisões que lhes competem não estão sujeitas ao controle judicial, embora isso não impeça de exercer o controle constitucional da razoabilidade das leis e dos atos administrativos, e uma vez constatada a evidente iniquidade de uma norma ou de um ato da administração, sua inconstitucionalidade é declarada no caso (Acórdãos: 325:28). Assim, por exemplo, a avaliação da política econômica realizada pelas autoridades competentes excede a jurisdição dos juízes (Acórdãos: 311:2453), sem prejuízo de que os atos concretos que possam alterar cláusulas constitucionais ou violar os direitos de determinadas pessoas possam ser objeto de revisão e controle judicial[219].

---

219. ROJAS, Ricardo Manuel. *La decisión judicial y la certidumbre jurídica*. Madrid: Unión Editorial, 2018, p. 123-24.

É importante ter em consideração que essa ideia das questões não justicializáveis foi amplamente negada e criticada por parte da doutrina, no sentido de que tanto a constitucionalidade e a legalidade dos atos do governo como aquelas ações que pudessem alterar direitos concretos devem ser sempre passíveis do controle e à revisão judicial. Um dos críticos mais constantes nesse sentido foi Bidart Campos[220].

A questão deve ser discutida com muito cuidado e restrito critério. Em princípio, todos os atos do governo devem ser sujeitos a controle, tanto de legalidade e constitucionalidade, quanto de razoabilidade em termos de sua possível alteração dos direitos individuais. Em nossa Constituição (da Argentina), esse princípio está consagrado no artigo 28, que estabelece que os direitos e garantias constitucionais não podem ser alterados pelas leis que regulamentam seu exercício.

> Definir quando uma questão é política e, portanto, não justicializável envolve tanto risco institucional quanto determinar que ela de fato é justicializável. O dilema que engloba essa questão foi apontado pelo juiz Harlan em sua dissidência no caso "Baker vs. Carr", no qual a maioria da Suprema Corte dos EUA considerou justicializável uma questão eleitoral. O juiz declarou: "Os observadores da Suprema Corte que a consideram primordialmente como o último refúgio para a correção de toda injustiça ou desigualdade, independentemente de sua natureza ou fonte, sem dúvida aplaudirão essa decisão e sua ruptura com o passado. Aqueles que consideram que o respeito nacional pela autoridade da Corte depende, em grande parte, de seu sábio exercício de autolimitação e disciplina no julgamento constitucional examinarão a decisão com profunda preocupação"[221].

---

220. Consulte, entre a numerosa bibliografia desse constitucionalista: BIDART CAMPOS, Germán José. *Manual de Derecho Constitucional Argentino*. Buenos Aires: Ediar, 1974, p. 780 e ss.

221. Dissidência do juiz Harland no caso "Baker vs. Carr" 369 U.S. S. Ct. 691, 7 L.Ed. 663 (1962). Tradução e notas críticas da sentença em: MILLER, Jonathan, GELLI, María Angélica, CAYUSO, Susana. *Constitución y Poder Político*. Buenos Aires: Ed. Astrea, 1987, T. 1, p. 173 e ss. GELLI, María Angélica, *op. cit.*, p. 966.

Portanto, não se pode usar como uma desculpa para não julgar os atos do governo a alegada "não-justiciabilidade" em termos gerais, como pretendem aqueles que consideram que a ação política dos agentes públicos é privativa de cada poder do Estado e não pode ser submetida ao controle dos juízes. Como a própria Corte destacou, não existe uma fórmula que, com base na classificação de uma questão como política, autorize ou exclua a intervenção judicial (Acórdãos: 311:2580). Esse é um tema delicado que os juízes devem abordar com extrema prudência para não perturbar o equilíbrio de poderes, mas, ao mesmo tempo, não deixar indefesos os direitos dos cidadãos ou impunes as faltas dos agentes públicos.

Assim, argumentou-se que a decisão de remover uma autoridade por meio de *impeachment* é uma questão política não revisável, mas o seria se houvesse falhas no procedimento que violassem o direito de defesa no julgamento ou o devido processo legal; ou que a eleição de juízes é um mecanismo estritamente político no qual o presidente da nação, o Senado e o Conselho da Magistratura intervêm, mas se as leis que estabelecem os mecanismos de eleição forem violadas, com prejuízo aos direitos de determinadas pessoas, isso justificaria a intervenção judicial.

Consequentemente, a "questão política" não pode ser invocada como desculpa para buscar a impunidade de determinados funcionários públicos ou para legitimar violações de direitos específicos. Assim, mesmo as decisões de órgãos políticos eletivos não podem permanecer fora do controle judicial apenas por causa da origem popular dos funcionários que as adotam.

Esse princípio se aplica a todas as ações do governo regulamentadas pela Constituição e pelas leis, incluindo a emissão de moeda e suas disposições sobre o curso legal e forçado, ou as restrições à concorrência com outras moedas, onde as decisões dos funcionários públicos envolvidos podem ser submetidos não apenas ao controle político, mas também administrativo e judicial.

## 4.1 - A importância do caso "Marbury vs. Madison"

Embora seja um caso muito conhecido e ensinado como um dos principais casos em termos de controle de constitucionalidade pela Suprema Corte dos Estados Unidos, vale a pena relembrar brevemente o que foi discutido nele, pois está diretamente relacionado, entre outras coisas, a questões não justicializáveis.

Pouco antes de deixar o cargo, o presidente John Adams (1735-1826), aproveitando-se do apoio do Congresso, propôs a nomeação de 42 juízes de paz no Distrito de Colúmbia, para o qual enviou os documentos de nomeação ao Senado, que os aprovou. Ato contínuo, o presidente então assinou as nomeações dos juízes, e o Secretário de Estado John Marshall (1755-1835) – que alguns anos depois se tornaria presidente da Suprema Corte de Justiça e que viria a julgar o caso – colocou o selo oficial nas nomeações e entregou as respectivas atas. No entanto, as formalidades não foram concluídas em quatro casos e, assim, os respectivos decretos não foram publicados, permanecendo para ser despachados pelo Secretário. Um desses juízes era William Marbury (1762-1835).

Pouco tempo depois, houve uma mudança de governo e Thomas Jefferson foi empossado como o novo presidente. Marbury processou o novo Secretário de Estado, James Madison, para que este cumprisse o anúncio de sua nomeação como juiz. O Secretário de Estado se recusou a fazê-lo e, então, o caso foi enviado diretamente à Suprema Corte, que já era presidida por John Marshall.

O caso envolvia muitas questões delicadas: **1)** se era ou não passível de revisão judicial a decisão política relacionada à nomeação de juízes, que é um processo que envolve os poderes Executivo e Legislativo; **2)** em caso afirmativo, se a nomeação dos quatro juízes havia sido concluída e, portanto, restava apenas o ato formal de comunicar sua nomeação; **3)** em caso afirmativo, se Marbury tinha direito a uma intervenção judicial para obrigar o poder executivo a concluir a nomeação dos juízes; e **4)** se o procedimento pelo qual essa reivindicação deveria ser tratada estava correto e, em caso afirmativo, o que a Corte deveria fazer.

Por trás dessas disputas judiciais, havia uma intensa tempestade política. Adams havia aproveitado seus últimos momentos no cargo para nomear repentinamente 42 juízes e impedir que o novo presidente, do partido oposto, o fizesse. Jefferson, muito irritado com a atitude de Adams, não estava disposto a efetivar no cargo os quatro juízes que não haviam sido nomeados. A Suprema Corte sabia que, se ordenasse a nomeação e posse dos juízes, o Poder Executivo provavelmente não cumpriria a ordem e provocaria um conflito de poderes, cujo fim era incerto. Por outro lado, se não atendesse à reivindicação e concordasse com Madison, estaria dando um sinal de fraqueza e se rendendo ao poder do presidente. Por trás desse conflito, o que estava sendo debatido era quem era o intérprete final da Constituição e se os juízes poderiam controlar os atos dos outros poderes do Estado.

O talento do juiz Marshall encontrou uma solução que tornou essa decisão uma das mais importantes do período de fundação dos Estados Unidos. Mas, para fazê-lo, teve de recorrer a alguns artifícios que tornaram a sentença passível de várias críticas. De fato, e correndo o risco de antecipar o desenvolvimento da sentença, vale a pena lembrar que, no final, foi decidido que o caminho processual usado por Marbury – apresentação direta perante a Corte – não era o correto, embora o Judiciary Act parecesse autorizá-lo. A Constituição prevê esse mecanismo somente no caso de competência originária da Corte e, em todos os outros casos, ela só poderia intervir por apelação. Em um julgamento sem a importância desse caso, a Suprema Corte deveria simplesmente ter dito isso e rejeitado a alegação de Marbury sem tratar de nenhum outro argumento. Porém, o que estava em jogo era a definição do equilíbrio de poderes. O caso era ideal para tratar dessa questão e os juízes decidiram priorizar a abordagem das questões constitucionais que queriam destacar, em detrimento da clareza técnica da decisão.

Por fim, o julgamento seguiu de acordo com a resposta a três perguntas sucessivas:

1. Marbury tem direito à nomeação que alega?

2. Se ele tem direito à nomeação e esse direito foi violado, a lei o protege?

3. Se a lei o protege, o que a Corte pode fazer por ele? A Corte pode obrigar Madison a concluir a nomeação dele?

Quanto à primeira pergunta, depois de uma explicação detalhada sobre o procedimento para nomeação de funcionários pelo presidente de acordo com a Constituição e as leis, e de examinar a relação entre designação e nomeação, foi concluído que Marbury "foi designado assim que sua nomeação foi assinada pelo presidente, e o selo presidencial foi afixado pelo Secretário de Estado, e como a lei que cria o cargo dá ao funcionário o direito de permanecer nele por cinco anos, independentemente do Executivo, a nomeação não é revogável, mas foi investida com os direitos legais do funcionário, os quais são protegidos pela lei de seu país". Portanto, impedir a nomeação é um ato que a Corte considerou não autorizado por lei e uma violação de um direito legal absoluto.

A Corte então passou para o segundo ponto, e declarou:

> A essência da liberdade civil consiste, de fato, no direito de cada indivíduo de reivindicar a proteção das leis sempre que for prejudicado. Um dos primeiros deveres do governo é conceder essa proteção. Na Grã-Bretanha, o próprio rei é processado de acordo com o devido processo legal, e ele nunca deixa de cumprir a decisão de sua corte de justiça.

[...] O governo dos Estados Unidos declarou enfaticamente que é um governo de leis e não de homens. E certamente deixará de merecer esse título se as leis não oferecerem remédios contra a violação de direitos legais absolutos.

A discussão então se voltou para a questão se poderá faculdade do presidente de designar funcionários é exclusivo ou pode ser julgado pelos juízes:

Pela Constituição dos Estados Unidos, o presidente é investido de determinados poderes políticos importantes, para os quais ele usa seu próprio critério e é responsável apenas perante seu país em caráter político e perante sua própria consciência. Para auxiliá-lo no cumprimento desses deveres, ele está autorizado a designar certos funcionários que agem sob seu mandato e em conformidade com suas ordens [...]

[...] Mas quando a legislatura passa a impor outros deveres a esse funcionário, quando ele é peremptoriamente obrigado a realizar certos atos, quando há direitos individuais a serem defendidos do cumprimento de tais atos, ele é, até o momento, um funcionário da lei; é o responsável perante a lei por sua conduta e não pode, a seu próprio critério, desrespeitar os direitos absolutos de outras pessoas.

A conclusão desse raciocínio é que, se os chefes de departamento são os agentes políticos ou assessores confidenciais do Executivo, que estão lá apenas para executar a vontade do presidente, ou melhor, para agir nos casos em que o Executivo tem poder discricionário legal ou constitucional, nada pode ser mais perfeitamente claro do que seus atos serem julgados apenas politicamente. Mas se a lei lhes atribui um dever específico, e os direitos individuais dependem do cumprimento desse dever, parece igualmente claro que o indivíduo que se considera prejudicado tem o direito de recorrer às leis de seu país para obter uma solução.

Assim, a Corte fez uma distinção entre questões políticas que estão fora do escopo da revisão judicial e aquelas que podem ser analisadas. Os funcionários cujas tarefas são regulamentadas ou submetidas a condições pela legislação devem cumprir a lei, e sua violação dá ensejo à intervenção judicial, da mesma forma que ocorre se sua conduta causar prejuízos ou lesar os direitos de outras pessoas.

Consequentemente, nessa primeira parte da sentença, a Corte concluiu:

> 1. Que, ao assinar a designação do Sr. Marbury, o presidente dos Estados Unidos o nomeou juiz de paz do condado de Washington, no distrito de Colúmbia; e que o selo dos Estados Unidos, ali afixado pelo Secretário de Estado, é um testemunho conclusivo da autoridade da assinatura e da integridade da designação; e que a designação lhe conferiu um direito legal ao cargo pelo período de cinco anos;
>
> 2. Que, tendo seu título legal para o cargo, ele tem, portanto, o direito à nomeação; a recusa em entregá-lo o cargo é uma clara violação desse direito, para o qual as leis de seu país preveem uma solução.

Dessa forma, a Suprema Corte estreitou a noção de questões políticas não justiciáveis e decidiu que Marbury tinha direito à proteção legal. Mas, em seguida, teve que enfrentar a discussão mais complexa sobre o que fazer a partir dali. Deveria impor ao Poder Executivo a obrigação de conceder a Marbury sua designação de juiz? Os magistrados sabiam que, se fizessem isso, o presidente Thomas Jefferson provavelmente não obedeceria à ordem e ocorreria um conflito de poderes muito complexo, com consequências desconhecidas para o futuro constitucional do país.

Marshall havia encontrado uma possível solução, que tinha duas opções: uma meramente formal e outra muito mais profunda. Alguns dos juízes da Suprema Corte optaram pela solução formal, que dava à Suprema Corte uma saída sem ter que decidir. Mas Marshall insistiu que era hora de estabelecer um precedente fundamental para o futuro da Suprema Corte e do poder judiciário como um todo.

A Suprema Corte tinha o poder de decidir a questão, com base nas disposições do artigo 13 do *Judiciary Act* de 1789. Mas, de acordo com a Constituição, a Suprema Corte só poderia atuar como única instância em casos exclusivos de jurisdição originária. Em todos os outros casos, ela só poderia intervir em uma apelação. E esse caso havia sido tramitado diretamente na Suprema Corte.

Por esse motivo, a sugestão de alguns juízes foi que a Corte deveria se limitar a declarar que não tinha jurisdição no caso e não dizer mais nada. Mas Marshall insistiu que o que existia era um conflito entre uma lei e a Constituição, e se eles simplesmente declarassem que não havia jurisdição, quando a lei expressamente lhes concedia jurisdição, eles estariam deixando de aplicar uma lei sem decidir sobre sua inconstitucionalidade.

Portanto, o que a Suprema Corte fez foi dizer que essa cláusula legal estendia indevidamente a limitação de jurisdição estabelecida pela Constituição e, portanto, a declarou inconstitucional. Como consequência dessa inconstitucionalidade e da lei fundamental, a Corte declarou que não tinha jurisdição para decidir sobre o mérito da petição.

A sentença, portanto, teve muitos efeitos diferentes e estabeleceu alguns princípios muito valiosos para o futuro da jurisprudência:

> 1. Deu razão a Marbury, apontando que ele tinha o direito de ser nomeado juiz e podia acionar a justiça por esse direito, sem que o governo pudesse se esconder atrás do caráter político da questão. Sempre que houver, em um ato governamental, uma alteração de um direito constitucional que cause prejuízo, as partes prejudicadas têm direito de serem protegidas pela lei do país;

**2.** Deu razão a Madison e a Jefferson, na medida em que não os obrigou a de fato colocar Marbury no cargo, mesmo que fosse por uma falha puramente formal, tal como a via processual incorrida;

**3.** O mais importante de tudo, do ponto de vista constitucional, é que, ao declarar inconstitucional o artigo 13 do *Judiciary Act*, ela afirmou o princípio de que os juízes são os intérpretes finais da Constituição e, portanto, têm controle sobre a constitucionalidade dos atos do governo. Algo que, a partir de então, ficou definitivamente estabelecido na jurisprudência da Suprema Corte e que não poderia ser questionado pelo presidente Jefferson ou por seu Secretário de Estado, pois eles não tinham nenhuma queixa pessoal a fazer pelo fato de a Suprema Corte ter indeferido a reivindicação de Marbury.

Entre todas as lições resultantes dessa decisão, ficou claro que, para a Suprema Corte, as questões políticas que estão fora do controle judicial são poucas e devem ser resolvidas nos casos em que o poder do funcionário público esteja regulado pela Constituição ou pelas leis, ou quando sua conduta infringe os direitos de outras pessoas.

## 4.2 – Por que a quantidade de dinheiro emitido pelo governo não é uma questão "não justicializável"?

As questões não justicializáveis geralmente incluem assuntos que deveriam estar sujeitos à discricionariedade dos poderes do governo que atua de acordo com critérios de oportunidade e conveniência. Essas questões geralmente incluem assuntos de "política econômica", que frequentemente terminam de maneira desastrosa e muito onerosa para os direitos dos habitantes. A alegação de que as questões econômicas são discutíveis e que não apresentam garantia de êxito nos permite fingir que essa é uma área em que os políticos aplicam critérios de oportunidade e conveniência que não podem ser revisados judicialmente. A emissão de dinheiro costuma ser colocada nessa categoria.

Tal alegação merece ser questionada por dois motivos principais:

1. Porque a ideia de que é função do governo decidir "políticas econômicas" de forma discricionária, e que essa é uma função primordial e exclusiva do Poder Executivo, não é apenas incorreta, mas também muito perigosa.

Quem exerce direitos de propriedade, produz, comercializa etc., são os indivíduos, não os governos. A função do governo no processo econômico é trazer segurança aos direitos, solucionar as reivindicações, fazer cumprir contratos e, em qualquer caso, garantir a estabilidade da moeda. Mas, como vimos nos capítulos anteriores, a ideia de que é uma função do governo usar o aumento da quantidade de moeda para impulsionar a economia ou financiar seus gastos não apenas tem sido muito contraproducente do ponto de vista econômico, mas também supõe uma clara extrapolação e uma violação explícita dos direitos individuais, cuja proteção é uma função essencial do governo e sua razão de ser.

Ao explicar os princípios econômicos da Constituição Argentina de 1853, Juan Bautista Alberdi afirmou:

> Qualquer lei que atribua ao Estado, de forma exclusiva, privada e proibitiva, o exercício de operações ou contratos que pertençam essencialmente à indústria comercial, é uma lei derrogatória da Constituição na parte em que a liberdade de comércio é garantida a todo e qualquer habitante da Confederação. Por exemplo, as operações bancárias são operações comerciais, tais como a venda e a compra de moeda, o empréstimo de dinheiro a juros, o depósito, a troca de moedas de uma localidade para outra, o desconto, ou seja, a conversão de papéis de crédito privados comuns, como letras de câmbio, notas promissórias, escrituras, comprovantes etc., em dinheiro ou cédulas emitidas pelo banco. As companhias de seguros, a construção de ferrovias e pontes e o estabelecimento das rotas de navios a vapor também são operações comerciais. Não há um único

código de comércio em que essas operações não apareçam como atividades essencialmente comerciais. E como tal, todos os códigos as distinguem da esfera de pessoas físicas [...]. Se, portanto, tais atos correspondem e pertencem à indústria do comércio, e essa indústria, como todas sem exceção, foi declarada como direito fundamental de todos os habitantes, então a lei que dá ao Estado o direito exclusivo de exercer as operações conhecidas por todos os códigos de comércio como operações de banco e como atos de comércio é uma lei que vira a Constituição de cabeça para baixo e que, além disso, inverte e transtorna todas as noções de governo e todos os princípios de uma economia política sólida[222].

Seguindo essas ideias básicas, a Corte Suprema Argentina, na segunda metade do século XIX e no início do século XX, privilegiou o respeito à propriedade privada e os direitos dos habitantes em detrimento dos projetos econômicos dos governos. Isso permitiu um crescimento exponencial do país, que em 1895 era o país com a maior renda *per capita* do mundo[223].

---

222. ALBERDI, Juan Bautista. *Sistema Económico y Rentístico de la Confederación Argentina según su Constitución de 1853, op. cit.*, p. 54-55.

223. Dois casos bem conhecidos podem ser mencionados como exemplos dessa doutrina da Suprema Corte nos tempos primórdios. Neles, ficou claro que os interesses econômicos ou a conveniência do Estado não poderiam prevalecer sobre os direitos dos indivíduos.

1. Um deles é o caso "Cidade de Buenos Aires vs. Elortondo, Isabel s/ desapropriação", decidido em 14 de abril de 1888 (Acórdão: 33:162). Pela lei de desapropriação de 1884, foi estabelecido que, para a construção da Avenida de Mayo, que teria 30 metros de largura e se destinava a ligar a Casa do Governo ao Congresso Nacional, estava autorizada não apenas a desapropriação do terreno destinado à construção da avenida, mas também do terreno adjacente, que até então separava as ruas Rivadavia e Victoria. O objetivo era que, com a venda futura desse terreno com o valor mais alto adquirido após a construção da avenida, o governo pudesse financiar o projeto.

O que se discutiu não foi a utilidade pública da obra em si, mas sua extensão à desapropriação dos terrenos, cuja finalidade nada tinha a ver com a obra em si, mas sim com o próprio negócio do Estado que lhe permitiria financiá-la. A Corte iniciou dizendo: "Que a teoria fundamental da desapropriação por utilidade pública [...] não se estende a nada mais do que autorizar a ocupação da parte da propriedade privada que é indispensável para a execução da obra ou finalidade pública em questão, e nunca pode ir além disso, nem ser aplicada sobre a propriedade que não é necessária para

2. Porque, como expus acima, desde os primeiros tempos – podendo mencionar o caso "Marbury vs. Madison" de 1803 como parte dessa origem –, os tribunais estabeleceram duas restrições fundamentais às questões políticas que se pretendem deixar fora do controle judicial: a) quando o ato violar a Constituição ou as leis que impõem mandatos ou limitações específicas ao funcionário público; b) Quando tais atos infringem direitos de determinados indivíduos.

---

esses propósitos [...]. Que é a mesma noção de que não pode ser realizada meramente para fins de especulação ou para aumentar a receita pública, ou seja, não por conta de uma utilidade pública geral ou comunitária no sentido legal e próprio da palavra, mas de uma utilidade pecuniária e meramente privada do Estado e de suas corporações, nem ser realizada mesmo quando a obra é útil e conveniente aos interesses sociais, se puder ser realizada, ou dado que esses interesses podem ser atendidos, sem recorrer à desapropriação ou por outros meios que não a desapropriação". Consequentemente, e após uma extensa explicação dos limites da desapropriação, declarou inconstitucional a lei na medida em que declarou os lotes de terra adjacentes à própria avenida como sendo de utilidade pública e sujeitos à desapropriação.

2. Outro caso que eu gostaria de relembrar: "Hileret c/ Província de Tucumán", 5 de setembro de 1903 (Acórdãos: 98:20). O caso questionava a constitucionalidade de um imposto sobre a produção de açúcar na província de Tucumán, que impunha um grande aumento após a produção de uma determinada quantidade de açúcar. O objetivo da lei era regular a produção, evitando que os preços caíssem em detrimento dos pequenos produtores, para o qual desestimulavam a produção dos grandes engenhos tributando-os com altos impostos quando excedessem determinada quantidade de toneladas. A Corte começou argumentando que a questão deveria ser examinada do ponto de vista legal e constitucional e não do ponto de vista da conveniência econômica, lembrando que as leis que regulam o exercício dos direitos, de acordo com o artigo 14, são limitadas pelas disposições do artigo 28, ou seja, que esses direitos não podem ser alterados por meio de regulamentação. A esse respeito, a Corte baseou-se em citações de Alberdi. Considerou que um imposto equivalente a um valor maior do que o preço do próprio produto no mercado infringia o direito de propriedade e o exercício da indústria, com uma clara lesão às liberdades individuais protegidas pela Constituição. Da mesma forma, um imposto tão alto sobre os mais produtivos estabelecia uma desigualdade que também violava o princípio orientador do artigo 16 da Constituição

A Corte concluiu que, se esses argumentos de conveniência política para infringir direitos individuais fossem admitidos, "não haveria nenhum setor [...] que não pudesse ser temporariamente ou indefinidamente restringido ou impedido". Se a regulamentação imposta à produção de açúcar fosse aceita, ela poderia ser estendida às demais atividades industriais até que a vida econômica do país "fosse confiscada nas mãos de legislaturas ou congressos que usurpariam, por meio de regulamentações engenhosas, todos os direitos individuais [...] até cairmos em um comunismo de Estado no qual os governos seriam os regentes da indústria e do comércio, e os árbitros do capital e da propriedade privada" (cons. 23).

No caso da quantidade de dinheiro, com base em tudo o que foi discutido até agora, parece claro que o governo não deve receber poder irrestrito para aumentá-la. Os danos causados pela inflação à comunidade em geral e aos direitos de propriedade em particular justificam que essa função seja estritamente limitada por lei e que quaisquer excessos da respectiva autoridade sejam julgados e punidos pelo Poder Judiciário, em tribunais civis e criminais, além das responsabilidades na esfera administrativa e política.

Para que os juízes possam julgar e tomar uma decisão, três elementos devem existir: a) um caso, b) partes em conflito e c) uma discussão real que exija uma decisão do juiz[224]. Nesse aspecto, a Corte Suprema da Argentina declarou:

> Não pode haver decisão judicial sem um caso. Os juízes não emitem decisões em um vácuo, não resolvem questões abstratas ou pronunciam sentenças meramente declaratórias, mas devem intervir como consequência de reclamações concretas apresentadas respeitando as vias processuais pertinentes, onde há um interesse na sua decisão mantido até o momento do pronunciamento final (Acórdãos: 306:1125). Os juízes só intervêm como resposta ao impulso de parte, a fim de garantir a efetividade de direitos específicos e evitar que sejam violados (Acórdãos: 328:1146).

**a.** Em primeiro lugar, é necessária a existência de um caso, que tenha sido considerado como uma questão em que se busca efetivamente a determinação do direito debatido entre partes adversas (Acórdãos: 156:318), que deve se basear em um interesse específico, concreto e atribuível ao litigante em determinada forma (Acórdãos: 326:3007). Sem um caso ou controvérsia que requeira uma solução, a intervenção judicial não procede (Acórdãos: 323:4098). Para garantir o

---

224. ROJAS, Ricardo Manuel. *La decisión judicial y la certidumbre jurídica*. Madrid: Unión Editorial, 2018, p. 114 e ss. Ver também: YMAZ, Esteban y REY, Ricardo. *El recurso extraordinario, Jurisprudencia Argentina*. Buenos Aires, 1943, p. 40 e ss.

equilíbrio entre os poderes do Estado, é indispensável que os juízes atuem somente quando houver uma controvérsia.

> Uma questão justicializável é aquela destinada a uma decisão sobre uma situação real e específica, que não foi levantada por hipótese, nem para estabelecer regras para casos que não ocorreram, pois "é da essência do Poder Judiciário decidir sobre disputas efetivas de direitos" e não compete aos juízes "fazer declarações gerais ou abstratas" (Acórdãos: 2:254; 12:372; 24:248; 94:444; 107;179; 115:163; 130:157; 193:524; 324:333) [...]. As "causas", "casos" ou "assuntos" que permitem a intervenção dos juízes são aqueles em que se busca, de forma concreta, a determinação do direito debatido entre as partes adversas (Acórdãos: 324:388; 325:474, 961; 326:2931; 327:1813; 328:2966)[225].

**b.** A existência de uma "causa" implica na existência de uma "parte", ou seja, quem reclama ou se defende, e quem, por fim, se beneficia ou é prejudicado pela decisão tomada (Acórdãos: 336:2356). Pelo princípio da congruência, a decisão judicial só pode e deve se referir às partes do processo e tem efeitos diretos com relação a elas.

Por isso, ao decidir sobre a legitimidade como parte no litígio, os juízes devem definir se há um vínculo lógico entre o *status* invocado pelo litigante e a reivindicação que se busca satisfazer, o que é essencial para considerá-lo como parte no processo[226]. Em resumo, a condição de parte requer a demonstração de um interesse especial, concreto, direto e imediato no caso, e as queixas alegadas devem afetá-la de maneira suficientemente direta e substancial (Acórdãos: 306:1125; 308:2147; 310:606; 326:2998 e 3007; 331:2287; 333:1213; 338:1347). A invocação de um interesse genérico

---

225. ROJAS, Ricardo Manuel. *La decisión judicial y la certidumbre jurídica*, *op. cit.*, p. 115.
226. Conforme decidiu a Suprema Corte nos Acórdãos: 322:528. Ela baseou essa afirmação no precedente da Suprema Corte dos Estados Unidos no caso "Flast vs. Cohen" (392 U.S. 83) e a autoridade do juiz Antonin Scalia ("The doctrine of standing as an essential element of the separation of powers" 17 Suffolk University Law Review, 1983, p. 881).

ou indireto geralmente não é suficiente para ser considerada uma parte.

Nesse sentido, foi decidido, por exemplo, que a condição de cidadãos, eleitores de uma província, consumidores e beneficiários de direitos reconhecidos pela Constituição, ou invocações similares sem a demonstração de um dano concreto, é insuficiente para sustentar a legitimidade (Acórdãos: 336:2356).

> Admitir a legitimidade em um grau que a identifique, por exemplo, com o "interesse generalizado de todos os cidadãos no exercício dos poderes do governo" distorceria os poderes do Poder Judiciário em suas relações com o Poder Executivo e o Congresso, expondo-o à acusação de exercer governo por meio de medidas cautelares (Acórdãos: 331:1364; 333:1023; 336:2356).

c. No momento da decisão do juiz, o litígio ou conflito entre as partes que exige sua decisão deve permanecer subsistente. Não cabe aos juízes fazer declarações gerais ou abstratas, pois é da essência do Poder Judiciário decidir sobre disputas efetivas de direitos[227].

Dentro desses parâmetros, a intervenção dos juízes é justificada. Esses requisitos também estabelecem os limites das questões "não justicializáveis" que permanecem na esfera dos poderes políticos. De fato, haverá um caso, com partes conflitantes que exigem uma solução, sempre que alguém realizar uma ação que contrarie a ordem jurídica e cause prejuízo. No caso dos funcionários públicos, sua principal obrigação é cumprir a lei e os regulamentos, de modo que haverá um caso sempre que sua conduta infringir a ordem jurídica, e assim causar danos concretos, seja a uma pessoa física ou a uma instituição.

É o caso da emissão monetária, que não é uma faculdade que possa ser exercida de forma discricionária ou arbitrária, mas deveria estar sujeita a limitações legais. Consequentemente, quando

---

227. ROJAS, Ricardo Manuel, *op. cit.*, p. 117-18.

os respectivos funcionários violam essas limitações e, assim, produziriam inflação – que, por sua vez, causa um prejuízo concreto, tanto à legalidade e ao funcionamento normal da administração pública quanto a todos os possuidores privados de dinheiro –, haverá então um caso a ser julgado pelos juízes.

A legitimação ativa estará nas mãos dos funcionários responsáveis pelo controle que perceberem a violação da lei, estando assim obrigados a agir de acordo. O prejuízo real será causado por impactar o funcionamento normal da administração do governo, o valor da moeda e os direitos de propriedade prejudicados pela inflação.

## 5. A responsabilidade penal dos agentes do governo

Os códigos penais contêm um grande número de delitos envolvendo funcionários e agentes do governo, tanto os que fazem parte da estrutura burocrática e administrativa estável quanto os que são resultado de eleição popular e até mesmo indivíduos que eventualmente realizam tarefas ou exercem funções de natureza pública. Eles podem estar envolvidos como autores ou participantes, como vítimas ou como meios para cometer tais delitos.

Embora a participação do governo possa ser encontrada em inúmeras infrações penais, e até mesmo a qualidade de funcionário público seja um agravante em vários delitos, há certos bens jurídicos em que a participação de funcionários estatais é muito mais decisiva, como nos delitos contra a segurança da nação, contra a administração pública ou contra a fé pública.

De fato, a "administração pública" como tal é um bem jurídico protegido pelo direito penal que contempla predominantemente ações cometidas por funcionários em detrimento do próprio Estado. Como tal, não se limita às funções do Poder Executivo, seja federal, estadual ou municipal, como poder administrativo, mas se estende ao exercício das funções legislativas, executivas e judiciárias em qualquer uma dessas três esferas. A normalidade desse exercício é protegida contra os abusos daqueles que exercem essas funções (funcionários ou empregados públicos) e contra atos de terceiros, sejam destinatários ou não do dever funcional[228].

> O conceito penal de administração pública é, aqui, algo muito amplo: é o governo do Estado integrado com todos os poderes que o compõem, com os serviços que são inerentes a esses poderes ou que o Estado atraiu para sua esfera por razões práticas, mas em cumprimento de finalidades públicas. Pode-se dizer, então, que o objeto de proteção é a regularidade e a eficiência da função pública concebida em seu sentido mais amplo, incluindo a função pública em si, ou seja, aquela que implica uma atribuição do Estado na pessoa do funcionário, por meio da qual ele manifesta sua vontade perante/sobre os administrados, bem como o serviço público que se realiza no âmbito da administração[229].

Assim, o Código Penal argentino esclarece, em seu artigo 77, que os termos "funcionário público" e "empregado público" referem-se a "todo aquele que participa de forma temporária ou permanente no exercício de funções públicas, seja por eleição popular ou por nomeação de uma autoridade competente"[230].

---

228. NÚÑEZ, Ricardo C. *Tratado de Derecho Penal*. Córdoba: Ed. Lerner, 1992, T. V, Vol. II, p. 18.
229. CREUS, Carlos. *Derecho Penal. Parte Especial*. Buenos Aires: Astrea, 1993, T. 2, p. 217.
230. Assim, para fins de direito penal, os funcionários públicos e os empregados públicos são tratados da mesma forma, e não há distinção como na esfera administrativa. O advogado e escritor Ricardo Núñez esclarece o conceito dizendo que: "Uma pessoa participa do exercício de funções públicas se o Estado lhe delegou, *de jure* ou *de facto*, individual ou coletivamente, o poder de expressar ou exercer a vontade do Estado na esfera de qualquer um dos três poderes do governo nacional, estadual ou municipal (conf. CARRERA, PECULADO, DEPALMA, Buenos Aires, 1968, p. 59 e ss). Podem ser funções que impliquem poder de decisão ou de execução (atos de autoridade) ou que não impliquem tal poder e cuja finalidade seja a realização de outros poderes ou competências estatais, como a fé pública, a educação pública ou a saúde pública" (NÚÑEZ, Ricardo C., *op. cit.*, p. 18-19).

Como veremos mais detalhadamente no próximo capítulo, há uma conduta básica que é fonte de responsabilidade penal dos agentes públicos, que está diretamente ligada à violação da legalidade estabelecida pela Constituição e pelas leis.

Essa responsabilidade genérica constitui-se por ação, ou seja, fazer coisas que não são autorizadas por lei e que consiste em um abuso de autoridade, ou por omissão, isto é, não fazer o que a lei exige, resultando em um descumprimento dos deveres do funcionário público. Ambas as formas estão consagradas na legislação penal como delitos autônomos residuais, mas também podem ser a base para outras infrações penais mais graves, por envolver a violação de outros bens jurídicos, além da correta administração pública.

Esse segundo caso pode incluir a emissão ilegal de dinheiro produzido por funcionários públicos encarregados de regular a produção e a circulação do novo dinheiro. Entendo, conforme desenvolverei no próximo capítulo, que nesse caso a responsabilidade penal é indiscutível.

# CAPÍTULO VIII

# A Inflação como Delito

## 1. Por que punir penalmente os funcionários que produzem inflação?

Como vimos nos capítulos anteriores, a emissão de moeda causa prejuízos diretos a todas as pessoas, exceto quando para substituição de cédulas danificadas ou nos casos em que o aumento do estoque de mercadorias justifique o aumento da quantidade de dinheiro em circulação.

A inflação é um tipo de predador silencioso, invisível e inaudível para as pessoas, que, no entanto, percebem as consequências do seu aparecimento em seus próprios bolsos. E como não tem efeitos automáticos ou uniformes, em geral atinge mais intensamente aqueles que recebem o dinheiro por último, que precisam usá-lo para sobreviver e não têm condições de buscar formas de investimento que lhes permitam preservar parte de seu valor. Em outras palavras, aqueles com menos recursos econômicos.

Em suma, alguns funcionários do governo, com o objetivo de atingir fins extra-monetários – que podem estar ligados à cobertura do déficit orçamentário, à realização de gastos extraordinários ou à produção de determinados efeitos políticos –, utilizam seu poder e autoridade para ordenar a emissão e a circulação de dinheiro espúrio sabendo, ou devendo saber, dos prejuízos diretos e outras consequências nocivas que tal conduta trará para a comunidade em geral.

Enquanto a emissão de moeda for considerada uma função do governo, ela deverá ser regulamentada respeitando as limitações constitucionais, especialmente aquelas que estabelecem os princípios de legalidade, razoabilidade e supremacia dos direitos individuais[231]. Isso impede que o governo exerça essa faculdade de forma discricionária ou arbitrária e, ao fazê-lo, infrinja os direitos individuais de propriedade.

Uma primeira observação a esse respeito é que o monopólio da emissão monetária geralmente não é previsto como um poder constitucional do governo, ao menos nas constituições mais antigas. Isso ocorre porque esse monopólio é relativamente recente. Que o governo pudesse cunhar moedas, e depois imprimir cédulas, não o convertia automaticamente no monopolista do dinheiro, pois o poder de cunhar ou emitir moeda por parte dos bancos privados estava latente e foi exercido em certa medida, até que a conversibilidade fosse definitivamente eliminada[232].

---

231. No contexto da Constituição Argentina, por exemplo, tal poder deve ser exercido respeitando a limitação contida no artigo 28, no sentido de que a regulamentação legal desse poder não pode infringir os direitos e garantias que protegem os habitantes do país, nesse caso, especialmente o direito à propriedade.

232. Por exemplo, a Constituição Argentina de 1853-60 contém dois poderes concedidos ao Congresso no artigo 67, incisos 5 e 10 (atuais incisos 6 e 11 do artigo 75). O primeiro deles permite ao Congresso "estabelecer e regular um banco federal com o poder de emitir moeda, assim como outros bancos nacionais"; o segundo "carimbar a moeda, fixar seu valor e o da moeda estrangeira e adotar um sistema uniforme de pesos e medidas para toda a nação". Houve uma tentativa de basear nessas cláusulas constitucionais o monopólio estatal da moeda compulsória estabelecida por um banco central. Mas, como lembrou González Calderón, durante a discussão da primeira cláusula na Convenção Constituinte de 1853, o membro relator Benjamín Gorostiaga, quando solicitado a dar explicações por Zenteno, também membro da Convenção, explicou que "o banco emitiria notas, mas não de circulação compulsória". O constitucionalista acrescentou: "Como se vê, estavam muito longe do espírito do membro informante as crises políticas e financeiras do país, que pouco depois imporia aquela 'circulação forçada' não prevista na lacônica resposta pré-transcrita [...]. O texto não o diz e não há razão para acreditar nisso" (GONZÁLEZ CALDERÓN, Juan A. *Curso de Derecho Constitucional*. Buenos Aires: Ed. Kraft, 1963, p. 430-33).

Com relação à outra cláusula, a opinião de González Calderón era que: "O inciso 10 do artigo 67 não pode ser interpretado de forma a acreditar que o valor da moeda seja arbitrariamente fixado pelo Congresso. A moeda, como foi corretamente dito, é uma mercadoria [...]. Seu valor, portanto, não depende do mero capricho de um legislador ao afixar nela o selo da

Como lembrei nas palavras de Friedman, havia uma cláusula não escrita de limitação à criação de dinheiro enquanto o padrão-ouro estivesse em vigor. Mas com seu desaparecimento, bem como o de qualquer outro padrão baseado em mercadorias, o dinheiro se tornou uma criação direta do Estado, sob as condições estabelecidas pela legislação. Surgiu então o monopólio estatal da emissão e, com ele, a necessidade de uma regulação legal razoável para fazer valer os direitos individuais e impor novos limites ao poder do governo.

Como ocorreu em outras atividades absorvidas pelo Estado, a principal desculpa para o monopólio monetário foi a impossibilidade de particulares cuidarem do assunto de forma eficiente, ou o perigo de cometerem abusos e fraudes em prejuízo das pessoas. É claro que, para ambos os argumentos, foram desenvolvidos contra-argumentos muito sólidos que mostram que não é necessário esse monopólio estatal, assim como nenhum outro.

O primeiro problema com esse raciocínio é que esses poderes são estabelecidos invocando a suposta incapacidade das pessoas exercê-los de forma confiável por meio de mecanismos contratuais privados, mas, ao se tornarem monopólios estatais, impedem saber se essa intromissão estatal é justificada ou não ao vedar qualquer tentativa de desenvolvimento privado. Dizer que o processo de mercado não funciona para algo, enquanto essa atividade é proibida para os indivíduos, não é um argumento válido, pois nos impede de saber se o mercado poderia efetivamente funcionar ou não[233].

---

soberania, mas sim, do poder de compra e pagamento que ela tem por sua própria virtude. O que a lei faz ao carimbar a moeda é garantir, sob a fé do Estado, que ela efetivamente o representa no mercado de câmbio e nas transações comerciais. Seu valor é, propriamente falando, fixado pelo mesmo fenômeno econômico que regula todos os outros valores e o preço de outras mercadorias" (*Op. cit.*, p. 433-34). Citado por BENEGAS LYNCH (h), Alberto. *Fundamentos de Análisis Económico*, *op. cit.*, p. 306-09).

233. Um exemplo claro disso é a distribuição de correspondência. A Constituição Argentina a estabeleceu como uma função do governo, porque se considerou, em meados do século XIX, que essa atividade essencial para o povo não poderia ser adequadamente executada

Portanto, uma primeira maneira de respeitar a razoabilidade e a proporcionalidade da legislação sobre a regulação estatal da moeda deve ser garantir sua concorrência com outras. Seja com outras moedas estatais estrangeiras ou com moedas privadas.

O ideal seria eliminar o curso forçado e permitir que acordos ou pagamentos sejam feitos com outras moedas, de acordo com as taxas de câmbio livres estabelecidas no mercado. Um mercado monetário aberto não só permitiria alertar sobre possíveis abusos do governo na emissão de moeda, mas ter também uma resposta adequada do mercado para saber se é necessário manter o dinheiro estatal ou se o desenvolvimento tecnológico tornou sua existência desnecessária, como aconteceu com tantos outros produtos e serviços.

Porém, enquanto existir o monopólio estatal do dinheiro, a lei deveria impedir que o governo emita de forma arbitrária. É necessário que as legislações estabeleçam os limites, e que sua violação seja considerada uma conduta ilegal, cometida em excesso de suas funções. Essa violação supõe apenas infringir a legalidade em geral, mas agride bens jurídicos que a legislação protege e, portanto, são ações que devem ser consideradas criminosas.

Desde sua criação, o direito penal contempla os delitos cometidos por funcionários públicos que abusam de suas legítimas funções. O funcionário que insere dolosamente informações falsas em um documento público válido comete o delito de falsificação; um funcionário que usa recursos públicos para um fim diferente

---

por indivíduos em geral. A tal ponto que se tornou uma atividade exclusiva do Estado que, na Argentina, até a década de 1990, vigorou a chamada "lei do monopólio postal", que proibia a distribuição privada de correspondência além das empresas expressamente autorizadas como concessionárias públicas para atuar quando o Estado estivesse sobrecarregado e não pudesse prestar tal serviço adequadamente. Hoje, seria ridículo pensar que a correspondência não poderia ser entregue se o Estado não o fizesse. O mesmo aconteceu com as "empresas estatais" que monopolizaram a comunicação e a produção e distribuição de energia.

No campo monetário, as criptomoedas estão ocupando o espaço dominado pelos *e-mails* na década de 1990 para mostrar como a intervenção estatal é desnecessária e, no futuro, provavelmente falaremos do monopólio monetário como um fóssil, objeto de estudos históricos.

daquele previsto em lei comete peculato; um policial que submete uma pessoa acusada de maltratos físicos durante o interrogatório comete o delito de coerção ilegal; um funcionário que solicita suborno para conceder uma licença comete um suborno; um juiz que decide um caso em clara contradição com a lei e o direito comete prevaricação.

É indiscutível que essas ações são criminosas, pois foram previstas desde os primeiros códigos penais, e inúmeros funcionários públicos em todo o mundo foram condenados à prisão por cometê-las. Ninguém argumentaria seriamente que falsificação, peculato, coerção ilegal, corrupção ou prevaricação são atos políticos que não podem ser punidos criminalmente.

O que parece distinguir a emissão espúria de dinheiro provocada por funcionários do banco central ou da autoridade monetária é a hábil ação propagandista dos defensores do governo ao tentar desviar a origem nociva da emissão de si mesmos e transferi-la para os comerciantes e banqueiros. Mas quando se compreende no que consiste realmente a inflação e quais são suas consequências, fica claro que a extrapolação dos funcionários públicos no exercício da tarefa de emitir dinheiro deveriam merecer um castigo similar ao previsto para outras condutas ilegais.

Isso exigiria, como veremos a seguir, reforçar as exigências do princípio da legalidade para tornar claros seus limites e, assim, tornar os excessos passíveis de punição. Mas não parece razoável, de forma alguma, afirmar que a função de emitir dinheiro deve ser impune em qualquer circunstância porque é um poder discricionário ou "político".

Portanto, seria necessário uma cláusula constitucional – conforme proposto por Friedman – ou, pelo menos, uma cláusula legislativa clara na lei orgânica do banco central para estabelecer, de forma precisa, o limite à emissão de moeda. A violação desse limite deverá, então, resultar em punição criminal e até mesmo dar origem à responsabilidade civil e política dos funcionários envolvidos.

## 2. Quais bens jurídicos protegidos pela legislação penal são afetados pela inflação?

Analisando todas as circunstâncias descritas até agora, a emissão monetária pode ser considerada como um crime que afeta vários bens jurídicos protegidos pelo direito penal.

Quando o funcionário público ordena a emissão injustificada de dinheiro e o coloca em circulação, está violado em parte o direito de propriedade de todas as pessoas que possuem dinheiro que perde valor e que são obrigadas a usá-lo devido ao curso forçado imposto pelo Estado. Por outro lado, está lesando a fé pública depositada no valor da moeda – de forma coativa pelo monopólio estatal do dinheiro – que é cerceada ou falseada pela ação do funcionário. Como ato doloso praticado por um agente público, também altera o bom funcionamento da administração pública, na medida em que o agente está, no mínimo, infringindo a lei ou abusando de sua autoridade.

É possível identificar vários delitos relacionados a esses bens jurídicos, aos quais a produção de inflação pode ser vinculada:

### a. Delitos contra a propriedade

Em primeiro lugar, e como pode ser visto claramente, a inflação viola a propriedade de uma forma particularmente perversa. Diferentemente de outros crimes contra a propriedade, a inflação não envolve uma apreensão física no sentido estrito, como é o caso de roubo ou furto (o Estado não tira dinheiro do bolso das pessoas), ou uma manobra para enganar as pessoas e fazê-las entregar seu dinheiro (estelionato). Em vez disso, envolve o fato de o Estado ficar com uma parte do dinheiro de todos, fazendo que seu valor diminuía. Nesse sentido, pode ser considerado como uma forma especial de fraude.

O valor do dinheiro é reduzido em plena luz do dia, com o conhecimento e a tácita aceitação das vítimas, que em realidade agem com tal passividade como consequência do erro que cometem ao pensar que a origem da desvalorização do dinheiro em suas carteiras não se deve à emissão monetária. De qualquer forma, o esquema fraudulento poderia consistir no engano contínuo e sistemático sobre as causas da desvalorização do dinheiro, do qual, como vimos, são cúmplices até mesmo os editores de dicionários. Mas isso parece ter como objetivo fraudar a fé pública depositada no dinheiro, mais que a propriedade concreta de vítimas específicas.

Por isso, é uma ação tão curiosa que, embora afete a propriedade privada, é dirigida a um número indefinido de vítimas e envolve ações que poderiam se enquadrar na esfera de outros tipos de crimes que lesam diferentes bens jurídicos. De fato, quem ordena a emissão, ainda que cause claro dano econômico à propriedade das pessoas, talvez nem sequer tenha o propósito de obter um benefício patrimonial específico para si ou para terceiros.

## b. Delitos contra a fé pública.
## Falsificação e adulteração de moeda.

Parece claro que a ação dos funcionários que inflam a quantidade de dinheiro é semelhante àqueles que, no passado, reduziam o volume de metal valioso das moedas no processo de cunhagem, a fim de aumentar sua quantidade. É uma forma moderna de cerceamento, adaptada ao tipo de dinheiro fabricado e imposto pelo Estado. Essa conduta vai além da propriedade como um bem jurídico protegido, pois visa a produzir seus efeitos em toda comunidade.

Os delitos contra a fé pública foram originalmente entendidos como violações à confiança depositada pelo governante em seus funcionários, o que incluía peculato, falsificação de documentos oficiais ou aqueles registrados por tabeliães, falsificação ou adulteração da moeda cunhada pelo Estado, violação de segredos, falência fraudulenta de negócios públicos etc.[234]

---

234. Esta primeira noção é atribuída a FILANGERI, Gaetano. *Scienza della legislazione*. Firenze, 1872, vol. II, p. 398.

Carrara, relacionou a noção de fé pública com a origem da sociedade civil, cuja função é garantir os vínculos pessoais de seus membros, impondo o respeito aos direitos e o cumprimento das obrigações. Essa função é realizada por meio de ações públicas nas quais as pessoas confiam. Argumentou que a confiança depositada nos atos da autoridade pública ou na moeda que elas recebem não se baseia especialmente na confiança nas pessoas com quem elas contratam, mas na confiança que merece a autoridade que garante a legalidade dos atos[235].

Essa visão de Carrara foi aprofundada por Pessina, o qual considerou que a fé pública exige a proteção da eficácia dos objetos e símbolos probatórios nos quais as pessoas devem confiar, ou seja, determinados elementos formais que comprovam ou credenciam fatos, como são as moedas ou as cédulas, documentos públicos, escrituras etc.[236]

Essa fé pública também foi vinculada aos costumes desenvolvidos em cada comunidade, o que reforça a confiança das pessoas em determinados atos ou símbolos que têm o aval público[237].

> A fé pública, a confiança, a crença, não é mais aquela que um indivíduo tem no outro com quem lida, mas aquela que qualquer membro do grupo social tem naquilo que lhe é dado ou apresentado, devido à certeza que o Estado lhe confere (Ver: PESSINA, Enrico. *Elementi, Vol. III*, p. 129). Quem recebe uma moeda, por exemplo, não tem por certo o seu valor pelo fato de recebê-la de determinada pessoa, nem pelo que nela está escrito, mas porque sabe, mesmo que nem pense nisso naquele momento, que se trata do meio de troca imposto pelo Estado[238].

---

235. CARRARA, Francesco. *Programa de Derecho Penal. Parte Especial*. Bogotá: Ed. Temis, 1996, T. IX, parag. 3356/3358.

236. PESSINA, Enrico. *Elementi dei Diritto Penale*. Napoli: Marghieri, 1885, vol. III, n° 294.

237. MANZINI, Vicenzo. *Trattato di Diritto Penale*. Torino, 1947, vol. VI, p. 431 e ss.

238. FONTÁN BALESTRA, Carlos. *Tratado de Derecho Penal. Parte Especial*. Buenos Aires: Abeledo-Perrot, 1993, Tomo VII, p. 493-94.

Contudo, outros autores negam a noção de fé pública como um bem jurídico autônomo a ser protegido pelo direito penal. Entendem que, na realidade, essas figuras se referem a formas de lesar outros bens jurídicos e, ao final, estão protegendo formas instrumentais de expressar ações. Assim, Von Liszt entendeu que os delitos contra a fé pública têm em comum apenas o meio de cometimento, ou seja, o engano[239].

Nesse sentido, tem sido apontado que, mesmo que se refira a atos ou símbolos estatais ligados à legalidade de certas ações, o fato é que o que está sendo violado é a confiança de determinadas pessoas, não da sociedade como um todo[240]. Esses autores entendem que o que está realmente em jogo é a certeza de determinados meios de prova[241].

Como é o Estado que imprime o dinheiro e o impõe coativamente por meio do curso legal e forçado, sua ação de aumentar a quantidade de dinheiro que as pessoas são obrigadas a usar e receber em suas transações constitui uma forma de adulteração.

É claro que, a rigor, o que o governo adultera não é a moeda (ou a cédula), mas seu valor. As cédulas permanecem iguais a outras que foram impressas anteriormente, emitidas pela autoridade legalmente autorizada e com os mesmos símbolos, formalidades e qualidade de origem das demais cédulas. O que acontece é que, ao aumentar significativamente a quantidade, ela reduz o valor de cada cédula (não apenas das novas, mas também daquelas impressas anteriormente), gerando uma forma *sui generis* de adulteração.

---

239. VON LISZT, Franz. *Die fasche Aussage von Gericht oder öffentliher Behorde*. Graz, 1877, p. 10.
240. LOMBARDI, Giovanni. *Dei delitti contro la fede pubblica*. Milano, 1935, cap. II, n° 9.
241. BINDING, Karl. *Lerbuch des gemeinen deutschen Strafrechts. Besonderer Teil*. Lepzig, 1902, T. II, par. 148, p. 119.

## c. Delitos contra a administração pública

A ação dos funcionários do governo que realizam essas manobras, que prejudicam toda a comunidade e o sistema econômico do país, também envolvem várias figuras de delitos contra a administração pública.

Por administração pública, o direito penal se refere ao funcionamento normal do governo. Protege a regularidade funcional dos órgãos do Estado[242].

Mesmo quando o objetivo do autor não é perturbar o funcionamento da administração pública, mas outro – como o econômico na corrupção ou peculato –, o legislador geralmente considera prioritária a proteção da administração adequada do Estado e coloca certos delitos dentro desse grupo[243].

Entre os delitos contra a administração pública, há uma figura genérica que pune o funcionário pelas ações ou omissões que violem seus deveres constitucionais, legais ou regulamentares, que estão determinados pelo escopo de sua competência[244].

> A punibilidade decorre, portanto, do simples fato de o funcionário agir quando a lei não o permite, de não agir quando está obrigado a fazê-lo ou de agir de forma proibida ou não prevista pela lei, independentemente da violação de outros bens jurídicos que não os especificamente protegidos pela norma; a circunstância de que a ação ou omissão ilícita não causa dano à administração ou a terceiros não afasta a ação dos limites típicos[245].

Ao contrário dos habitantes em geral, cujas ações não expressamente proibidas por lei são permitidas desde que não

---

242. FONTÁN BALESTRA, Carlos. *Tratado de Derecho Penal, op. cit.*, Tomo VII, p. 150 e os autores ali citados.

243. FONTÁN BALESTRA, *op. cit.*, p. 151.

244. No direito penal argentino, tal figura genérica está incluída no art. 248 do Código Penal.

245. CREUS, Carlos. *Delitos contra la administración pública*. Buenos Aires: Astrea, 1981, p. 188.

violem os direitos de outras pessoas, de acordo com o princípio da reserva legal consagrado no artigo 19 da Constituição Nacional, os funcionários públicos têm atribuições taxativas, que estão regradas, e não podem ser excedidos ou não cumpridos.

A figura genérica do abuso de autoridade ou do descumprimento do dever é considerada, em muitos casos, de natureza subsidiária. O abuso de autoridade é visto como um dos meios genéricos de cometer delitos, juntamente com a violência, a fraude e a injúria[246].

O caso da inflação tem ingredientes especiais. Como habilmente os políticos encobrem seus rastros usando seus "economistas" favoritos, tal como em outras circunstâncias, eles semeiam a dúvida – que, em matéria penal, deve ser interpretada a favor do acusado – de que os funcionários públicos agiram daquela forma seguindo certas doutrinas ou teorias econômicas, endossadas até mesmo por ganhadores do Prêmio Nobel na área.

Portanto, se no futuro quisermos levar essas condutas ao âmbito da punição penal, a legislação deve ser clara ao assinalar que a emissão de dinheiro fora do marco específico da sua autorização deve ser considerada uma violação à administração pública, à propriedade e à fé pública, de modo que nenhum funcionário possa alegar desconhecimento ou confusão sobre o assunto. A emissão monetária além do limite legal constituiria uma forma agravada de abuso de autoridade. Como delito, seu cometimento não dependerá da avaliação de se o funcionário poderia ou não considerar razoável tal emissão de acordo com certas doutrinas econômicas, mas será analisado com base na violação direta da lei que o impede de emitir além do limite autorizado.

---

246. CREUS, Carlos. *Delitos contra la administración pública, op. cit.*, p. 200; SOLER, Sebastián. *Derecho Penal Argentino*. Buenos Aires: Ed. TEA, 1992, Tomo V, p. 180. "Prevaricação, corrupção, peculato, invasão de domicílio e muitos outros, são todos atos que pressupõem a extrapolação de poder de um funcionário público; em simples palavras: abuso de autoridade" (SOLER, *ibid.*).

# 3. O adequado posicionamento metodológico no Código Penal

Dentre os três grupos de delitos ou bens jurídicos protegidos pelo direito penal que são afetados pela criação espúria de dinheiro, tenho me inclinado a incluir a figura proposta entre os que violam a fé pública.

É verdade que a adulteração de moeda também atenta contra o direito de propriedade. Esse é claramente o caso do falsificador privado, que em geral visa usar a moeda falsa como um ardil para provocar perdas de propriedade a suas vítimas. A fraude costuma ser uma figura residual desse tipo de ação.

No entanto, a adulteração do dinheiro estatal de curso forçado, produzido pelo próprio governo, excede a violação da propriedade privada, porque, entre outros motivos, seu objetivo não é a apropriação de uma soma específica pertencente a pessoas concretas, mas é um efeito indireto da intenção real daqueles que pretendem se aproveitar com a emissão monetária, isto é, aumentar a quantidade de dinheiro disponível para poder pagar suas dívidas, transferindo o ônus para todos os habitantes indiscriminadamente. Assim explicou Carrara:

> Os criminalistas modernos [...] ensinaram que a falsificação de moeda nada mais é do que um roubo qualificado pela falsificação; assim, eles a tornaram um delito contra a propriedade privada. Hoje a ciência se baseia em um conceito mais exato e considera que o falsificador de moeda direciona seus atos não contra uma única pessoa, mas contra todos: "*Hoc crimen caeteris differt ut privatis non solum noceat, sed totae civitati periculum inferat*" [Esse delito difere dos outros pelo fato de não apenas causar danos a indivíduos, mas também colocar em risco a sociedade como um todo][247].

---

247. DRONSBERG. *De re monetali*, p. 109

[...] É inquestionável que, em qualquer fraude efetuada por meio da moeda pública, a consideração do prejuízo de qualquer quantia sofrida por um único cidadão não é nada comparado ao prejuízo universal contra a fé pública[248].

As ações dos funcionários públicos que se envolvem nessa conduta também afetam as funções que desempenham na administração pública. Mas, por mais que a eficiência da administração seja prejudicada, um dano muito maior é causado à sociedade em geral, ao degradar e distorcer o valor do dinheiro que todos são obrigados a usar.

É bom recordar mais uma vez que estamos falando de:

> **a.** Dinheiro emitido de forma monopolística pelo Estado e colocado em circulação de forma maciça e indiscriminada;
>
> **b.** Dinheiro de curso forçado que deve ser aceito em todas as transações de maneira obrigatória;
>
> **c.** Uma produção de dinheiro que tem a capacidade de modificar o poder aquisitivo em geral.

Embora a conduta de quem ordena a emissão ilegal de dinheiro implique em abuso de autoridade, entendo que tal abuso ultrapassa os limites desse tipo residual e, por sua gravidade e pela pluralidade de bens jurídicos que lesa, deve ser incluído como modalidade específica de adulteração de moeda.

Por esse motivo, entendo que é aqui onde esse crime deve ser enquadrado. De fato, o atual Código Penal Argentino – promulgado em 1923, quando o padrão-ouro ainda estava formalmente em vigor, em grande parte do mundo e havia cédulas emitidas por bancos – prevê uma sentença de um a seis anos de prisão e suspensão absoluta pelo dobro do tempo para "qualquer funcionário público [...] que fabrique, emita ou autorize a fabricação ou emissão de

---

248. CARRARA, Francesco. *Programa de Derecho Criminal. Parte Especial*. Bogotá: Ed. Temis, 1996, T. IX, p. 156-57.

moeda, cédulas ou qualquer título [...] em quantidade superior à autorizada" (artigo 287).

Em um sentido coerente com a tese proposta neste trabalho, Creus declara sobre esse crime:

> Embora não se trate propriamente de falsificações, no sentido que vimos nos tipos anteriores, de certa forma as condutas aqui previstas também o são, pois há o perigo de se colocar em circulação moeda ou títulos não autorizados legalmente e, portanto, não deveriam ter curso legal, afetando, assim, o crédito público[249].

Tem-se debatido se esse crime poderia ser imputado hoje aos funcionários do banco central que ordenam a emissão de dinheiro em excesso. O princípio da legalidade, que exige uma identificação clara entre o ato e a figura penal, é apresentado como um contra--argumento. Em 1923 não havia banco central, outros princípios monetários estavam em vigor e, em especial, ainda havia um mercado de moedas – o artigo 287 em discussão também se refere a cédulas emitidas por bancos privados –, de modo que o respeito ao princípio da legalidade provavelmente exigiria a criação de um crime específico punível no contexto monetário atual.

Portanto, acredito que seria razoável discutir a incorporação ao Código Penal de um novo crime específico de falsificação e adulteração de moeda, que contemple expressamente este caso.

## 4. A inflação e sua similaridade com o cerceamento da moeda

No caso de emissão excessiva, a violação da fé pública deve ser examinada no contexto próprio do dinheiro de papel não conversível.

---

249. CREUS, Carlos. *Derecho Penal. Parte General*. Buenos Aires: Ed. Astrea, 1993, T. 2, p. 386.

Já foi dito que a fé pública se altera com as falsificações quando aparecem como autênticos ou verdadeiros signos representativos ou documentos que comprovam o passado, quando não são autênticos ou mentem sobre aquilo que representam[250].

No caso da adulteração ou falsificação de moeda, é importante definir em que consiste tal falsificação. Quando a própria moeda é um bem de uso que possui valor como tal, a falsificação geralmente ocorre ao alterar a qualidade da moeda como um bem. Por exemplo, quando os governantes adulteravam a qualidade do metal precioso contido nas moedas que cunhavam, eles estavam gerando uma falsificação, entregavam às pessoas moedas que mentiam sobre o que representavam (por exemplo, alegavam conter 10 gramas de ouro e, na verdade, continham 6 gramas).

Essa operação é o cerceamento (redução do teor de metal da moeda) mencionado na legislação pertinente. Diz-se que tal redução só pode ser feita em moedas metálicas – porque seu valor é definido pelo teor do metal precioso do qual são confeccionadas –, mas não em cédulas de papel.

> A moeda à qual me refiro aqui é exclusivamente metálica. É necessário observar que, nesse trabalho, condena-se o cerceamento e a adulteração, e que essas ações são puníveis na medida em que tendem a estabelecer um desequilíbrio ou diferença entre o valor legal da peça e o da substância que compõe a moeda. Realizando essa operação em muitas moedas, o sujeito obtém o benefício do material extraído, pois a moeda é utilizada como se tivesse a quantidade correta de metal. A moeda continua em circulação, porque a cunhagem não foi alterada, mas o valor real da moeda diminuiu.
>
> Nada disso pode acontecer com a moeda de papel. Nada pode destituí-la de seu valor real. Hipoteticamente, uma cédula inferior poderia ser usada para dar a ela a aparência de uma

---

250. CREUS, Carlos. *Derecho Penal. Parte General, op. cit.,* Tomo 2, p. 371.

cédula superior, mas o ato não seria punível como destruição da cédula original utilizada, mas como uma imitação da outra. O possuidor de cédulas que corta ou inutiliza suas cédulas causa dano apenas para si próprio, pois destrói valores que integram seu patrimônio, cuja aceitação e utilização dependem de sua integridade. Se o dano causado à cédula não for suficiente para destruir seu valor, a ação é indiferente.

"Cercear" é, portanto, a ação de retirar metal valioso de uma moeda, respeitando seu formato geral e cunhagem, de modo a manter sua condição de moeda emitida pelo Estado, sua aceitação e utilização. Independentemente do verbo utilizado, o meio pelo qual esse resultado é obtido é indiferente: cortar, raspar, banhar em químicos etc[251].

Embora as diferenças sejam claras, ainda há uma similaridade conceitual entre cerceamento de moedas e inflação. Em ambos os casos, trata-se de aumentar de forma fraudulenta a quantidade de dinheiro disponível para que possa ser usado antes que sua desvalorização seja percebida pelo restante das pessoas. Em ambos os casos, não se produz dinheiro falso: a moeda cerceada pelos monarcas ao cunhá-las era formalmente válida, pois originava-se da autoridade em questão e tinham estampadas o selo oficial do reino; assim também são as cédulas emitidas em excesso, que são tão legítimas quanto todas as outras em circulação.

Mas, quando se trata de dinheiro de papel, o cerceamento consiste em outro tipo de alteração: não se trata de diminuir a qualidade da moeda, pois isso é irrelevante para seu valor como dinheiro. Muitas vezes, durante crises econômicas, o governo decide baixar seus custos na produção de dinheiro e, para isso, faz moedas e cédulas menores, moedas com metais mais

---

251. SOLER, Sebastián. *Derecho Penal Argentino, op. cit.*, Tomo V, p. 391. Em um sentido similar: CREUS, Carlos. *Derecho Penal. Parte Especial, op. cit.*, Tomo 2, p. 170; FONTÁN BALESTRA, Carlos. *Tratado de Derecho Penal, op. cit.*, Tomo VII, p. 523; MORENO, Rodolfo. *El Código penal y sus antecedente.* Buenos Aires, 1923, Tomo VI, p. 378.

baratos ou cédulas sem muitos mecanismos de segurança. Isso é irrelevante na medida em que essa moeda ou nota representa a mesma denominação que a anterior, mais bem confeccionada. Seu valor como dinheiro não depende da qualidade do material que foi utilizado.

Não são cédulas adulteradas por um falsificador, que poderiam ser detectadas por alguém com olhar atento antes de ser enganado. São cédulas iguais e tão legalmente válidas quanto as demais, mas cujo valor foi reduzido pelo aumento de sua quantidade; um cerceamento que atinge tanto as cédulas produzidas mais recentemente quanto aquelas emitidas anteriormente.

As pessoas necessariamente "confiam" no valor estável do dinheiro e, ao aumentar a quantidade, o Estado viola essa confiança pública. O fato de a "confiança" não ser espontânea, mas produto da coação realizada por meio do curso forçado agrava a situação, pois o Estado obriga as pessoas a "confiar" em sua moeda, para depois tirar seu valor. Na ausência de livre concorrência de moedas, as pessoas esperam que o governo honre essa "confiança" e não degrade o valor da moeda de uso obrigatório alterando sua quantidade. Essa traição torna a inflação algo tão grave quanto um delito.

De fato, o próprio Estado reconhece a importância da estabilidade no valor do dinheiro para a comunidade quando impõe preços máximos e outras intervenções com o fim de evitar a distorção dos preços. O governo admite a gravidade das consequências, mas inventa outros culpados e implementa soluções que só agravam o problema.

Por essa razão, quando se compreende a natureza da inflação, torna-se evidente a fraude do Estado contra a confiança do público, o que leva a uma situação de cerceamento do valor do dinheiro, em uma nova modalidade que deveria estar contemplada especificamente em um capítulo sobre a falsificação de moeda.

Ao contrário do cerceamento ou adulteração da moeda, que ocorre individualmente (moeda por moeda), a inflação afeta todo o dinheiro em circulação, ou seja, impacta todas as pessoas que utilizam dinheiro, e se tornando vítimas da decisão do Estado, mesmo que nenhuma cédula emitida ilegalmente chegue às suas mãos.

Por isso, a conduta do funcionário do banco central que ordena a emissão de moeda e/ou que as coloca em circulação com conhecimento de sua origem espúria, está cometendo um ato de muito mais gravidade pelas consequências que o mero cerceamento de algumas moedas metálicas.

## 5. As modificações extrapenais necessárias para garantir o respeito ao princípio da legalidade

Para poder imputar a inflação como delito aos funcionários públicos, o limite de suas funções relacionadas à emissão de dinheiro deve ser claramente estabelecido. Deve ficar claro que tal emissão não é uma faculdade discricionária ou "política", mas uma função regulada e sujeita a limites cuja violação é punível.

Para poder criar uma figura penal que puna os funcionários que extrapolam os limites da produção de dinheiro, será necessário, então, primeiro estabelecer qual é esse limite, de forma objetiva e concreta, que não deixe margem para dúvidas e não necessite de interpretações, para que o princípio da legalidade seja suficientemente protegido. Em qualquer caso, tal limite deve ser interpretado de maneira restritiva.

Do ponto de vista do direito penal, deve ficar claro que o delito é cometido por descumprimento da lei que estabelece como devem ser exercidas as faculdades de emissão monetária.

# 6. Características do delito

Por fim, quero fazer alguns esclarecimentos sobre a figura penal da emissão ilegal de dinheiro, o qual creio que deve ser a conclusão deste trabalho.

## a. A ação típica

Tradicionalmente, as ações ligadas à falsificação de dinheiro podem ser basicamente de dois tipos:

**a.** Fabricar dinheiro falso desde sua origem, como fazem os típicos falsificadores de cédulas;

**b.** Cercear ou adulterar moeda legítima.

Tanto o cerceamento quanto a adulteração tornam necessária a existência de uma moeda de curso legal verdadeira que, com a ação do agente público, varie ou perca parte de seu valor metálico, aparentemente conservando seu valor original, ou que represente outro valor diferente daquele original, conservando sua aceitação e utilização [...].

"Cercear", nesse contexto, significa retirar parte do metal que compõe a moeda metálica, por meio de qualquer procedimento (incisões, raspagem, procedimentos químicos etc.), respeitando sua conformação, ou seja, seu cunho, a fim de manter sua aceitação e utilização. "Adulterar" é modificar por meio de qualquer método a moeda metálica ou o papel-moeda, dando-lhe aparência de uma moeda de outro valor (parte da doutrina exige que seja de valor superior ao que realmente tem, requisito que não parece de todo essencial), assumindo igualmente as características de uso e circulação[252].

Em outras palavras, o dinheiro legítimo pode ser adulterado ou cerceado, fazendo com que seu valor aumente (ou diminua). No processo de cunhagem de moedas de ouro, o governante

---

252. CREUS, Carlos. *Derecho Penal. Parte General, op, cit.*, Tomo 2, p. 379.

reduzia o teor de metal das moedas para aumentar sua quantidade e, embora com o tempo fosse perceptível a perda do seu poder aquisitivo, o benefício buscado pelo governo era o de produzir uma quantidade maior de moedas com a mesma quantidade de metal precioso, para gastá-las antes que a inflação evidenciasse a diminuição do seu valor.

Uma situação semelhante ocorria quando o governo emitia cédulas conversíveis em excesso, mesmo com a conversibilidade suspensa, e o mesmo ocorre atualmente com a moeda fiduciária. Hoje, a forma de cercear o dinheiro papel é aumentar a quantidade de cédulas, de modo a produzir um efeito semelhante ao do cerceamento, das moedas de metal.

Nesse caso específico, a figura deve contemplar duas ações típicas distintas:

1. A conduta do funcionário do banco central ou autoridade com poder para emitir dinheiro, que ordena ou autoriza a emissão acima do limite legal estabelecido.

Como autoridade monetária com poderes de emissão, o funcionário autorizado a providenciar a criação de dinheiro é uma pessoa altamente qualificada e com informação privilegiada para conhecer os detalhes da circulação. Sua principal função é regular a produção de dinheiro, por isso parece indiscutível que ele é o responsável direto pela emissão espúria. Sua decisão a este respeito está limitada pela própria lei, pelo que não dispõe de poderes discricionários, baseados na utilidade ou conveniência, salvo no âmbito da autorização legal e devidamente fundamentada.

No seu caso, a figura é consumada com o ato formal de autorizar ou ordenar a emissão de dinheiro, comunicado a quem deve executar a ordem. Não se exige que o referido dinheiro seja efetivamente fabricado e posto em circulação, pois sua responsabilidade pela violação da fé pública ocorre ao ordenar ou, no caso, ao não impedir a emissão desse dinheiro.

**2.** A conduta dos funcionários do Poder Executivo ou de outros órgãos do governo que recebam dinheiro emitido ilegalmente – sabendo de tal ilegalidade – e o coloquem em circulação, seja pagando os gastos da sua repartição, concedendo subsídios ou créditos, depositando-o em contas oficiais ou privadas, ou de qualquer outra maneira pela qual esse dinheiro ingresse no circuito econômico.

No caso desses funcionários, o delito é consumado quando dispõem de dinheiro ilegal e o integram por meio de qualquer forma de circulação.

Os efeitos econômicos da inflação ocorrem quando a maior quantidade de dinheiro entra em contato com os outros bens, ou seja, quando circula ou está em condições de circular e ser utilizada em transações. Portanto, o primeiro passo na inflação é dado pelo funcionário que ordena ou autoriza a emissão. Mas o segundo passo é dado pelo funcionário que dispõe ou facilita sua circulação. Ambas as condutas são distintas mas se complementam, tendo cada uma delas uma importância ou entidade autônoma que justifica que, apesar do tratamento conjunto no mesmo contexto, sejam sancionadas separadamente.

## b. Os sujeitos ativos

O delito pode ser cometido por funcionários do banco central ou da autoridade monetária que tenham o poder de ordenar a emissão de dinheiro. Complementarmente, pode ser cometido por funcionários do Poder Executivo ou de outros órgãos estatais que recebem tal dinheiro sabendo de sua origem ilegítima e o utilizam ou colocam em circulação. Cada um deles desenvolve um pedaço típico de um enredo complexo que, em conjunto, produz como resultado a inflação. Tratando-se de funcionários autônomos com funções e responsabilidades diversas, não é necessária a comprovação de conivência entre eles.

Os funcionários que, cumprindo ordens superiores, praticarem o ato material de imprimir dinheiro não serão responsabilizados, a menos que se comprove que estavam cientes da manobra e, assim, contribuíram para a sua execução, o que pode ser considerado uma forma de participação ou cumplicidade. Mesmo que não seja possível provar qualquer participação, quase todas as legislações determinam que os funcionários públicos não devem cumprir ordens ilegais e estão obrigados a denunciar qualquer delito de que tenham conhecimento, de modo que, prosseguindo no cumprimento da ordem, mesmo sabendo da ilegalidade, eles sejam pelo menos responsabilizados por violação de dever.

## c. O elemento subjetivo

Toda vez que a ação típica consiste em ordenar a emissão e circulação de dinheiro acima dos limites estabelecidos por lei, o dolo exigido para a prática desse delito é o de querer produzir tal emissão e circulação.

Não é necessário que o ator tenha algum interesse adicional, nem mesmo que saiba ou aceite que sua ação está produzindo as consequências nocivas da inflação. Trata-se de violar uma limitação legal a que estão sujeitos esses funcionários, sendo que o delito será cometido pelo simples fato de praticar as condutas expressamente proibidas pela lei.

No caso dos funcionários da autoridade monetária, se requer que eles saibam que a ordem de emissão de dinheiro excede o limite legal. No caso do funcionário que coloca o dinheiro em circulação, o delito exigirá que ele conheça a origem do dinheiro, ou seja, que é produto de uma emissão ilegal, e que mesmo assim o utilize ou autorize sua circulação. Por tratar-se de casos claros de descumprimento de obrigações legais, deixa-se de considerar qualquer questão de oportunidade, mérito ou conveniência relacionada com teorias econômicas que os responsáveis possam alegar. Como em outros delitos cometidos por funcionários públicos, o fundamento da acusação é não ter respeitado sua obrigação legal.

No caso dos funcionários executivos que contribuem para a colocação dessas cédulas em circulação, sua responsabilidade dolosa baseia-se no maior dever de diligência exigido pelo nível e especialização do cargo. Em tempos em que a emissão de novas cédulas será a exceção, o uso desse dinheiro por parte de funcionários que o recebem do banco central requer um cuidado especial para garantir que sua origem não seja ilícita. Assim, sua responsabilidade se baseia no conhecimento da origem espúria do dinheiro, mas esse conhecimento deve ser avaliado a cada caso a partir da sua posição no esquema burocrático, sua experiência e a possibilidade de saber a origem dos recursos.

Em suma, trata-se de um tipo específico e agravado de abuso de autoridade, em que se prioriza o elemento mais grave, que é o cerceamento do valor do dinheiro, com consequências diretas sobre os direitos de propriedade e a fé pública.

## d. A tentativa

No caso da ação do funcionário do banco central ou da autoridade monetária que dispõe ou autoriza a emissão de dinheiro, parece difícil que ocorra apenas a tentativa. Antes de assinar o documento que ordene ou autorize a emissão, os meros atos tendentes a manifestar sua intenção inclusive a elaboração do documento formal não implicam o início da execução. Talvez no período entre o momento da assinatura do documento e sua comunicação aos encarregados de executá-lo, se a manobra for interrompida por algum motivo alheio à sua vontade ou controle, então podemos falar de "tentativa". Tais alternativas devem ser discutidas caso a caso.

No caso de funcionários públicos que recebem o dinheiro e o colocam em circulação, poderia dar-se o caso de que essa circulação seja impedida pela intervenção de alguma autoridade, situação que permite considerar que o delito ficou no grau de *conatus* (tentativa de crime).

### e. As penas

Como a maioria dos delitos desse tipo, a pena principal correspondente à figura penal é a prisão. A sentença deveria ser alta devido a várias circunstâncias:

> **1.** Ainda que no caso dos funcionários do banco central sua ação consiste simplesmente em extrapolar uma função legal, um abuso de poder ou descumprimento de seus deveres, as consequências de tal ação são muito prejudiciais para a comunidade em geral, pois supõe uma alteração no sistema monetário como um todo. Além disso, como autoridade monetária especializada, sua principal função é controlar o dinheiro, portanto, não é uma mero descumprimento ou abuso de alguma de suas funções, mas sim sua principal tarefa. Trata-se de conduta dolosa praticada por alguém que foi escolhido para o cargo justamente por possuir conhecimento específico sobre o assunto;
>
> **2.** Do ponto de vista preventivo-geral, a ameaça de prisão deve se contrapor a uma série de incentivos que agem sobre o funcionário: as pressões do governo que precisa de dinheiro para pagar suas dívidas, o valor econômico de sua decisão, que pode ser uma fonte de suborno ou corrupção, as promessas políticas que podem ser feitas a essa pessoa se ela concordar em infringir a lei etc.

Assim, uma pena leve dificilmente seria dissuasiva o suficiente para a prática de conduta que viola a obrigação principal do funcionário. Convém que se trate de uma pena que dificilmente possa ser suspensa e que conduza a uma efetiva prisão.

Como complementos, os seguintes acessórios punitivos podem ser adicionados:

**1.** Inabilitação absoluta, pelo dobro do tempo da pena, conforme previsto para outros crimes praticados por agentes públicos.

Tal inabilitação supõe a privação do emprego ou cargo público que exercia no momento da prática do delito, a incapacidade para assumir cargos públicos, empregos e comissões no futuro, a privação do direito eleitoral, bem como outras consequências administrativas ou econômicas associadas a esta sanção, como a perda de pensões, aposentadorias especiais associadas ao cargo exercido;

**2.** A pena acessória de multa. Embora não seja requisito para a prática do delito, nem é necessário que haja uma finalidade econômica de enriquecimento pessoal do infrator, a verdade é que sua conduta produz gravíssimas consequências econômicas para a comunidade em geral, e terá, pelo menos indiretamente, uma utilidade econômica para o governo, o que justifica a sanção inclua um componente econômico;

**3.** A sentença também deve prever o confisco e a destruição do dinheiro emitido ilegalmente. Se todo ou parte desse dinheiro já estiver em circulação, a lei que rege a autoridade monetária deveria estabelecer o modo como retirar de circulação o excedente monetário;

**4.** A sentença também deveria ordenar que fossem enviados depoimentos aos advogados do Estado para que se instaure uma ação civil pelos danos e prejuízos que a emissão ilegal de moeda possa ter causado

Isso se aplicaria apenas no caso em que a emissão tivesse sido executada total ou parcialmente. Os custos da emissão das cédulas que devem ser posteriormente destruídas, bem como outras despesas ou prejuízos econômicos produzidos em consequência da circulação do referido dinheiro que a seguir deveria ser resgatado e destruído, são prejuízos que justificam ações cíveis de indenização.

# CAPÍTULO IX

# Conclusão:
# Uma Proposta Concreta

Para concluir este trabalho, posso enumerar as primeiras conclusões da seguinte maneira:

1. O dinheiro é apenas mais um bem que se relaciona com os outros bens seguindo as mesmas leis econômicas. Embora os preços sejam geralmente expressos em unidades monetárias (e essa é a função essencial do dinheiro), o fato é que o próprio dinheiro tem um preço que surge de sua relação com os outros bens.

Essa função de denominador comum dos preços levou à ideia de que a moeda pode ser criada artificialmente a pedido da autoridade política, o que funcionou como um forte incentivo para que os políticos se envolvessem na gestão da moeda desde os tempos antigos e a considerassem um dos elementos distintivos da soberania nacional. A história mostrou que, na realidade, os incentivos visavam o controle do dinheiro a fim de usá-lo para fins próprios decididos pelos soberanos e políticos.

2. A eliminação do padrão-ouro e sua substituição por dinheiro de papel fabricado e imposto como tal pelo Estado tem provocado graves distorções devido ao aumento constante da quantidade de dinheiro sob vários pretextos, embora com ao verdadeira finalidade de financiar o governo.

Assim, a inflação (o aumento da quantidade de dinheiro em circulação) tornou-se responsabilidade exclusiva do governo, apesar das tentativas incessantes de buscar outros culpados, como comerciantes, especuladores, banqueiros, guerras, o preço internacional do petróleo, o clima ou até mesmo o humor das pessoas.

3. Sei que dentro das próprias discussões monetárias sobre inflação se inclui, além da emissão de moeda, outros fatores que a podem influir, como a velocidade de circulação da moeda ou o empréstimo de dinheiro por parte do governo a partir dos depósitos à vista, considerados como criação secundária de dinheiro.

Deixei de lado essas discussões (às quais me referi no Capítulo VI), pois entendo que desviam o propósito essencial deste trabalho que trata da causa principal e, de certa forma, exclusiva da inflação, ou seja, o aumento da quantidade de dinheiro físico emitida pelo governo.

Sobre esses outros temas, nem os próprios economistas chegam a um consenso. Portanto, decidi não aprofundá-las, principalmente porque: a) em muitos casos, não está claro se essas ações podem ser consideradas como "inflação" ou até como "criação secundária de moeda"; b) na maioria dos casos, há soluções dentro do próprio processo de mercado para solucionar as consequências danosas de algumas dessas condutas; c) seus efeitos são secundários e limitados na medida em que a quantidade de dinheiro físico em circulação não aumenta.

4. Uma vez que se compreenda o que é realmente o dinheiro, a solução para a inflação e outros problemas monetários parece clara: o dinheiro deve ser separado do Estado e permitir que volte a ser um produto das escolhas individuais no mercado. Eliminar o curso forçado do dinheiro, sua produção estatal e garantir a concorrência entre moedas, a liberdade de câmbio e o livre uso

de moedas para fazer pagamentos e quitar dívidas e obrigações legais devem ser os pilares de um sistema monetário saudável.

5. No entanto, como essa solução ainda está muito distante, e enquanto os monopólios estatais de dinheiro de papel com curso forçado forem mantidos, é necessário procurar outras formas mais adequadas de limitar o poder do governo de emitir dinheiro.

Vimos várias medidas que podem ser tomadas a esse respeito: a) estabelecer um limite concreto e objetivo ao poder de emissão; b) criar um órgão técnico e independente do governo que autorize a emissão exclusivamente por motivos de demanda de dinheiro no mercado; c) proibir o financiamento do governo com dinheiro do banco central, seja recebendo dinheiro dele ou lhe vendendo títulos estatais; d) garantir a livre circulação, comércio e uso de outras moedas, em concorrência com a moeda estatal.

Também devemos considerar um fator que sem estar diretamente ligado a esse problema monetário, influi significativamente sobre ele: o déficit orçamentário e o nível de gastos do governo. Está claro que os governos recorrem à emissão monetária para financiar seus orçamentos devido ao excesso dos seus gastos. Será tema de outro livro analisar mecanismos para que as legislaturas só possam aprovar orçamentos equilibrados e com baixa despesa para ter menos impacto sobre a produção de riqueza.

Por enquanto, é improvável que todas essas restrições propostas possam neutralizar os fortes incentivos para que os funcionários dos bancos centrais atendam aos pedidos do governo, se não forem acompanhadas de um conjunto de sanções civis, administrativas, mas principalmente penais, para aqueles que violarem os limites impostos pela lei sobre o assunto.

Assim, chego ao final deste livro com uma justificativa para criar um tipo penal específico que contemple essa situação e com algumas sugestões concretas sobre como deveria ser estruturado.

# 1. Por que a inflação deveria ser castigada penalmente?

Uma das principais conclusões que se pode extrair do que foi dito nos capítulos anteriores é que, desde que os Estados assumiram o monopólio legal da moeda, não se conhece nenhuma limitação efetiva ao seu poder de deteriorar o seu valor– e, assim, expropriar a propriedade privada da população – a não ser os limites que os governos impõem a si mesmos, que, na maior parte do mundo, não serviram para evitar a espoliação institucionalizada.

A maneira como o verdadeiro significado de inflação foi distorcido pela narrativa política demonstra a gravidade do problema. Vimos como até nos dicionários mudaram a definição da palavra. Por isso é tão importante abordar a questão desde sua raiz. Deixar claro que a inflação, com todas as suas consequências, é responsabilidade de determinados funcionários do governo e que isso se reflita na promessa de sanções penais para aqueles que a produzem.

É bom lembrar que Mises, em suas reflexões sobre a inflação depois da Segunda Guerra Mundial:

> O que as pessoas chamam atualmente de inflação não é inflação, ou seja, um aumento da quantidade de moeda e substitutos de moeda, mas a alta geral dos preços e salários que, na realidade, é a consequência inevitável da inflação. Essa inovação semântica é perigosa e requer nossa atenção.
>
> Em primeiro lugar, não há mais termos disponíveis para referir-se à inflação com seu significado original. É impossível combater um mal que não se pode nomear. Os estadistas e políticos já não têm a possibilidade de recorrer a uma terminologia aceita e compreendida pelo público quando querem descrever a política financeira que estão combatendo. Para isso, eles têm de fazer uma descrição e análise detalhadas dessa política, mencionando todas as suas peculiaridades e

fornecendo explicações detalhadas toda vez que desejam se referir a ela, tendo de repetir esse procedimento irritante toda vez que se referem a esse fenômeno. Por não conseguir atribuir um nome à política que aumenta a quantidade de moeda em circulação, o problema persiste indefinidamente.

O segundo mal é causado por aqueles que tentam medidas desesperadas e inúteis para combater as inevitáveis consequências da inflação (ou seja, o aumento dos preços), pois disfarçam seus esforços de forma que parecem lutar contra a inflação. Enquanto enfrentam os sintomas, fingem estar combatendo as raízes do mal e, por não entenderem a relação causal entre, de um lado, o aumento da circulação monetária e da expansão do crédito e a alta dos preços, do outro, de fato apenas agravam a situação[253].

Por isso é tão importante explicar corretamente a inflação, como ela é produzida e quem são os seus responsáveis, caso contrário, será um fenômeno impossível de combater de forma eficaz.

## 2. A criação de um novo tipo penal no capítulo sobre falsificação e adulteração de moeda e a reforma da lei que regula a autoridade monetária

Como consequência do que analisamos acima, acredito que é necessário sancionar um tipo penal específico que reprima essa forma de abuso de autoridade que prejudica simultaneamente três bens jurídicos protegidos pelo Código Penal: a propriedade privada, a administração pública e a fé pública.

---

253. MISES, Ludwig. "La inflación y el control de precios", *The Commercial and Financial Chronicle*, 20 de dezembro de 1945, em *Planificación para la libertad y otros ensayos, op. cit.*, p. 139-40.

Pelas razões expostas, considero mais adequado inserir essa figura penal específica na categoria de falsificação de moeda. Trata-se de uma forma de adulteração ou cerceamento adaptada às características do dinheiro de papel.

A reforma penal proposta deve ser acompanhada de outras mudanças legislativas, algumas delas necessárias para resguardar o princípio da legalidade; outras, convenientes para aumentar as limitações e o controle sobre o poder estatal de emitir moeda.

Em primeiro lugar, será necessário alterar a lei orgânica do banco central ou autoridade similar que tenha poderá atribuição de emitir dinheiro, impondo limites rigorosos e claros a esse poder, cumprindo assim os requisitos do princípio da legalidade.

Entendo que essa limitação deve ser composta por dois elementos, um qualitativo e outro quantitativo, aplicados em conjunto:

1) Por um lado, somente se poderia autorizar a emissão de novo dinheiro quando se tenha verificado um crescimento do PIB no passado que justifique aumentar tal quantidade;

2) Por outro lado, independentemente de qual tenha sido esse crescimento, a emissão não deveria, em nenhum caso, superar os 3% por ano do total de dinheiro em circulação.

Isso quer dizer que a autoridade monetária necessitaria provar que houve um aumento real na quantidade de bens e, manifestado no crescimento do PIB, só poderia emitir até o montante desse crescimento. Mas também nunca poderia superar o teto anual de 3% da moeda em circulação, mesmo que o crescimento do PIB tenha sido superior.

Além disso, seria conveniente, para evitar que o governo recorra tanto às reservas do banco central quanto à emissão de mais dinheiro para financiar gastos excessivos. Deve-se proibir expressamente esse tipo de financiamento.

Complementarmente, no caso de que exista uma moeda estatal, seria imprescindível que ela pudesse concorrer com outras moedas. Vimos que a proposta de Hayek para a Comunidade Econômica Europeia na década de 1970 girava em torno das vantagens da concorrência de moedas – mesmo que fossem de criação estatal – em vez de uma única moeda regional. Com câmbio livre e liberdade bancária, se alguma dessas moedas perdesse seu valor devido a uma emissão excessiva, essa moeda acabaria sendo excluída pelo mercado.

Obviamente que seria ótimo o livre mercado de criação e a circulação de dinheiro privado, nesse sentido, o surgimento das criptomoedas de criação privada, que já estão circulando com bastante aceitação em todo o mundo, é um bom começo para o mercado aberto.

## 3. Uma proposta a ser discutida

Todas as circunstâncias mencionadas justificam a inclusão, entre os tipos penais que punem a falsificação e a adulteração de moeda, de uma figura penal que contemple expressamente a responsabilidade penal de tais autoridades públicas. Portanto, proponho a incorporação de um artigo ao Código Penal, cuja redação provisória poderia ser a seguinte:

> Será imposta uma pena de prisão de 3 (TRÊS) a 10 (DEZ) anos e inabilidade absoluta pelo dobro do tempo da pena de prisão, e uma multa de 3 (TRÊS) a 30 (TRINTA) milhões de pesos, ao funcionário do banco central que ordenar ou autorizar a emissão de moeda de curso legal na República em quantidade superior a legalmente autorizada.
>
> Incorrerão na mesma pena os funcionários públicos que receberem e colocarem em circulação tal moeda, por qualquer meio, conhecendo ou devendo conhecer sua origem espúria.
>
> A sentença que declarar a emissão ilegal de dinheiro deverá ordenar seu confisco e posterior destruição.

Após o trânsito em julgado da sentença penal, os representantes legais do Estado deverão mover ações civis contra todos os condenados solidariamente para ressarcir os custos incorridos pelo Estado pela impressão do dinheiro produzido ilegalmente e sua posterior destruição.

Isso também exigirá uma emenda à lei orgânica do banco central que estabelece limites claros e objetivos à possibilidade de emissão de moeda, cuja violação justifique a aplicação do tipo penal discutido. Por esse motivo, também proponho alterar a lei que regulamenta o funcionamento do banco central nos seguintes termos:

O banco central somente poderá ordenar a emissão de moeda com curso legal e forçado no país nos casos em que seja necessário substituir cédulas em mau estado, cuja destruição posterior deve ser ordenada, ou quando puder justificar a necessidade de injetar dinheiro no mercado com base em um crescimento sustentável e devidamente comprovado da produção de bens e serviços. Nesse último caso, a quantidade de dinheiro em circulação não pode ser aumentada anualmente mais do que o aumento real do Produto Interno Bruto do último ano, nem poderá exceder 3% do montante total em circulação no mesmo período, mesmo que o aumento do PIB seja maior.

O restante da regulamentação que organiza as funções e os poderes relacionados à emissão e à circulação de dinheiro deverá estar de acordo com as disposições desse artigo.

Também proponho garantir, por lei, a livre circulação de moedas e a atividade bancária, seguindo a proposta de Hayek para o Mercado Comum Europeu, com uma reforma legislativa que estabeleceria, em sua parte central.

A livre circulação e o uso, dentro do território nacional, de moedas emitidas em outros países, criptomoedas, moedas metálicas, bem como o livre exercício da atividade bancária por instituições legalmente constituídas no país ou no exterior, não podem ser impedidos de forma alguma. Essas moedas serão cotadas entre si de acordo com a taxa de câmbio livremente estabelecida no mercado.

As obrigações decorrentes de contratos ou de responsabilidade extracontratual deverão, de preferência, ser liquidadas na moeda acordada entre as partes, ou em outras moedas que sejam aceitas nos próprios contratos como alternativa, ou, na falta de consenso entre as partes, na moeda definida judicialmente ou processo arbitral.

Desse modo garantiria a concorrência de moedas e sua livre utilização para quitar obrigações privadas, bem como sua livre comercialização e taxa de câmbio. Provavelmente isso levará ao virtual desaparecimento da moeda estatal no futuro, quando ela se tornar desnecessária. Uma solução desse tipo – deixo os detalhes para os economistas – poderia funcionar com uma eficiente vigilância do mercado para evitar que, mesmo com as proibições e ameaças de prisão, os funcionários do governo ainda tentassem emitir dinheiro em excesso para financiar seus gastos.

Com o mesmo propósito, proponho uma última reforma a ser incluída na lei orgânica do banco central:

A fim de garantir a estabilidade monetária, cambial e creditícia do país, o banco central não poderá conceder financiamento direto ou indireto, garantia ou aval, ao Estado, a suas entidades descentralizadas ou autônomas nem a entidades privadas não bancárias. Com a mesma finalidade, o banco central não poderá adquirir títulos emitidos ou negociados no mercado primário por tais entidades. Exclui-se dessas proibições o financiamento que pode ser concedido em casos de catástrofes ou calamidades públicas, sempre e quando o mesmo seja aprovado por lei san cionada por dois terços do número total de membros de ambas as casas do Congresso.

Em resumo, estabelecer limites claros para a emissão de moeda, punir civil, administrativa e criminalmente os funcionários que violarem esses limites e permitir a livre circulação e a concorrência de moedas no país são medidas necessárias para neutralizar o enorme poder que o Estado assumiu no último século como entidade monopolista na criação, emissão, circulação e regulação do dinheiro.

# Posfácio

*Candido Prunes*

O fenômeno da inflação foi muito bem estudado pelas Ciências Econômicas em todo o mundo, especialmente nos anos 70, quando índices de preços dispararam por conta da expansão monetária promovida em muitos países desenvolvidos. Dois livros de economia desse período, hoje referências, merecem ser citados: um que analisa as experiências mal sucedidas de controle de preços e outro que olha para o futuro, propondo a concorrência de moedas. Trata-se de *Quarenta Séculos de Controles de Salários e Preços – Como Não Combater a Inflação* (1979), de Robert Schuettinger e Eamon Butler e *A Desnacionalização da Moeda* (1976), de Friedrich Hayek. Assim, há pelo menos meio século que diferentes escolas de economia, especialmente a Austríaca e a de Chicago, reconhecem a natureza monetária do fenômeno inflacionário e aquilo que deve (ou não) ser feito para voltar à estabilidade monetária.

Entretanto o fenômeno inflacionário recebeu pouca atenção dos juristas e menos ainda do ponto de vista do Direito Penal. E de fato, apesar de fenômenos inflacionários catastróficos, como o do Alemanha, em 1923, e o da Argentina, em 1989 / 1990, para citar apenas dois exemplos agudos, nenhum chefe de governo, ministro da fazenda ou presidente de Banco Central respondeu criminalmente pela corrosão das moedas sob sua responsabilidade. Os cidadãos argentinos e alemães viram suas economias desaparecer pelo roubo cometido pelas autoridades, mas essas jamais sentaram no banco dos réus para responder pelo delito perpetrado.

Assim vem em muito boa hora o livro do juiz federal argentino Ricardo M. Rojas, que poderá ser um divisor de águas para as combalidas moedas da América Latina. Especialmente porque nesses países falta disciplina fiscal o que conduz os bancos centrais a emitir moeda para cobrir os déficits orçamentários. Isso conduz a um contínuo e crescente aumento de preços. Ricardo Rojas ao desenvolver a doutrina de que a emissão de moeda pode ser capitulada pela lei penal argentina, provavelmente contribuirá para que ao menos o Ministro da Fazenda e o Presidente do Banco Central do país vizinho respondam pelo descalabro inflacionário dos últimos anos.

O autor desenvolve uma tese jurídica muito original, ao demonstrar que o fenômeno inflacionário (aumento de papel moeda e outros meios de pagamento controlados pelo governo) somente ocorre devido a ações de funcionários públicos – autoridades monetárias e funcionários a ela subordinados. A luz das leis argentinas essas ações constituem crime. Por isso o autor, na primeira parte do livro, trata detalhadamente sobre o que é inflação e como ela tem como consequência o aumento de preços. Ou seja, inflação e aumento contínuo e generalizado de preços não são sinônimos. A primeira é causa, o segundo, efeito.

Há muitos paralelos que podem ser feitos entre os fenômenos inflacionários da Argentina e Brasil. Além de uma série de planos e de "combates" malogradas contra a inflação entre os anos 70 e 90, do ponto de vista jurídico nada foi feito contra as autoridades culpadas pelo caos monetário em ambos os países. Assim, a tentação para emitir moeda se perpetua e não causa nenhuma aflição para os funcionários públicos responsáveis pelo desastre econômico que provocam. Em Outubro de 2023 a Argentina se encontra novamente às portas de uma hiperinflação, enquanto no Brasil o Banco Central sofre pressões para adotar uma política monetária menos restritiva, para que o governo possa gastar além do que arrecada com impostos. Se a doutrina da criminalização da inflação já estivesse em plena aplicação em ambos os países, certamente não haveria sequer o debate em torno da obrigação que as autoridades monetárias têm de manter as moedas estáveis.

Mas além das coincidências no campo dos equívocos econômicos, o ordenamento jurídico do Brasil também possui diversos meios para punir os administradores públicos que provocam o aumento contínuo dos preços. Entretanto essas leis deixaram de ser aplicadas, mesmo em situações extremas de perda do poder aquisitivo da moeda.

O principal aspecto jurídico da inflação é que se trata de um imposto que recai sobre a sociedade de maneira desigual e sem nenhuma aprovação do parlamento. O funcionário público que participa dos atos que levam à inflação pode não estar se beneficiando diretamente por seu ato, mas ele não está cumprindo com seus deveres funcionais. Na verdade o fenômeno dos governantes falsificarem a própria moeda é algo bem antigo. Há registro desde o tempo dos romanos, quando os imperadores diminuíam maliciosamente a quantidade de ouro contida nas moedas para aumentar a cunhagem em períodos em que a arrecadação de impostos era insuficiente. As pessoas em Roma num primeiro momento não se apercebiam que os sestércio ou denários continham menos ouro que originalmente. Mas quando isso se tornava evidente, os preços aumentavam e crises econômicas se sucediam.

O autor deste livro vê três grandes bens jurídicos que são protegidos pela lei argentina (e podemos acrescentar que a lei brasileira também) e que são violados quando ocorre inflação:

O primeiro bem afetado pela inflação é a **propriedade individual**, uma vez que o dinheiro é reserva de valor e se constitui num ativo que os contribuintes devem inclusive declarar para a

Receita Federal. A inflação representa simplesmente um roubo contra esse tipo de ativo pela ação estatal. Nesse sentido o Código Penal Brasileira é bem claro:

> *Art. 289 - Falsificar, fabricando-a ou alterando-a, moeda metálica ou papel-moeda de curso legal no país ou no estrangeiro:*
>
> *Pena - reclusão, de três a doze anos, e multa.*
>
> *§ 1º - Nas mesmas penas incorre quem, por conta própria ou alheia, importa ou exporta, adquire, vende, troca, cede, empresta, guarda ou introduz na circulação moeda falsa.*
>
> *§ 2º - Quem, tendo recebido de boa-fé, como verdadeira, moeda falsa ou alterada, a restitui à circulação, depois de conhecer a falsidade, é punido com detenção, de seis meses a dois anos, e multa.*
>
> *§ 3º - É punido com reclusão, de três a quinze anos, e multa, o funcionário público ou diretor, gerente, ou fiscal de banco de emissão que fabrica, emite ou autoriza a fabricação ou emissão:*
>
> *I - de moeda com título ou peso inferior ao determinado em lei;*
>
> *II - de papel-moeda em quantidade superior à autorizada.*
>
> *§ 4º - Nas mesmas penas incorre quem desvia e faz circular moeda, cuja circulação não estava ainda autorizada.*

A ação de imprimir e pôr em circulação novos bilhetes de papel moeda sem lastro pelo Banco Central representa em última instância falsificação da moeda, ainda que materialmente bem feita, pois não há como distinguir entre o papel moeda lastreado e aquele posto em circulação de maneira insidiosa pelos funcionários do Banco Central por ordem de seus superiores. Trata-se de uma versão menos tosca da antiga prática das autoridades romanas... A lei penal brasileira ainda agrava a pena quando esse tipo de falsificação é perpetrado por funcionários não autorizados a fazê-lo. Aliás, no longo período que o Brasil conviveu com altas taxas de inflação entre os anos 60 até o Plano Real, não havia nenhuma transparência no processo de autorização para emissão de moeda. O Poder Executivo simplesmente determinava a impressão de mais dinheiro, a que os funcionários do Banco Central pressurosamente obedeciam, com a certeza de que não sofreriam nenhum tipo de punição.

Esse tipo ilegal de emissão de moeda é um delito contra um segundo bem protegido pela ordem jurídica brasileira, a **fé pública**, pois no fundo o que o Banco Central faz ao aumentar sem autorização o meio circulante equivale, como se disse, a falsificação ou adulteração de moeda. Se um particular dispusesse de impressoras sofisticadas como as da Casa da Moeda e emitisse notas *idênticas* às distribuídas pelo Banco Central, ele seria julgado e condenado por falsificação de dinheiro. Quando a mesma ação é cometida de maneira sub-reptícia por funcionários públicos, com prejuízos para toda a sociedade, estranhamente esses deixam de ser enquadrados como criminosos.

Há outro aspecto provocado pela inflação e juridicamente relevante para a lei brasileira. Trata-se da elevação de impostos quando o "contribuinte" é "promovido" de alíquota porque seus rendimentos aumentaram nominalmente em decorrência do processo inflacionário. Essa derrama adicional e sub-reptícia, além de imoral, é criminosa como a seguir se verá.

A subtração da propriedade e aumento de impostos sem base legal em decorrência do aumento generalizado de preço se enquadrariam perfeitamente como infração às leis brasileiras, inclusive penais, começando pela Constituição Fedcral. O processo inflacionário ainda atinge um terceiro bem jurídico, a **probidade administrativa**. O governo usa de má fé ao imprimir moeda para financiar o desequilíbrio orçamentário. Por esta razão se trata de crime de responsabilidade, tanto para o Presidente da República quanto para os ministros envolvidos com a ilegal emissão de moeda. Estão eles no Brasil sujeitos à perda do cargo por violação dos incisos III e V do art. 85 da Constituição Federal (o conhecido processo de "impeachment") que está assim redigido:

> *Art. 85. São crimes de responsabilidade os atos do Presidente da República que atentem contra a Constituição Federal e, especialmente, contra:*
>
> *III - o exercício dos direitos políticos, individuais e sociais;*
>
> *V - a probidade na administração;*

Acrescente-se que a Lei 1.079/50, que regulamento o impeachment no Brasil, e que tipifica os crimes de responsabilidade, deixa a questão ainda mais clara:

> *Art. 7º São crimes de responsabilidade contra o livre exercício dos direitos políticos, individuais e sociais:*
>
> *9 - violar patentemente qualquer direito ou garantia individual constante do art. 141 e bem assim os direitos sociais assegurados no artigo 157 da Constituição; [entre eles, o direito de propriedade]*
>
> *Art. 9º São crimes de responsabilidade contra a probidade na administração:*
>
> *[...]*
>
> *3 - não tornar efetiva a responsabilidade dos seus subordinados, quando manifesta em delitos funcionais ou na prática de atos contrários à Constituição;*
>
> *7 - proceder de modo incompatível com a dignidade, a honra e o decoro do cargo.*

Por fim a inflação é um crime contra a administração pública, que está obrigada a seguir princípios, tais como os enumerados pelo art. 37 da Constituição brasileira e sobre os quais não pairam nenhuma dúvida:

> *Art. 37. A administração pública direta e indireta de qualquer dos Poderes da União, dos Estados, do Distrito Federal e dos Municípios obedecerá aos princípios de legalidade, impessoalidade, moralidade, publicidade e eficiência.*

Ora, não é necessário ser jurista para entender que a emissão de moeda sem autorização fere o princípio da legalidade. E mesmo se houvesse autorização de algum órgão competente, a inflação termina sendo um imposto não aprovado pelo Congresso, o que também feriria o princípio da legalidade. Além disso, a impressão de nova moeda não é amplamente divulgada pela Casa da Moeda e o Banco Central, como exigido. Isso fere os princípios da moralidade e publicidade. E por fim, a distorção que a inflação ocasiona no sistema de preços leva a decisões erradas de investimento e consumo pelos agentes econômicos e até mesmo pelas autoridades. Essa situação viola, evidentemente, o princípio constitucional da eficiência (dito em outras palavras, a pior maneira de cobrir o déficit público é mediante inflação, pela desordem que ocasiona no sistema de preços e, no prazo mais longo, por diminuir a própria arrecadação de tributos, única maneira legítima de o estado obter receitas).

Entretanto a emissão ilegal de moeda não vem sendo tratada pelos juristas brasileiros e argentinos como um delito, apesar de a Constituição e das leis terem dispositivos a respeito, como se demonstrou acima. Parece que as leis desses países exigem sobre o tema um grande esforço interpretativo dos ministérios públicos. Até o presente eles não foram capazes de aplicar essas leis, tolerando e até estimulando o comportamento delitivo das autoridades monetárias. Por isso Ricardo Rojas propõe emendar o Código Penal Argentino para incluir um artigo reconhecendo explicitamente o crime de emissão de moeda sem lastro. Uma iniciativa como essa seria igualmente apropriada ao caso brasileiro. Alternativamente poderíamos emendar a Lei 13.869/19, que trata do abuso de autoridade, para capitular a emissão monetária causadora de inflação como um dos tipos penais puníveis. Tais alterações relativamente simples tornaria mais fácil o trabalho do Ministério Público para buscar a punição dos renitentes funcionários "inflacionistas".

Interessante para os brasileiros e outros latino-americanos é constatar nesta obra que praticamente todos os princípios constitucionais e legais argentinos encontram correspondência na legislação dos demais países. E é fácil compreender a razão para isso: os processos de inflação prejudicam direitos fundamentais dos cidadãos e princípios essenciais de gestão pública. Seria difícil conceber que esses ordenamentos jurídicos, consolidados ao longo de anos de experiência, nos mais diversos países, não dispusessem de instrumentos para punir administradores irresponsavelmente faltosos.

Lamentável, entretanto, é que tais instrumentos nunca tenham sido utilizados. Especialmente porque o aumento contínuo e generalizado de preços é um fenômeno que atinge de forma mais dramática as camadas populacionais economicamente vulneráveis. Ao mesmo tempo os culpados pela violação de direitos e princípios legais causados pela expansão monetária são funcionários públicos facilmente identificáveis.

# Bibliografia

ALBERDI, Juan Bautista. *Sistema Económico y Rentístico de la Confederación Argentina según su Constitución de 1853*. Buenos Aires: EUDEBA, 1979.

BENEGAS LYNCH (h), Alberto. *Fundamentos de Análisis Económico*. Buenos Aires: Grupo Unión, 2011.

BENSON, Bruce. *To serve and protect*. New York University Press, 1998. BIDART CAMPOS, Germán José. *Manual de Derecho Constitucional Argentino*. Buenos Aires: Ediar, 1974.

BODIN, Jean. *Los seis libros de la República*. Madri: Tecnos, 1985.

BROSETA, Manuel e MARTÍNEZ SANZ, Fernando. *Manual de Derecho Mercantil*. Madri: Ed. Tecnos.

BOSCH, Jorge Tristán. *Ensayo de interpretación de la doctrina de separación de poderes*, Seminario de Ciencias Jurídicas y Sociales. Universidad Nacional de Buenos Aires, 1944.

_____. *¿Tribunales Judiciales o Administrativos para juzgar a la Administración?* Buenos Aires: Zabalía Editor, 1951.

CACHANOSKY, Juan Carlos. "La crisis del 30", em *Libertas* n° 10, maio de 1989.

CARLISLE, William W. *The Evolution of Modern Money*. Londres: Macmillan, 1901.

CARRARA, Francesco. *Programa de Derecho Criminal. Parte Especial*. Bogotá: Ed. Temis, 1977.

COASE, Ronald. "The Problem of Social Cost", *Journal of Law and Economics* 3, 1960, p. 1-44.

CREUS, Carlos. *Delitos contra la administración pública*. Buenos Aires: Ed. Astrea, 1981.

_____. *Derecho Penal. Parte Especial*. Buenos Aires: Ed. Astrea, 1993.

CURTISS, W. N. *La protección arancelaria*. Buenos Aires: Fundación Bolsa de Comercio, 1979.

DALBERG-ACTON, John Emerich Edward. *Historical Essays and Studies*. Londres: Mac Millan, 1919.

FERGUSON, Adam. *An Essay on the History of Civil Society*. Londres: Cadell, Kincaid, Creech & Bell, 1767.

FRIEDMAN, David. *Teoría de los precios*. Madrid: Centro de Estudios Superiores Sociales y Jurídicos Ramón Carande, 1995.

FRIEDMAN, Milton. *Paro e inflación*. Unión Editorial Argentina, 2012.

_____. *Un programa de estabilidad monetaria y reforma bancaria*. Deusto, Bilbao, 1962.

FRIEDMAN, Milton e Rose. *Libertad de elegir. Hacia un nuevo liberalismo económico*. Barcelona: Ed. Grijalbo, 1980.

FRIEDMAN, Milton e SWARTZ, Anna J. "Has Government Any Role in Money?", *Journal of Monetary Economics*, vol. 17, 1986, p. 37-62.

FONTÁN BALESTRA, Carlos. *Tratado de Derecho Penal. Parte Especial*. Buenos Aires: Abeledo-Perrot, 1993.

GELLI, María Angélica. *Constitución de la Nación Argentina*. Comentada y Concordada. La Ley, 2006.

GONZÁLEZ CALDERÓN, Juan A. *Curso de Derecho Constitucional*. Buenos Aires: Ed. Kraft, 1963.

HAMILTON, Alexander; MADISON, James; JAY, John. *The Federalist Papers*. Nova York: Bantam Books, 1988.

HAYEK, Friedrich A. "La Desnacionalización del Dinero" [1978], em *Ensayos de Teoría Monetaria II* (Obras Completas, volumen VI). Madri: Unión Editorial, 2001.

_____. *La contrarrevolución de la ciencia*. Madrid: Unión Editorial, 2003.

_____. *Camino de Servidumbre* (Obras Completas, Vol. II). Madri: Unión Editorial, 2008.

_____. *The Constitution of Liberty*, Chicago University Press, 1960.

_____. *Estudios de Filosofía, Política y Economía*. Madri: Unión Editorial, 2007.

_____. *Nuevos Estudios de Filosofía, Política Economía e Historia de las Ideas*. Madrid: Unión Editorial, Madri, 2007.

_____. *Profits, Interest and Investments*. Londres: Routledge, 1939

HAZLITT, Henry. *Lo que debemos saber sobre la inflación*. Buenos Aires: Unión Editorial, 2021.

HUERTA DE SOTO, Jesús. *Dinero, crédito bancario y ciclos económicos*. Madri: Unión Editorial, 2009.

HÜLSMANN, Jörg Guido. *La ética de la producción del dinero*. Madri: Unión Editorial, 2021.

KEYNES, John M. *Teoría General de la Ocupación, el Interés y el Dinero*.

México: Fondo de Cultura Económica, 1965.

KLEIN, Benjamin. "The Competitive Supply of Money", *Journal of Money, Credit and Banking*, novembro de 1974.

LOEWENSTEIN, Karl. *Teoría de la Constitución*. Barcelona: Ariel, 1979.

LOMBARDI, Giovanni. *Dei delitti contro la fede pubblica*. Milão, 1935. MACHLUP, Fritz. "El concepto de inferioridad de las ciencias sociales", em *Libertas* n° 7, outubro de 1987.

MANZINI, Vicenzo. *Trattato di Diritto Penale*. Torino, 1947.

MARIANA, Juan. *Tratado y Discurso sobre la Moneda de Vellón* [1609]. Madrid: Ed. Deusto, Value School, Instituto Juan de Mariana, 2017.

MENGER, Carl. *El dinero*. Madrid: Unión Editorial, 2013.

MIDÓN, Mario A. R. *Decretos de necesidad y urgencia en la Constitución nacional y los ordenamientos provinciales*. Buenos Aires: La Ley, 2001.

MILLER, Jonathan, GELLI, María Angélica, CAYUSO, Susana. *Constitución y Poder Político*. Buenos Aires: Ed. Astrea, 1987.

MISES, Ludwig. *La teoría del dinero y del crédito*. Madri: Unión Editorial, 1997.

_____. *Problemas epistemológicos de la Economía*. Madri: Unión Editorial, 2013.

_____. *Planificación para la Libertad y otros Ensayos*. Buenos Aires: Centro de Estudios sobre la Libertad, 1986, *Economic Freedom and Interventionism. An Anthology of Articles and Essays*, Liberty Fund, Nova York, 1990.

_____. *Crítica del intervencionismo (El mito de la tercera vía)*. Madri: Unión Editorial, 2001.

_____. *La Acción Humana. Tratado de Economía*. Madri: Unión Editorial, 2007.

MONTESQUIEU, Charles de Secondant, Barón de la Bréde y de Montesquieu. *De l'esprit des lois*. Paris: Garnier, 1926.

MORENO, Rodolfo. *El Código penal y sus antecedentes*. Buenos Aires, 1923.

NETTELS, C. P. *The Money Supply of the American Colonies before 1720*. Madison: University of Wisconsin, 1934.

NÚÑEZ, Ricardo C. *Tratado de Derecho Penal*. Córdoba: Ed. Lerner, 1992.

OPPENHEIMER, Franz. *El Estado. Su historia y evolución desde un punto de vista sociológico*. Madrid: Unión Editorial, 2014.

PESSINA, Enrico. *Elementi dei Diritto Penale*. Napoli: Marghieri, 1885.

READ, Leonard E. *Government, An Ideal Concept*. Nova York: F.E.E., 1954

_____. *I, pencil, The Freeman*. Nova York: F.E.E., 1958.

REYNOLDS, Morgan O. *Using the private sector to deter crime*. Texas: National Center for Policy Analysis, março de 1994.

RICARDO, David. *Principios de Economía Política y Tributaria*. México: Fondo de Cultura Económica, 1987.

RIDGEWAY, William. *The Origin of Metallic Currency and Weight Standards*. Cambridge University Press, 1892.

ROJAS, Ricardo Manuel. *Análisis económico e institucional del orden juRídico*. Buenos Aires: Abaco, 2004.

_____. *Las Contradicciones del Derecho Penal*. Buenos Aires: Editorial Ad Hoc, 2000.

_____. *La decisión judicial y la certidumbre jurídica*. Madri: Unión Editorial, 2018.

_____. *Fundamentos praxeológicos del derecho*. Madri: Unión Editorial, 2018.

_____. *La propiedad. Una visión interdisciplinaria e integradora*. Madrid: Unión Editorial, 2021.

_____. *Individuo y Sociedad. Seis ensayos desde el individualismo metodológico*. Madri: Unión Editorial, 2021.

ROJAS, Ricardo Manuel; GUIDO, Pablo, ALSOGARAY, Alvaro. *Sus ideas y acción legislativa*. Madri: Unión Editorial, 2021.

ROJAS, Ricardo Manuel; RONDÓN GARCÍA, Andrea. *La supresión de la propiedad como crimen de lesa humanidad. El caso Venezuela*. Madri: Unión Editorial, 2019.

ROTHBARD, Murray N. ¿Qué le hizo el gobierno a nuestro dinero? *Ensayos sobre el origen y función de la moneda.* Madri: Unión Editorial, 2019.

_____. "The Austrian Theory of Money", em Edwin Dolan (ed.), *The Foundations of Modern Austrian Economics.* Kansas: Sheed Andrews and McMeel, 1976.

_____. *The mistery of banking.* Nova York: Richardson & Sinder, 1983.

_____. *El hombre, la Economía y el Estado. Tratado sobre principios de economía*, Madri: Unión Editorial, 2011.

SAMUELSON, Paul. *The New Economics.* Seymour Harris Ed., 1948.

SELGIN, George A. *La libertad de emisión del dinero bancario. Crítica del monopolio del Banco Central.* Madri: Ediciones Aosta – Unión Editorial.

SELGIN, George A. e WHITE, Lawrence N. "How Would the Invisible Hand Handle Money'", *Journal of Economic Literature*, vol. 32,, dezembro de 1994, p. 1718-49.

SENNHOLZ, Hans. *Tiempos de Inflación.* Buenos Aires: Unión Editorial,, 2021.

SCHUTTINGER, Robert L. e BUTLER, Eamonn F. *4000 años de controles de precios y salarios.* Buenos Aires: Unión Editorial, 2016.

SMITH, Adam. *Investigación sobre la naturaleza y causa de la riqueza de las Naciones.* México: Fondo de Cultura Económica, 1958.

SMITH, Vera. *Fundamentos de la banca central y de la libertad bancaria.* Madri: Unión Editorial, 1993.

SOLA, Juan Vicente. "Las consecuencias institucionales del modelo keynesiano", em *Revista de Análisis Institucional* n° 1. Buenos Aires: Fundación Friedrich A. von Hayek, 2007.

SOLER, Sebastián. *Derecho Penal Argentino*. Buenos Aires: Ed. TEA, 1992.

SOWELL, Thomas. *Knowledge and Decisions*. Nova York: Basic Books, 1980.

TULLOCK, Gordon. "Paper Money – A cycle in Cathay", *Economic History Review*, 1957.

WHITE, Andrew. *Money and Banking*. Boston: Ginn & Co., 1896.

YMAZ, Esteban e REY, Ricardo. *El recurso extraordinario, Jurisprudencia Argentina*. Buenos Aires, 1943.

**A LVM também recomenda**

"Como Pensar a Economia de Forma Simples" é definitivamente o livro que irá explicar os principais conceitos econômicos e desmistificar as mais recorrentes dúvidas e críticas sobre as ciências econômicas, sem se apegar a chavões acadêmicos e terminologias eruditas. Per Bylund conseguiu alcançar o raro limiar entre o acessível e a profundidade, e assim entregar um livro de economia para leigos e entusiastas, estudantes e curiosos, ou seja, para todos

**A LVM também recomenda**

A coletividade, a priorização da sociedade em vez do indivíduo, soa bem e reverbera como atitudes altruístas e virtuosas. Quem pode se impor diante de ações tão nobres que se colocam em prol de uma "causa maior" ou "pelo bem de todos"?

*O Essencial sobre o Coletivismo* revela como a coerção dessa mentalidade agride a liberdade, ludibriando o indivíduo a pensar com a emoção no lugar da razão. Escrito com linguagem acessível, mas com cuidado técnico conceitual, os autores vão direto ao ponto e discutem os perigos que se camuflam no coletivismo, e discorrem sobre os males que o pensamento coletivo pode acarretar.

# A LVM também recomenda

## RODRIGO CONSTANTINO

### AUTOBIOGRAFIA DE UM GUERREIRO DA LIBERDADE

**LVM** EDITORA

Mesmo como figura pública, a vida pessoal de Constantino sempre foi um panorama pouco ou nada conhecido, mas nesse livro, vemos que suas opiniões são mais do que escolhas compulsórias num debate tempestivo na TV, são frutos de vida regada de estudos e de trabalhos árduos.

De seus entreveros com Olavo de Carvalho, trabalho com Paulo Guedes, a uma lista enorme de indicações de leitura ao final do livro, sua autobiografia pode ser tomada de várias posições: um livro para curiosos, entusiastas, críticos, estudiosos, liberais e conservadores interessados em compreender suas opiniões com mais profundidade.

Acompanhe a LVM Editora nas Redes Sociais

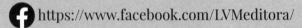 https://www.facebook.com/LVMeditora/

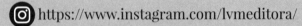 https://www.instagram.com/lvmeditora/

Esta edição foi preparada pela LVM Editora
com tipografia Playfair Display e Steelfish.